● 保健と健康の心理学 標準テキスト

一般社団法人 日本健康心理学会 企画
島井哲志 監修

Psychology
of Health and
Well-being

6

# 健康・医療心理学

岸 太一・藤野秀美 編著
Kishi Taichi & Fujino Hidemi

ナカニシヤ出版

# 発刊によせて

一般社団法人日本健康心理学会理事長

竹中晃二

　一般社団法人日本健康心理学会では，第1回の年次大会を1988年に開始し，時代の進行とともに発展を遂げながら，2017年には学会創設30年を迎えることとなりました。本会は，健康心理学に関する研究を推進し，その成果の普及に貢献すること，および会員相互の知識の交流と理解を深めることを目的として活動しています。今回の記念出版では，本会の目的を達成するために，また学会創設30周年に向けて全15巻を順次出版していきます。

　健康心理学は，さまざまな学問をもとに，その学際性を発揮して発展してきた学問ではありますが，近年，心理学の手法を用いた「健康」への研究および介入を行う学問として日増しに存在感を増しています。その背景には，国際的な高齢化があり，人々が病気にならない，またたとえ病気を患っているとしても，人生を充実して生きていくために必要なこころの有り様が求められていること，また現在のライフスタイルの乱れによって生活習慣病罹患者の数が増大し，その行動変容を促す必要性があります。さらには，ストレス社会，メンタルヘルスを脅かす現在社会の中で，こころの安寧をいかに保っていくかも重要な課題となっています。健康心理学は，これらのニーズに答えるべく，研究に求められる基本となる方法論を重要視しながら，時代に合わせてその方法を変えて発展を遂げてきました。全15巻はまさに，健康心理学の基本を重視しながら，時代にあった新しい研究方法や介入方法を示そうとしています。

　健康心理学は，健康というテーマで，単に議論することから実学として人々の心身の健康に貢献することが任務と捉えています。たとえば，すでに糖尿病や脳卒中の患者のように健康を害している人々がそれ以上悪化しないように生活の管理能力を高めること（疾病管理），また罹患の危険度が高い人々の行動変容を行わせること（疾病予防），さらに現在は健康，また半健康である人々に対してさらなる健康増進や将来の予防のために行える術を身につけさせること（ヘルスプロモーション）など，こころとからだの予防に向けて活動していくことが求められているのです。

　最後に，全巻の監修に労を執っていただいた記念出版委員会委員長の島井哲志氏に感謝します。読者のみなさんは，どうぞ，本書をお読みいただき，健康心理学を学ぶうえで必要な知識や技術を習得いただければ幸いです。

# 監修のことば

　日本で初めて大学での授業を前提とした健康心理学の教科書が出版されたのは1997年でした。しかし，いまでは，いろいろな特徴をもった健康心理学の教科書が数多く出版されています。このことは，この20年の間に，数多くの大学で健康心理学の授業が開講され，健康心理学を学ぶ学生さんが多くなってきたことに対応しています。

　これは，健康心理学の必要性が認められてきただけではなく，心理学という領域全体が，健康心理学がめざしてきた，より応用的な方向に，着実に発展してきたことと結びついています。心理学のさまざまな領域で多彩な応用研究が行われ，健康心理学は，社会心理学，認知心理学，感情心理学，生理心理学，そして，隣接する臨床心理学などのさまざまな心理学分野の研究とともに発展してきました。

　見方を変えれば，人々の幸福と健康との実現をめざして，心理学という学問全体がこの期間に大きく飛躍してきたということができるでしょう。いよいよスタートする，心理職の国家資格も，社会の変化とともに発展してきた心理学の専門家が，社会貢献することができるということへの国民の期待に支えられているといえます。

　つまり，社会に心理学の専門家が必要な理由は，ストレスや悩みをもつ人たちが多くなったことに対処するために専門職が求められるようになったからではなく，すべての人たちが幸福で健康に生活するために，心理学がこれまでよりも貢献できるようになってきたからなのです。

　この意味で，わたしたちは，20年前とは全く違う地点にいます。大学では，単に，新しい興味深い領域として健康心理学に触れるということだけではなく，この領域で専門家として活躍し，社会の期待に応える人材を育て，送り出す必要があるのです。

　このシリーズでは，大学で教科書として用いることを念頭に，やや幅の広い表現ですが，「保健と健康の心理学」のさまざまな専門的内容について，まさに現在，実践と研究とで活躍している先生方に編集・執筆していただいています。いま，このシリーズの各巻の内容を授業としている大学はあまりないでしょう。しかし，専門家を養成するために，このシリーズの教科書を用いてしっかりと教えるべき内容があることは確かです。

　そして，健康と保健の心理学を学ぶ課程で養成された専門家を社会は待ち望んでいます。それほど遠くない将来に，そういう方向性をもつ大学が現れてくるだろうと考えています。このシリーズは，その基礎となるものです。

島井哲志

# はじめに

　2016年9月9日に公認心理師法が成立，同月16日に公布されました。このことにより，心理学界の長年にわたる願いであった，心理職の国家資格化がついになされました。心理の国家資格である「公認心理師」は2018年度中に第1回試験が実施される予定です。

　公認心理師が活躍する領域としては，保健医療，福祉，教育，産業，矯正・司法の5領域が想定されています。この中の保健医療領域では精神疾患が含まれることもあり，多くの人にとって，心理職が働く場としてイメージしやすいのではないかと思われます。

　しかし，保健医療領域において心理職の活躍が求められているのは精神疾患だけではありません。糖尿病や高血圧，高脂血症などのいわゆる「生活習慣病」やそれらの疾患につながるとされている「メタボリックシンドローム」，腰痛などの「慢性疼痛」などはその発生の予防や治療に心理社会的側面が関わっていることがよく知られています。また，残念ながら本書では扱っていませんが（関心がある方はぜひ第4巻『臨床健康心理学』を手に取っていただきたいと思います），禁煙や飲酒，心臓疾患やがんなどにおける患者の受療行動（治療を受けるという行動）には，多くの心理的要因が関与しています。このように，保健医療における健康心理学は「行動変容」を大きなテーマとして掲げ，患者がより健康な生活を送ることができるように支援する心理学と言えます。

　第6巻は4部から構成されています。第Ⅰ部「保健医療の健康心理学」では，健康に関する指標や社会保障制度，健康政策などを取り上げています。「心理学」と聞くと，ややもすると人の「こころ」のみに関心が向けられがちです。しかし，一般市民の健康を考えるうえでは，これらに関する理解が必要になります。これらについて本書に収めることができたことは，他の健康心理学関連の書籍と比較した際の本書の強みの一つであると自負しています。第Ⅱ部「健康心理学と公衆衛生」では患者の受療行動や，疾病や障害を負った患者にとっては避けては通れない，喪失体験・障害受容，近年ニュースに取り上げられる

ことが多くなった感染症，そして QOL の維持に必要不可欠な「歯」に関する話題として口腔衛生を取り上げています。第Ⅲ部「医療の健康心理学的側面」では医療従事者 - 患者関係と医療安全・チーム医療を取り上げています。医療従事者と患者との関係が医療の成否に大きな影響を与えていることや，医療安全やチーム医療の中で心理職がどのような役割が求められるのかについて，この第Ⅲ部で詳細に解説されています。最後の第Ⅳ部「保健医療における健康心理学の展開」では近年の保健医療領域で大きな話題となっているトピックを中心に取り上げています。特に性に関する健康問題（望まぬ妊娠と人工妊娠中絶，性感染症）や高齢者支援はこれまでもその重要性が指摘されていたものの，あまり健康心理学のテキストでは扱われていなかったトピックであると思います。しかし，性の健康に関して言えば，新規 HIV 感染者数はここ数年横ばい状態ですし，梅毒はここ数年では増加傾向にあります。高齢者に関しては認知症や寿命の進展に伴う QOL の問題が取り上げられることが増えてきています。これらに対する学びのうえで，本テキストは適していると思います。

　保健医療における健康心理学の果たすべき役割は今回取り上げたトピックに限りません。慢性疼痛，リハビリテーションにおける行動変容など，残念ながら，取り上げることができなかったトピックがかなりあります。それらについては本書を改訂する際に，取り上げていきたいと考えています。本書が，保健医療領域で従事する心理職の方々や将来の保健医療領域での心理職候補の方々にとって，少しでもお役に立てれば，編者としてはこれ以上の喜びはありません。

　最後に，本書の出版にあたり，ナカニシヤ出版の山本あかね氏に感謝の念を示したいと思います。山本氏には執筆者や編者に対して常に温かいお心遣いをいただきました。本書が無事出版されたのはひとえに山本氏のご尽力によるものであります。心より感謝申し上げます。

2017 年　夏

岸　太一

# 目　　次

発刊によせて　*i*

監修のことば　*ii*

はじめに　*iii*

## Ⅰ　保健医療の健康心理学

### 第1章　健康指標・保健統計 —————————————————— 2

1. 健康のとらえ方と健康指標　2
2. 保健統計　6

### 第2章　社会保障と健康心理学 ————————————————— 16

1. 健康の多様性　16
2. 人間性心理学とマズローの欲求階層説　17
3. 生活の基盤とそれを支えるもの　19
4. 社会保障とは　20
5. 日本における社会保障の範囲・概念　22
6. 社会保険と公的扶助　24
7. ライフサイクルと社会保障　25
8. 医療保険　26
9. 社会保障の機能　27
10. 社会保障と健康心理学　28

### 第3章　健康政策と健康心理学 ————————————————— 30

1. 健康政策とは　30
2. 健康政策の変遷　33
3. 日本の健康政策　38
4. 今後の健康政策と健康心理学　45

## 第4章 地域保健と健康心理学 ———————————————— 48

1. 地域保健とは　48
2. 地域保健に関する法令　49
3. 地域保健対策　52

# II　健康心理学と公衆衛生

## 第5章 受療行動 ————————————————————— 62

1. 受療行動と関連理論　62
2. 個人の受療行動　64

## 第6章 喪失・障害の受容 —————————————————— 75

1. 喪失・障害の受容とは　75
2. 本人にとっての喪失・障害の受容　80
3. 家族にとっての喪失・障害の受容　83
4. まとめ　86

## 第7章 感染症予防 ————————————————————— 89

1. 感染症の分類　89
2. 日本の主な感染症　92
3. 感染症から身を守るための健康行動　98

## 第8章 口腔衛生 ————————————————————— 104

1. 口腔の健康とは　104
2. 健康行動への行動変容　109

# III　医療の健康心理学的側面

## 第9章 医療従事者－患者関係 ———————————————— 120

1. 医師－患者関係　120
2. 医療におけるコミュニケーション　125
3. まとめ　132

# 第 10 章　医療安全・チーム医療 ———————————————— 135

1. 医療安全　*136*
2. チーム医療における臨床心理士の動向　*141*
3. 病院におけるチーム医療の一員としての心理職の役割　*142*

# IV　保健医療における健康心理学の展開

# 第 11 章　性 行 動 ———————————————————————— 152

1. 健康心理学と性行動　*152*
2. 「性の健康」と「性行動」　*155*
3. 「性の健康」の増進・維持：性行動の観点から　*161*
4. 効果的な介入法とその成果，将来の課題　*164*

# 第 12 章　アレルギー疾患 ———————————————————— 169

1. 我が国のアレルギー疾患の現状　*170*
2. アレルギー疾患とは　*172*
3. アレルギー疾患を持つ患者の特徴　*172*
4. アレルギー疾患に対する健康心理学的介入の意義　*174*
5. アレルギー疾患に対する健康心理学的介入の方法　*176*
6. さいごに　*179*

# 第 13 章　嗜癖行動 ———————————————————————— 181

1. はじめに　*181*
2. 嗜癖とは　*182*
3. 嗜癖の実態：薬物への依存　*185*
4. 当事者による当事者への支援　*188*
5. 専門家ができる支援とは　*191*
6. さいごに　*194*

# 第 14 章　自殺予防 ———————————————————————— 197

1. 自殺予防の現状　*197*
2. 中高年向け自殺予防対策　*201*
3. 若者向け自殺予防対策　*205*

viii　目　次

## 第 15 章　高齢者支援 —————————————————— 210

1. 日本における高齢者の区分と高齢化　　210
2. 高齢者の特徴　　212
3. 高齢者総合的機能評価　　220
4. ま と め　　221

## 第 16 章　医療・保健領域における健康心理学の今後の方向性と課題 —— 223

1. 「健康」概念の変化　　223
2. 生物心理社会モデル（biopsychosocial model）に基づいた疾患理解のさらなる推進　　225
3. ポジティブヘルスの推進　　226
4. さいごに　　228

索　引　231

# I

## 保健医療の健康心理学

# 第1章

# 健康指標・保健統計

高橋有子

指標とは一般に「物事を指し示す，めじるし」とされている。社会の様相をとらえるうえでは，例えば経済指標，財政指標など様々な指標が用いられているが，健康関連の領域でも指標が利用されている。健康の定義は数多く，またどのような文脈・目的で健康という言葉が用いられるかによって意味や内容が異なっている場合もある。そこで健康という概念を扱う1つの方法として，指標を設けて内容を示す方法が用いられる。指標を用いることによって健康の意味する範囲を規定し，種々の測定値や統計上の数値から健康に対する現実的な理解や対策を導くことが可能となる。ここではまず，主要な健康指標にはどのようなものがあるのかについて概観する。

## 1. 健康のとらえ方と健康指標

### (1) 個人の健康指標

一般に個人の健康は，「元気である」「気分がふさいでいる」といった主観的感覚のほか，「発熱」「頭痛」などの身体症状の有無や，「怪我で入院している」「病気療養のために休職している」などのような社会的状況を契機として，個人の経験や価値観に基づいて判断されることが多い。このような個人の主観的な健康判断は「主観的健康」（小泉，1984）として，1つの健康指標とされている。

また個人の健康指標には職場や学校などで実施される健康診断の判断基準や，新体力テストのような運動能力や体力を測る検査値といった客観的な健康指標もある。これらの指標は，既存の健康の基準に照らして自分自身の状態を把握し，健康回復や増進についての自発的取り組みをうながすうえでの手がかりとして用いられている。

## (2) 集団の健康指標

「平均寿命」や「出生率」などはニュースで取り上げられて耳にすることもある代表的な集団の健康指標である。集団の健康指標として WHO は①死亡率，②乳児死亡率，③平均寿命，④ PMI（50 歳以上の死亡割合）の大きく 4 つの指標を提示しているが，加えて，「罹患率」や「有病率」「受療率」なども用いられている（表 1-1）。このほか国際統計委員会は保健医療統計に関する指標として，①健康状態の全般的指標（平均余命，乳児死亡率，自己評価による健康状態など），②全人口の機能状態の指標（障害の指標など），③生物学的指標（生理学的特徴，疾病など），④危険因子（食事，喫煙，運動など），⑤関連因子（医療の供給やアクセスなど）を挙げている（OECD，2013）。集団の健康指標は，集団同士の比較をすることにより，当該集団特有の偏りや課題を発見し，疾病予防や健康増進へとつなげることを目的として用いられている。

**表 1-1　主な健康指標**（大森，2007）

| 指標 | 定義 | 備考 |
|---|---|---|
| *（粗）死亡率 | 一定期間（通常 1 年間）の死亡者数の単位人口（通常人口千対）に対する割合<br>［（年間死亡数／人口）× 1000］ | 年齢構成の異なる集団間の比較ができない。 |
| 年齢調整死亡率 | 集団の年齢構成を基準となる人口集団（基準人口）のものに補正した場合の死亡率 | 年齢構成の異なる集団間の比較ができる。 |
| * PMI（PMR） | 全死亡に占める 50 歳以上の死亡の割合<br>［（50 歳以上の死亡数／全死亡数）× 100］ | 年齢別死亡数が分かれば求められるので，各国間の比較が容易である。 |
| * 平均余命（平均寿命） | x 歳ちょうどの者のその後の生存年数の期待値（とくに 0 歳の平均余命を平均寿命という） | その集団の総合的な健康水準の指標となる。 |
| 罹患率 | 一定の期間内に新たに発生した患者数の単位人口（通常人口 10 万対）に対する割合<br>［（ある期間の新患者発生数／人口）× 100000］ | 疾病の発生状況を直接表す。感染症，食中毒統計などに用いられる。 |
| 有病率 | ある期間（時点）における疾病を有する者の単位人口（通常人口 10 万対）に対する割合<br>［（ある時点の罹病者数／人口）× 100000］ | 有病率＝罹患率×罹病期間の関係がある。 |
| 受療率 | 調査日に医療機関で受療した患者数の調査時点の人口 10 万に対する割合<br>［（調査日に受療した患者数／人口）× 100000］ | 患者調査などに用いられる。 |

* WHO の総合健康指標。

## （3）政策のための指標

　1986 年，カナダのオタワで行われた WHO の国際会議で「ヘルスプロモーションに関するオタワ憲章」が採択された。この時人々が自らの健康をコントロールし改善するプロセスとして「ヘルスプロモーション」という概念が示され，健康の前提条件として，平和，教育，食料，環境等について安定した基盤が必要であることが示された（厚生労働省，2014c）。こうした流れの中で，健康を判断する指標は，個人や集団の心身の健康そのものに関するものだけではなく，食物消費や育児休業の取得状況などの人々の社会的生活状況を含めてより広範囲に設定されるようになった。

　また，我が国では急速な高齢化や生活習慣の変化を踏まえ，すべての国民が健やかで心豊かに生活できる活力ある社会を目指し，厚生労働省保健医療局・老人保健福祉局・保険局の三局連名で通知が発出され（2000a），「21 世紀における国民健康づくり運動（健康日本 21）」として，疾病を予防する一次予防に重点を置いた取り組みが進められてきた。健康日本 21 では，栄養や運動といった項目のほか，たばこやアルコールといった嗜好品の摂取や生活習慣が改善の目標数値として設定され，それらを指標として国民の健康状態改善の達成が目指されている。

　さらに近年，人が生活上特に制約を受けずに過ごせる期間を示す指標として「健康寿命（Healthy life expectancy）」が重視されている。健康寿命は WHO（2002）によると「活動的平均余命」の同義語とされ，「健康で障害がなく，支援や介護を必要とせずに自立した毎日を送ることができる期間」のことである。「健康日本 21・第 2 次（厚生労働省，2013）」では，「健康上の問題で日常生活が制限されることなく生活できる期間」を健康寿命としており，この延伸が各都道府県や市町村の健康増進への取り組みの目標としても挙げられることが多い。算出に当たっては，生存期間を健康な期間と不健康な期間に分け，集団における各人の健康な期間の平均を求める。その際に，「日常生活に制限のない期間の平均」「自分が健康であると自覚している期間の平均」「日常生活動作が自立している期間の平均」など主観的な指標と客観的な指標の両方を用いて健康寿命を算出する。「寿命」という言葉が用いられているが，ある時点で得られるデータから仮説的に算出される指標であることに留意する必要がある。

以上のように，健康政策や組織の取り組みに関連する指標は，その都度内容が設定されているため，その目的や算出方法などを理解しておく必要がある。

## （4）生活状態の健康指標

人の生活全体の様相を示す指標として，代表的なものが QOL（Quality of life: 生活の質）である。WHO は QOL を「個人が生活する文化や価値観の中で，目標や期待，基準および関心に関わる自分自身の人生の状況についての認識」とし（中根ら，1999），心理社会的な領域も含む「WHO Quality of life: WHOQOL」を開発している（WHO, 1997）。その他にも「MOS Short-Form 36-Item Health Survey: SF-36」をはじめ，疾患特異的 QOL など多くの指標が開発・利用されている。生理的・身体的な指標だけに偏って健康の判断を行うと，疾患や障害の有無で健康度の評価が左右されてしまう恐れがある。QOL は本人の主体的な生活についての判断として，対象者の理解のみならず医療の効果や質（アウトカム・患者満足度など）の測定にも活かされている。

また厚生労働省（2000b）は健康指標の 1 つとして障害指標を挙げている。既存の資料からの障害指標としては「寝たきり率」「精神障害者保健福祉手帳交付率」「身体障害者手帳交付率」などがあり，それらを用いてある地域や集団における障害の発生状況とその度合いを推測することが可能である。また，人が自立して生活するために，日々行っている基本的な一連の身体動作群を日常生活動作（Activities of Daily Living＝ADL）とし，基本的日常生活動作（Basic ADL＝BADL）や手段的日常生活動作（Instrumental ADL＝IADL）という観点から，対象者の日常生活の健康度を読み取る方法もとられている。

柴田（2002）は QOL の構成要素を 4 つ挙げ（表 1-2），「生活機能が自立していて，健全な行動をしていることが QOL の第一条件」であると述べている。

表 1-2　生活の質（QOL）の構成要素（柴田，2002）

| | |
|---|---|
| 1 | 生活機能やライフスタイル（ADL, 手段的 ADL, 認知能力, 社会参加など） |
| 2 | 認知された QOL（健康度自己評価，ぼけていない自信，自分の魅力への確信など） |
| 3 | 生活環境（人的・社会的なもの，街・乗り物・住居・生活の道具などの物的環境） |
| 4 | 人生や生活への満足度＝主観的幸福感（生活満足度尺度，うつ尺度で測定） |

6　第1章　健康指標・保健統計

また，その他にも自分自身の健康度評価や生活環境，生活満足度などを総合したものを QOL としており，対象者本人の主観的な生活の意味づけと環境への関わりを表す指標として活かされることが期待されている。

### (5) 指標に関する注意点

上に挙げたものは健康に関する指標のごく一部であり，実際には健康指標は世界中に数多く存在する。しかし，グローバル化が進み，医療・保健の分野でも各国の協調の必要性が高まっている昨今，効率的に情報を集約するためにも健康に関する報告にはある程度共通な指標が必要という視点から，主要な健康指標を絞るための議論が続いている（例えば WHO, 2015）。一方で，地域性やコホート特有の課題に注目するためには，それぞれの地域や集団に合わせた指標が必要になるため，指標の設定に多様性があることは避けられない。さらに，あるテーマに用いられる指標間にはある程度の相関があるため（表 1-3），1つの指標が他の指標と連動している可能性が常に存在し，限られた指標を用いて健康を理解することにはリスクが存在する。よって健康指標を利用する際には，指標の持つ多義性や信頼性・妥当性に十分注意を払う必要がある。

表 1-3　主観的幸福感と関連する他指標の相関関係についての例（OECD, 2013 をもとに作成）

| | 住居 | ワーク・ライフ・バランス | 教育とスキル | 社会的つながり |
|---|---|---|---|---|
| | （一人当たり部屋数） | （学齢期の子どもを持つ母親の就業率） | （学歴） | （社会的ネットワークによる支援） |
| 主観的幸福（生活満足度） | 0.70 | 0.47 | 0.30 | 0.73 |

## 2.　保健統計

健康心理学の研究および実践においては，健康の主観的な側面への理解とともに，客観的，全体的な視点を持って健康に関するデータを理解することが求められる。各種保健統計は WHO 世界保健機関や OECD 経済協力開発機構などの国際機関や，厚生労働省，内閣府，都道府県など国内の機関から発表さ

表 1-4　主な保健関連統計（Basch, 1999 梅内監訳 2001 をもとに作成）

| 種類 | 内容 |
|---|---|
| 人口データ | 人の数ならびに年齢，性別，民族性，都市化，地理的分布，その他同様の基本的類型といった特質 |
| 人口動態統計 | 出生ならびに性別，年齢別，原因別の死亡（死産を含む），婚姻と離婚 |
| 保健統計 | 疾患や自己の種類，重篤度，転帰ごとに分類された罹患率，届け出義務のある疾病や障害者に関するデータ，腫瘍の登録など |
| 保健サービス関連統計 | 既存の施設やサービスの数および種類，人材の配置，資格，役割，サービスの内容そとの利用率，病院や保健所の運営，公的および民間の医療システム，費用と支払いの仕組み，その他の関連情報など |

れている。それぞれの機関が目的に沿って保健統計指標を設定しており，集団や地域の持つ特殊性についての情報を得ることができる。ここでは，バッシュ（Basch, 1999 梅内監訳 2001）の挙げた基本的な保健関連統計の類型（表 1-4）にそって，我が国に関連する保健統計の中から，健康心理学的なアプローチの際に必要な，基本的な保健統計を概観する。

## （1）健康施策の前提となる統計

### 1）人口推移および出生率

　我が国の人口は 2016 年 1 月 1 日の時点で 1 億 2,704 万人となっている（総務省統計局，2016）。人口のピークは 2008 年の 1 億 2,808 万人でその後減少傾向が続いており，国立社会保障・人口問題研究所によると 2060 年には 8,674 万人に減少することが予想されている（厚生労働省，2015b）。また 2014 年の国勢調査の結果によると，総人口に占める 65 歳以上の割合は 26.0％と報告されており，4 人に 1 人が 65 歳以上の高齢者となっている。2060 年には 65 歳以上の人口が 39.9％に達するという予測もある（図 1-1 参照）。

　また，2015 年の出生数は 100 万 5,656 人，死亡数は 129 万 428 人であり，ともに前年よりは増加しているが（厚生労働省，2015a），全体として出生数の減少傾向および死亡数の増加傾向が見られる（図 1-2）。一方 15 ～ 49 歳までの女性の年齢別出生率を合計し，一人の女性が一生に産む子供の数を推計した合計特殊出生率は，2014 年の時点で 1.42 となり前年比 0.01 の減少，人口置換水準の 2.07 を下回っている。これら人口および出生数の減少，そして少子高齢化に

8　第1章　健康指標・保健統計

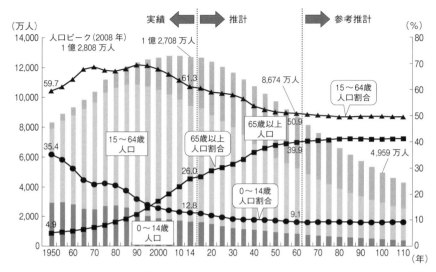

資料：2014年以前：総務省統計局「国勢調査」（年齢不詳の人口を按分して含めた）および「人口推計」
　　　2015年以降：国立社会保障・人口問題研究所「日本の将来推計人口（平成24年1月推計）」［出生中位・死亡中位推計］
注：1970年までは沖縄県を含まない。

図 1-1　我が国の人口推移（厚生労働省，2015b）

よる社会的影響が，国民の暮らしにどのような影響を及ぼしどう対策をとるのかを検討することが，我が国の喫緊の課題となっている。

### 2）平均寿命と健康寿命

厚生労働省・簡易生命表（2014e）による2014年度の「平均寿命」は男性が80.50年，女性が86.83年であり，前年と比較して男性は0.29年，女性は0.22年上回っている。一方，「健康寿命」は2013年の時点で，男性が71.19歳，女性が74.21歳としている。前回（2010年時点）は健康寿命は男性70.42歳，女性73.62歳であったことから，男性で0.7歳以上，女性で0.5歳以上健康寿命が延びていることが分かる（図1-3）。健康寿命と平均寿命の差は，2013年度で男性が9.02年，女性が12.4年であり，この差が大きくなると本人の生活上の負担だけでなく医療費や介護給付費など社会の負担も増えることから，健康寿命の延伸により平均寿命との差を縮小することが目指されている。

2. 保健統計　9

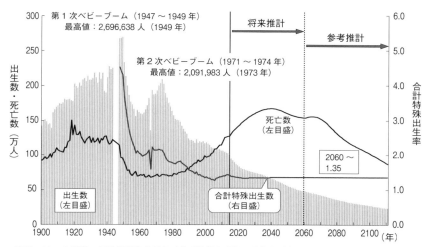

資料：2014年以前：厚生労働省大臣官房統計情報部「人口動態統計」
　　　2015年以降：国立社会保障・人口問題研究所「日本の将来推計人口（平成24年1月推計）」
　　　［出生中位・死亡中位推計］
注：2013年までは確定数，2014年は概数である。

**図1-2　出生率・死亡数，合計特殊出生率の推移：1900～2110年**（厚生労働省，2015b）

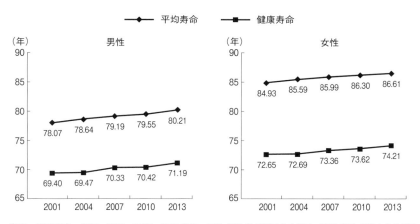

資料：平均寿命：2001, 2004, 2007, 2013年は，厚生労働省「簡易生命表」，2010年は「完全生命表」

**図1-3　平均寿命と健康寿命の推移**（厚生労働省，2014b）

## (2) 主観的健康状態に関する統計
### 1) 普段の健康についての判断

2014年の厚生労働白書によると，普段の健康状況について「非常に健康だと思う」「健康な方だと思う」と答えた人の割合は全体の73.7％と報告されている（図1-4）。

くわえて健康状況を判断する際に重視した事項について「病気がないこと」「おいしく飲食できること」「身体が丈夫なこと」が上位に挙がっている（厚生労働省，2014c）。このことからも，主観的健康状態は加齢による機能低下によ

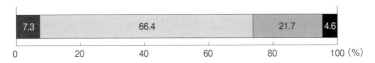

図1-4　普段の健康状況（厚生労働省，2014c）

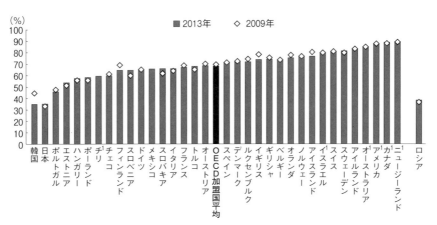

最新のデータの得られた年：ロシアは2014年。
最初のデータの得られた年：オーストラリア，日本，ニュージーランドは2007年，ロシアは2011年。
注：メキシコとチリはデータが1年分しか存在しない（それぞれ2006年と2011年）。「成人」とは一般に15歳以上を指す。国名に1と付した国々のデータは回答尺度が異なるため，その他の国々のデータと直接比較することができない。これらの国の回答には上向きバイアスがかかっている可能性がある。
OECD加盟国平均は人口加重平均。
資料："Health Status". *OECD Health Statistics* (database)(http://dx.doi.org/10.1787data-00540-en).
StatLink: http://dx.doi.org/10.1787/888933259086

図1-5　自己報告による健康状態の国際比較（OECD, 2015）

って良好と判断することが難しくなることが推測できる。少子高齢化が急速に進む我が国では，単に長寿というだけでなく，健康寿命の延伸が最も優先する課題と位置づけられるにいたっている。

またOECDの報告書では，自己報告による健康状態の各国比較が示されている（図1-5）。これは自分の健康状態について「良い」または「非常に良い」と答えた人の割合を示している。日本は加盟国の中で健康状態を良好だとする人の割合が最も少なく，3人に1人となっており，人口構造の問題も指摘されている（OECD, 2013）。

### 2）症状の訴えに見る健康判断

2013年国民生活基礎調査の概況（厚生労働省，2014d）によると，病気やけが等で自覚症状のある者（有訴者）は人口千人当たり312.4人（有訴者率）となっている。性別で見ると，男性は276.8，女性は345.3で男性よりも女性の有訴者率の方が高くなっている（図1-6）。年齢階級別に見ると，年齢が上がるごとに有訴者率が高くなっている。また男性の自覚症状の訴えで最も多かったのは「腰痛」，女性は「肩こり」で，男女ともに上位には身体的な訴えが多く挙がっている（厚生労働省，2014d）。しかしその後に続くものは男女で違いがあることから，症状の点からは男女の健康判断に差があることが予想される。

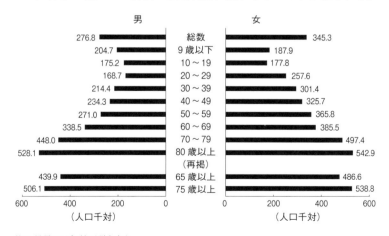

注：総数には年齢不詳を含む。

**図1-6　性・年齢階級別に見た有訴者率**（厚生統計協会，2015）

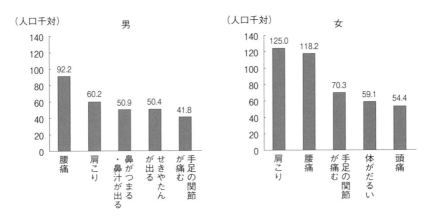

注：有訴者には入院者は含まないが，分母となる世帯人員には入院者を含む。

図 1-7　性別に見た有訴者率の上位 5 症状（複数回答）（厚生労働省，2014d）

## (3) 保健統計に見る健康状態
### 1) 通院者の状況から

2013 年国民生活基礎調査の概況（厚生労働省，2014d）によると，通院者率（通院している者の人口千人あたりの割合）は 378.3 であり，性別で見ると男性

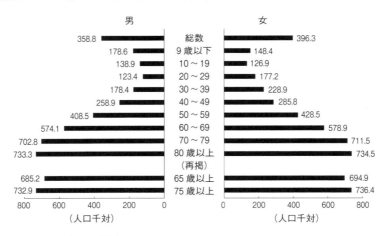

注：総数には年齢不詳を含む。

図 1-8　性・年齢階級別に見た通院者率（厚生統計協会，2015）

2. 保健統計    13

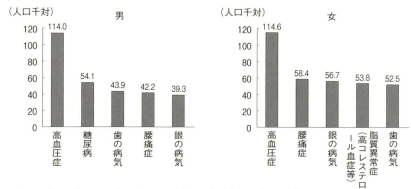

注：有訴者には入院者は含まないが，分母となる世帯人員には入院者を含む。

図1-9　性別に見た通院者率の上位5疾病 （厚生労働省，2014d）

よりも女性で高くなっている。また年齢階級別では75歳以上が最も高く，男性で732.9，女性が736.4となっている。また疾患別に見ると男女とも最も通院者率の高い疾患は高血圧であった（厚生労働省，2014d）。

### 2) 死因と死亡者の状況から

2014年の年間死亡者数を死因順位別に見ると（厚生労働省，2014a），1位は悪性新生物（28.9％），2位は心疾患（15.5％），3位は肺炎（9.4％）となっている。4位の脳血管疾患（9.0％）を加えた上位4位までの疾患で全体の6割以上に達するが，これらの疾患は普段の生活習慣との関連が強いため，医療費への負担を軽減するためにも，生活習慣の改善が国民的課題となっている。

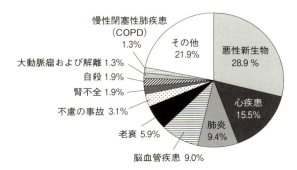

図1-10　主な死因別死亡数の割合（2014年）（厚生労働省，2014a）

## 引用文献

Basch, P. F. (1999). *Textbook of international health* (2nd ed.). Oxford University Press. (バッシュ，P. F. 梅内拓生（監訳）　PHC 開発研究会（訳）(2001). バッシュ国際保健学講座　じほう)

小泉　明 (1984). 平均寿命と国民医療費の間に「費用 – 効果関係」はあるか　人口学研究，7, 9–14.

厚生労働省 (2000a). 三局（保健医療局・老人保健福祉局・保険局）連名通知　21 世紀における国民健康づくり運動（健康日本 21）の推進について　Retrieved from http://www1.mhlw.go.jp/topics/kenko21_11/t3. html（2016 年 6 月 28 日）

厚生労働省 (2000b). 健康日本 21　総論参考資料　Retrieved from http://www1.mhlw.go.jp/topics/kenko21_11/s1.html（2016 年 6 月 28 日）

厚生労働省 (2013). 厚生労働省告示 430 号　Retrieved from http://www.mhlw.go.jp/bunya/kenkou/dl/kenkounippon21_01.pdf（2016 年 7 月 1 日）

厚生労働省 (2014a). 人口動態統計月報年計（概数）の概況

厚生労働省 (2014b). 厚生科学審議会地域保健健康増進栄養部会　Retrieved from http://www.mhlw.go.jp/stf/shingi2/0000059796. html（2016 年 6 月 28 日）

厚生労働省 (2014c). 平成 26 年度版厚生労働白書

厚生労働省 (2014d). 平成 25 年国民生活基礎調査の概況

厚生労働省 (2014e). 平成 26 年簡易生命表の概況　Retrieved from http://www.mhlw.go.jp/toukei/saikin/hw/life/life14/dl/life14–15.pdf（2016 年 6 月 28 日）

厚生労働省 (2015a). 平成 27 年人口動態統計月報年計（概数）の概況　Retrieved from http://www.mhlw.go.jp/toukei/saikin/hw/jinkou/geppo/nengai15/（2016 年 6 月 30 日）

厚生労働省 (2015b). 平成 27 年度版厚生労働白書

厚生統計協会 (2015). 国民衛生の動向 2015/2016　厚生の指標増刊

中根允文・田崎美弥子・宮岡悦良 (1999). 一般人口におけるQOL スコアの分布—WHOQOL を利用して—　医療と社会，9, 123–129.

OECD (2015). 幸福度白書 3—より良い暮らし指標：生活向上と社会進歩の国際比較—　明石書店

大森豊緑 (2007). 健康とは　緒方正名（監修）　前橋　明・大森豊緑（編著）　最新健康科学概論（pp.1–7）　朝倉書店

柴田　博 (2002). 8 割以上の老人は自立している　ビジネス社

総務省統計局 (2016). 人口推計　平成 28 年 6 月報　Retrieved from http://www.stat.go.jp/data/jinsui/pdf/201606.pdf（2016 年 6 月 30 日）

WHO (1997). WHOQOL: Measuring Quality of Life, Division of Mental Health and prevention of substance abuse. Retrieved from http://www.who.int/mental_health/media/68.pdf（2016 年 6 月 28 日）

WHO (2002). Active ageing a policy framework. Second United Nations World Assembly on Ageing. Retrieved from http://apps.who.int/iris/bitstream/10665/67215/1/WHO_NMH_NPH_02.8.pdf（2016 年 6 月 28 日）

WHO (2015). The Global Reference List of 100 Core Health Indicators 2015. Retrieved from http://apps.who.int/iris/bitstream/10665/173589/1/WHO_HIS_HSI_2015.3_eng.pdf?ua=1（2016 年 6 月 28 日）

# 第2章

# 社会保障と健康心理学

平部正樹

　健康心理学では，人間を社会や環境の中にある生活体としてとらえる。社会のあり方が日々変化する中で，その影響により，人間には様々な健康上の問題が生じる。一方で，人間の健康は社会の制度や資源に支えられてもいる。健康心理学の視点の1つとして，社会との相互作用の中で，人間がいかに生きていくかということがある。社会保障は，人間が生きていくうえでの社会との関係性について考えるのに適切なトピックである。本章では，日本の社会保障制度に焦点を当て，健康との関連について，健康心理学的な観点から学んでいく。

## 1. 健康の多様性

　まず，健康とは何かということについて，あらためて考える。1946年の世界保健機関（World Health Organization: WHO）憲章では，「健康とは，完全な肉体的，精神的及び社会的福祉の状態であり，単に疾病又は病弱の存在しないことではない」と定義している。この定義では，健康を消極的健康（negative health）と積極的健康（positive health）という面からとらえている。消極的健康は，健康であるということを「疾病又は病弱の存在しないこと」とする。つまり，健康を疾病や障害の有無で考える。消極的健康の向上は，疾病をなくすことであり，疾病コントロールと呼ばれる。それに対して，積極的健康は，健康を「完全な肉体的，精神的及び社会的福祉の状態」とする。ここで言う「福祉」とは well-being の訳である。つまり，健康を，疾病や障害の有無によらず，その人なりの well-being を保てているかどうかで考える。

　well-being の定義は難しいが，突き詰めると，その人なりの良い生き方，良いあり方につながる。つまり，その人なりの良い生き方・あり方を，自らの意

思で選び取って，満足して送ることができているかどうかということである。積極的健康の向上は，well-being の追求であり，ヘルスプロモーションと呼ばれる。健康に well-being の概念が含まれていることが，WHO の定義の意義である。well-being は主観的であり，人の価値観が強く関わる。人によって，その人なりの良い生き方，良いあり方がある。健康概念に主観や価値観が関わってくるからこそ，健康心理学という領域が成り立つ。これは健康権の考え方にも通じる。健康権とは，「いかなる疾患や障害においても，いかなる文化圏においても，その人の生活に応じた健康を求める権利（熊倉，2006）」である。健康心理学においても，このような権利を実現させるような研究および実践が必要となる。

　ここで言っていることは，疾病や障害の有無にかかわらず，well-being を目指すことができるということである。注意してほしいことは，消極的健康の考え方が重要でないということではない。病気を治すことは，当然必要である。しかし，消極的健康の考え方のみでは，例えば，元に戻らない障害を持った人は健康を目指せなくなってしまう。積極的健康の考え方があるからこそ，障害を持つ人の健康を目指した生活支援が成り立つ。要するに，両者の視点からの援助が必要だということである。WHO の定義は，健康の多様性，および，健康サービスのアプローチの多様性を示している。

　さて，それでは我々はいかなる時でも，well-being を目指して生活を送ることができるのか。ここには，議論の余地が多分にある。例えば，その日の食物に困っている者について考えよう。そのような者は飢えをしのぐのに精いっぱいであって，良い生き方・あり方を追求するという余裕はないかもしれない。そう考えると，well-being の追求は，それを支える土台があってこそ，という考えも成り立つ。

## 2. 人間性心理学とマズローの欲求階層説

　このような考え方に近いことを心理学的に提唱したのがマズロー（Maslow, 1954）である。マズローは，心理学の第 3 勢力である，人間性心理学を提唱した心理学者の 1 人である。ちなみに第 1 勢力は精神分析であり，第 2 勢力は行

18 第2章 社会保障と健康心理学

動主義である。精神分析は，人の無意識の動きを重視した考え方である。行動主義は，人の内面はブラックボックスで客観的に見られるものではないため，客観的に観察できる行動を主な研究対象とした。人間性心理学は，このような精神分析や行動主義の考え方に対するアンチテーゼであり，人の自己実現傾向，価値観を重要視する考え方である。意識的に何を考え，感じ，望んでいるのかが，その人のより良いあり方に向けて，最も大事なものであるということである。これは，先ほど述べた，well-being につながる。つまり，何があるべき道かは，その人にしか分からないという考え方である。人間性心理学の考え方の根本には，人間の成長力に対する基本的な信頼感がある。

マズローが提唱したのが，図2-1 に示した欲求階層説である。人間の欲求を階層で表現し，下層にある低次の欲求から，上層に行くほど高次の欲求になるというものである。第一階層の「生理的欲求」は，生きていくための基本的・

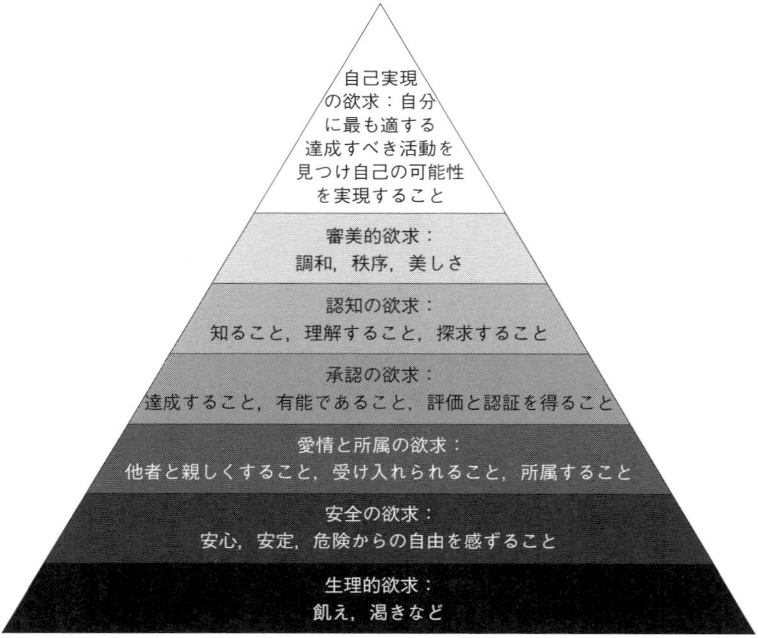

自己実現
の欲求：自分
に最も適する
達成すべき活動を
見つけ自己の可能性
を実現すること

審美的欲求：
調和，秩序，美しさ

認知の欲求：
知ること，理解すること，探求すること

承認の欲求：
達成すること，有能であること，評価と認証を得ること

愛情と所属の欲求：
他者と親しくすること，受け入れられること，所属すること

安全の欲求：
安心，安定，危険からの自由を感ずること

生理的欲求：
飢え，渇きなど

図 2-1　マズローの欲求階層モデル（Smith et al., 2003）

本能的な欲求である。先ほどの例の，飢えをしのぐことは，最も低次の生理的欲求となる。この欲求をある程度満たすことができれば，次の階層である「安全の欲求」を求める。安心，安定および危険からの回避などはここに入る。下の階層の欲求を部分的にでも満たすことができれば，次の段階の欲求を求めることができるという考え方である。そして，その上にもいくつかの欲求があり，その最も高次の欲求が，「自己実現の欲求」となる。

このマズローの欲求階層モデルをどのように考えるか。WHO の健康の定義を考えると，飢えている者や，安心・安定を得ていない者であっても，その人なりの良い生き方を目指すことができると考えることもできる。しかしながら，実際には，基本的な欲求が満たされることで，その人なりの良い生き方を目指すことが，より容易になる。このように，マズローの欲求階層説と，WHO の健康の考え方は，ある側面から考えれば相反する考え方であり，別の側面から考えれば，相補う考え方であると言える。欲求階層説については，様々な異論もあるが，人がより良い生き方を目指そうとする時に，まずはその基盤を整備することの重要性を示している。

## 3. 生活の基盤とそれを支えるもの

人間は自らの well-being を目指す主体的な存在であるということが，人間性心理学の基本的な考え方である。生命を維持し，低次の生理的欲求や安全の欲求を満たすことが，より高次の well-being のために必要不可欠であると考えたとしよう。我々は，日常生活において，そのレベルの差こそあれ，まずは生命を維持したり，安全を確保したりするための活動を行う。例えば，働くということには，人によって様々な意味づけがあるが，まずは安定した生活の基盤を作ることが目的となる。

それでは，その生活の基盤を築き，より高次の well-being を目指すのは誰か。それは，まず自分自身であろう。あくまでも個人が，自らの力で目指すということが基本的な考え方である。しかしながら，我々が一生を送っていく中では，自らがそのような機能を果たすことを脅かす出来事が数多く存在する。例えば，疾病・障害，失業，加齢などである。我々は疾病で働くことができなくなった

ら，自ら生活の基盤を築くことができなくなる。元気に働いて自活をしていた人が，突如何らかの病気によって働けなくなるということは，いつでも起こりうる。そのような人の生活は誰が支えるのか，ということが次の問題となる。まずは家族が考えられる。また，かつての日本では，地域コミュニティのつながりで支えていた。しかしながら，少子高齢化・核家族化によって家族の機能が弱まり，コミュニティのつながりが希薄となった現代では，これを国が制度として整備しなくてはならなくなった。これが社会保障である。要するに社会保障とは，人が安定・安心した生活を送れるように，国の責任で支える仕組みである。そして，それを支えることで，多くの人たちが自らの well-being を目指すことができるのである。

さて，この節で述べてきたような考え方を，自助・共助・公助という言葉で表す。自助とは，自らが働いて生活を整え，健康も自分で守るという考え方である。共助は，社会での連帯の精神に基づき，共同してリスクに備えるという考え方である。公助は，自助・共助では解決できない部分に対して，国が公的に援助することである。我々の生活は，あくまでも自助，つまり自分の生活は自分で成り立たせるのが基本であるということを忘れてはならない。それを補完し促進するための，共助や公助なのである。社会保障を考える時には，この考え方を理解しておくことが重要である。

## 4. 社会保障とは

それでは，社会保障について述べていく。社会保障は，人が安定した生活を送ることを支えるための仕組みである。本書は『健康・医療心理学』というタイトルであるが，社会保障は健康や生活を広く包含した制度である。その一分野である医療保険については，後の節で詳細に述べる。

社会保障は，その定義自体が難しいところがある。なぜなら，その制度が国によって，あるいは，時代によって様々に異なっているからである。社会保障が先進的に発展した欧米諸国の間でも，何をもって社会保障とするかという考え方は異なっている。本章は，そのような社会保障の各国の違いや共通点について論じることを目的としてはいない。日本の制度も，社会の変化に沿って変

容しているが，その詳細や，今後についての議論は，成書を参照されたい。本章では，健康心理学の観点から，社会保障の基本的な考え方を理解してほしい。

1947年に施行された日本国憲法第25条において，「すべて国民は，健康で文化的な最低限度の生活を営む権利を有する」「国は，すべての生活部面について社会福祉，社会保障及び公衆衛生の向上及び増進に努めなければならない」と規定されている。前者では，日本の国民には，健康権および生存権があるということが述べられている。後者では，国にはその権利を守り，これらの制度を整備する義務があることが示されている。社会保障は，この規定に則った制度である。

日本の社会保障の定義でよく用いられるのは，社会保障制度審議会による，1950年の「社会保障制度に関する勧告」での定義である。そこでは，「疾病，負傷，分娩，廃疾，死亡，老齢，失業，多子その他困窮の原因に対し，保険的方法又は直接公の負担において経済保障の途を講じ，生活困窮に陥った者に対しては，国家扶助によって最低限度の生活を保障するとともに，公衆衛生及び社会福祉の向上を図り，もってすべての国民が文化的社会の成員たるに値する生活を営むことができるようにすることをいうのである」と定義している。

この定義を分解して考えてみよう。まず，①疾病，負傷，分娩，廃疾，死亡，老齢，失業，多子などは，人生において，困窮の原因となる危機となりうるものである。②社会保障は，人生において遭遇する可能性のあるそのような様々な危機に対して，主に経済保障をもって対応する制度である。③その経済保障の方法には，大きく分けて「保険的方法（保険方式）」と「公の負担（税方式）」がある。④生活困窮に陥った者に対しては，「国家扶助」をもって最低限度の生活を保障する。つまり，国が，税を財源として公的な救済を行う。⑤その他，公衆衛生や社会福祉の向上を図ることにより，国民が一定の生活を営めるようにする。以上が，同勧告で述べられている定義の中身である。この勧告が，戦後の日本の社会保障の基本的枠組みとなっている。一方で，時代背景として，同勧告の定義は，最低限度の生活の保障という意味合いが大きい。その後，社会保障は，より広く，国民が健康かつ安心できる生活を保障するという意味合いが強くなった。これをより簡潔に述べると，1993年の社会保障制度審議会の社会保障将来像委員会第1次報告に見られるような定義となる。同報告

22 第 2 章 社会保障と健康心理学

では，「国民が傷病・高齢・失業などにより，国民の生活の安定が損なわれた場合に，国民が健やかで安心できる生活を保障することを目的として，公的責任で生活を支える給付を行なう制度である」と定義されている。

## 5. 日本における社会保障の範囲・概念

　日本における社会保障の範囲・概念について示したのが表 2-1 である。これは，前節で述べた 1950 年勧告時点での概念表である。狭義の社会保障，広義の社会保障，社会保障関連制度と分かれている。その中でも，我々が一般的に社会保障と呼ぶ時には，狭義の社会保障の領域のことを指すので，その領域を説明していく。また，図 2-2 では，2014 年時点での各制度の財源を示している。

　まず社会保険である。日本の社会保障制度の中心は，社会保険であると言われる。先述した 1950 年勧告でも，「社会保障の中心をなすものは自らをしてそれに必要な経費を醵出せしめるところの社会保険でなくてはならない」とされている。国が主体となって，各国民の負担能力に応じて保険料を徴収し，保険料を支払っている被保険者が何らかの危機・困難に陥った時に給付する。現在の日本の社会保険に含まれるものは，「医療保険」「年金保険」「雇用保険」「労災保険」「介護保険」である。図 2-2 を見ても分かるように，財源自体は，被保険者から徴収された保険料に加えて，税からも拠出されている。

　次に公的扶助である。公的扶助は，憲法 25 条の生存権を最も具現化した制度と言える。収入のある人が多くの税を納め，そこから生活に困った人に生活費を支払い，一定程度の生活を保障する。具体的に現在の日本の制度で言えば，「生活保護」がこれに当たる。また，社会福祉は公的扶助から派生した制度である。「母子福祉」「児童福祉」「障害者福祉」などがこれに当たる。困難に陥りやすい立場の人が，安定した生活を送ることができるようにサービスを提供する。公的扶助も社会福祉も，財源は税である。

　公衆衛生および医療は，国民が健康に生活できるよう予防するための様々な対策を指す。これを社会保障に含むかどうかは，どのような観点から社会保障を見るかによって異なる。ちなみに，老人保健については，後期高齢者医療となり，現在は医療保険の中に位置づけられている。このように，時代によって

5．日本における社会保障の範囲・概念　23

表 2-1　日本における社会保障の範囲・概念（福祉士養成講座編集委員会，2006）

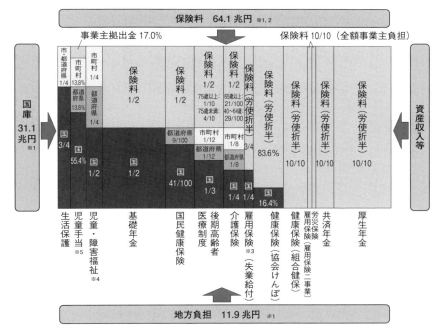

※1　保険料，国庫，地方負担の額は平成 26 年当初予算ベース。
※2　保険料は事業主拠出金を含む。
※3　雇用保険（失業給付）については，当分の間，国庫負担額（1/4）の 55％に相当する額を負担。
※4　児童・障害福祉のうち，児童入所施設等の措置費の負担割合は，原則として，国 1/2，都道府県・指定都市・中核市・児童相談所設置市 1/2 等となっている。
※5　児童手当については，平成 26 年度当初予算ベースの割合を示したもの。

図 2-2　社会保障の財源の全体像（厚生労働省，2014）

社会保障の考え方や実際の制度は変化する。

## 6．社会保険と公的扶助

　ここで，社会保険と公的扶助について，さらに詳しく考える。保険と公的扶助の考え方の違いについては，長谷川ら（2016）に詳細に述べられている。それを参考にしながら，社会保険と公的扶助の考え方を比較してみよう。

　社会保険は，保険の考え方をもとにしている。保険は，もともと，コミュニティの助け合いのシステムとして始まっている。コミュニティの成員が一定の保険料を納め，基金をつくる。その中の1人が困難に陥った時は，その基金から給付する。対等な人間が自由意志で集まる，「自由」な契約に基づいた制度である。現在では，民間保険がこの発想に基づいている。社会保険は，このような保険のシステムを国が主体となって行う，共助のシステムである。国民の負担能力に応じて保険料を徴収し，その保険料を基金とし，必要に応じて給付する。疾病や怪我に備える「医療保険」，加齢や障害に備える「年金保険」，失業に備える「雇用保険」，労働上の疾病や怪我に備える「労災保険」，加齢に伴った生活障害に備える「介護保険」などがある。保険料を支払っている者，すなわち被保険者がこのような状態に陥った時に，現金やサービスが給付される。これらの事態が我々の人生で実際に生じ，生活が困窮するリスクを分散するために，我々は保険料を支払い，いざという時には給付を得るという権利を持っているのである。各保険によって，保険集団の構成や給付の仕方は異なるが，強制性が加わり，公的な色合いが強くなるので，本来保険にある「自由」の原則は弱まる。その一方で，対象が広がり，より多くの人が社会保険の利益を受けることができるのである。その最たるものが，「医療保険」における「国民皆保険」である。

　公的扶助については，基本となる考え方が異なる。憲法25条の理念に照らし合わせて考えると，貧富の差に関係なく，ある一定程度の生活をできるようにすべきという発想が生まれる。その発想を現実化すると，労働し，支払いできる能力を持った者が，その収入に応じた多くの税を納め，そこから生活に困った者に生活費を支払うというシステムとなる。そして，最低限度の生活を保

障する。このような公助の発想を基に制度設計がなされている。保険の根本にある考えが「自由」であるならば，公的扶助の考えは「平等」の考え方である。社会保険が，事前に危機に備える制度であるのに対し，公的扶助は危機に陥った者に事後的に対応するものである。

　長谷川ら（2016）は，各国の社会保障制度の違いについて，「自由」と「平等」のバランスをどのようにとっていくかという考え方によると述べている。そして，日本の社会保障制度は，平等主義が行きわたっているという。これは，必ずしも日本の社会保障制度が他の国々と比較して優れているという意味ではない。何を優先し，どのような発想のもとに制度設計をするかという，考え方の違いである。その社会が何を選択するかという問題なのである。また，我々がこのような制度について考える時には，そもそも「自由」とは何か，「平等」とは何か，その意味をよく考えることが必要となる。

## 7. ライフサイクルと社会保障

　図 2-3 は，ライフサイクルで見た，社会保険，および，保育・教育等サービスの給付と負担をイメージで示したものである。グラフの縦軸は金額を表している。ゼロから下は，国民が負担する金額である。ゼロから上は，保険によってカバーされたり，公的に給付される金額である。横軸は年齢となる。これを見ると，各ライフステージにおいて，どのような負担があり，どのような給付を受けているかがよく分かる。生まれる時には，出産に関する負担と給付が多く，その後は，保育，教育に関する負担と給付が多くなっている。その後，働き始めると社会保険料や税の負担は多くなるが，給付は少ない。これはつまり，この世代が社会保障の財政を支えていることを示している。年齢が高くなるにつれて，医療保険の給付が増えていく。引退すると社会保険料の負担は減っていき，医療保険，年金保険，介護保険の受給が増えていく。この図において，受給が多い年代は，保険や公的サービスがなければ，困窮に陥る危険性が高いということになる。全体的には，給付の面積が，負担の面積よりも広くなっている。個人に注目した給付と負担の概算では，負担が約 4,000 万円，給付が約 8,000 万円となっており，差額は 4,000 万円となっている。

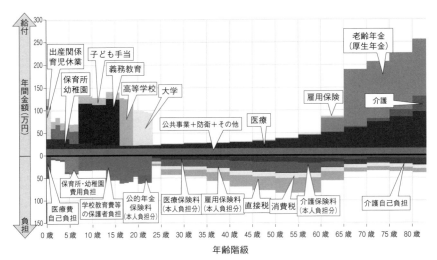

図 2-3　ライフサイクルでみた社会保険及び保育・教育等サービスの給付と負担のイメージ
(厚生労働省, 2012)

## 8. 医療保険

　さて，それでは本書のテーマである医療に，直接関連する部分について述べる。医療保険である。先ほども述べたように，医療保険は，社会保険の1つである。図2-3を見ても分かるように，医療保険はライフサイクルを通じて，つねに我々の生活に直接関わる制度である。

　医療保険は，本書の読者にとって，最も身近な社会保険であろう。年金保険と並んで，社会保険の柱と言われる。我々は病気になると，病院で診察を受ける。その費用は，保険者から医療機関に直接支払われる。我々が給付されるのは，医療サービスそのものである。これを現物給付という。我々が病院で支払っているのは，医療費の自己負担分である。医療保険は，個人では背負いきれないリスクに備えて，国民から保険料を徴収し，それを基金としておいて，実

際に疾病や怪我になった時に給付する。地域や職場などの各保険集団に強制加入するシステムで,「国民皆保険」となっている。保険者が医療機関を自由に選択して受けることができ,保険点数は全国一律である。

　強制加入による皆保険ということにはどのような意味があるのか。その1つは,不健康な者のみが保険に加入しようとする逆選択を防止することである。逆選択が起きると,そもそも保険が財政的に立ち行かない。また,逆に,保険者が健康的な者のみと契約するリスク選択を防止することである。そうすることにより,既往歴があるなど,疾病のリスクが高い者であっても保険に加入させ,そのリスクを分散させることができる。

　医療保険は,被用者保険,国民健康保険,後期高齢者医療から成る。被用者保険は,職場単位で実施される。国民健康保険は,市町村が行う。75歳を超えると,後期高齢者医療に移行する。すべての国民がこのいずれかに属し,保険料を支払い,サービスを受けることができる。図2-2を見ると分かるように,医療保険の財源の主要なものは,被用者保険であれば,被保険者および事業主が負担する保険料である。国民健康保険であれば,保険料に加えて,国,県,市町村が財政負担をしている。後期高齢者医療は,その被保険者の年齢構成から保険料負担能力が乏しいため,財源の大半は,税と他の医療保険制度からの支援金で賄われている。財政の苦しい保険者には税を配分し,負担能力の格差を埋めている。

　このように多様な保険者があり,医療機関の設立主体も様々であるが,基本的には,国民すべてに同質の医療が保障されている。


## 9.　社会保障の機能

　さて,ここまで述べてきた社会保障がどのような機能を持っているのかについて,厚生労働省（2012）を基に,改めて述べる。同書では,その機能について,①生活安定・向上機能,②所得再分配機能,③経済安定機能の3つを挙げている。

　①の生活安定・向上機能について説明する。社会保障は,各個人が自立するための前提が損なわれた時に,生活の安定・安心をもたらすセーフティネット

の機能を果たしている。社会システム上で考えれば，個人の力のみでは対応できないことに社会全体で備える，リスク分散という機能を果たしている。この機能により，各個人が不安を低減し，社会生活を営んでいくことができる。②の所得再配分機能については，社会保険であれば，支払い能力によって保険料が異なるが，それによって受けられるサービスに違いはないので，結果的に所得を移転することとなる。公的扶助であれば，生活に困っている者に，税を財源として生活保障を行うので，より直接的な所得移転となる。そうすることで，様々な困難を持った人が困窮から脱し，安定した生活を送ることができる。③の経済安定機能については，社会保障は経済成長にも寄与する。安定した社会保障制度を確立することは，人々の将来への不安を減らす。そのことにより，人々は安心して仕事したり，消費したりすることができる。それが結果的に，経済効果を生み出す側面もある。

これらの機能によって，社会保障は個人の生活の安定と，社会の安定・活性化とに資する要素を持っている。これらの機能は独立しているのではなく，お互いに重なり合っている部分が多い。また，個人の安定と社会の活性化は，お互いに関連しあっている。

## 10. 社会保障と健康心理学

さて，本章では，社会保障について考えてきた。現在，日本の社会では，少子高齢化が進展し，経済の低成長が常態化，社会的格差が拡大傾向にあり，先行きが不透明である。その中で，安定した持続可能な社会保障制度は，人々の生活に安心と安定をもたらすことができる。一方で，社会保障制度自体も，持続可能性に疑問が投げかけられることもある。日本の社会にとって，より良い制度設計をする必要があるが，誰にとっても理想的な制度はない。日本の社会保障も，社会の変化に伴い修正されてきており，今後どのような方向に向かっていくべきかも議論になっている。

健康心理学では，社会との相互作用の中で，人がいかに健康に生きていくかということがテーマの1つである。そのように考えた時，社会保障は，人が生活していくうえでの大きな資源であり，人の生活に影響を与える要因としてと

らえるべきものである。一方で社会保障は，日本国民全体を対象とした制度である。このように，大きな社会制度を扱う時に，日本国民の一人ひとりの個別性を考慮するということは，現実的には難しい。しかし，健康心理学では，社会全体の健康という集団を考える視点と，その集団に所属する個人の健康を考える視点を持つ必要がある。より良い社会制度を考えるということと，その中で生活する個別の人たちと関わる，ということを並行して行わなくてはならないのである。

　どのような社会制度であっても，それをどのようにとらえるか，もしくは，どのように関わるかは人によって異なる。どんなに素晴らしい社会保障制度を整えたとしても，制度には必ず限界があり，それによってすべての人が，自らの well-being を目指していくということは不可能なのである。その限界の中で，一人ひとりがどのように感じ，どのようにその制度と付き合いながら生きていくか，ということをフォローしていくことも，健康心理学を学ぶ者の努めである。社会制度を考えることで人の健康を支える，ならびに，個人の内面を考えることで支える，その両方の感性およびアプローチを身につけることが重要である。

## 引用文献

福祉士養成講座編集委員会 (2006). 新版社会福祉士養成講座　社会保障論　第 4 版　中央法規

長谷川友紀・長谷川敏彦・松本邦愛（編）(2016). 医療職のための公衆衛生・社会医学　第 5 版　医学評論社

厚生労働省 (2012). 平成 24 年版厚生労働白書—社会保障を考える—

厚生労働省 (2014). 社会保障制度改革の全体像　Retrieved from http://www.mhlw.go.jp/stf/seisakunitsuite/bunya/hokabunya/shakaihoshou/kaikaku.html

熊倉伸宏 (2006). 社会医学がわかる公衆衛生テキスト　改訂 6 版　新興医学出版社

Maslow, A. H. (1954). *Motivation and Personality* (2nd ed.). Harper & Row. (小口忠彦（訳）(1987). 人間性の心理学　産業能率大学出版)

Smith, E. E., Fredrickson, B. L., Nolen-Hoeksema, S., & Loftus, G. R. (2003). *Atkinson and Hilgard's introduction to psychology* (14th ed.). Wadsworth. (内田一成（監訳）(2005). 第 14 版　ヒルガードの心理学　ブレーン出版)

# 第3章

# 健康政策と健康心理学

藤城有美子

　健康は，時代や文化等の社会的背景に応じて，個々人で対処すべきものから，国や保健医療関係者から提供されるもの，そして自らが創り出すものへと変化してきた。本章では，健康心理学の果たすべき役割について考えるうえで必要な健康政策の大きな流れについて概観する。

## 1. 健康政策とは

> 　2013年12月にギニアで発症が確認され，瞬く間に西アフリカに広がったエボラウイルス病（エボラ出血熱）は，2016年1月に世界保健機関（World Health Organization：WHO）が終息宣言を出すまでに，疑い例を含む感染者28,600人以上，死者11,300人以上というアウトブレイクとなった。今回のアウトブレイクでは，感染力の強さだけでなく，流行国における医療資源不足，初期段階での封じ込めがうまくいかなかったこと，葬式で会葬者が死亡者の身体に触れる慣習等が感染を拡大した可能性が指摘されている。

### （1）WHO憲章と健康政策

　我々が健康やその政策について考える際は，WHO憲章に立ち戻ることが常である。WHOは1948年に設立されたが，その基盤となったのがWHO憲章（1946年）であり，日本では1951年に条約第1号として公布された。

　前文では健康の定義に続き，健康が基本的人権の1つであり，その成否には個人および国家の協力が必須であること，ある国での健康増進と保護の達成が世界全体にとっても有意義であること，各国政府には自国民の健康に対する責任があり，十分な健康対策と社会的施策が求められること等が示されている。

　「政策（policy）」の語は，広義には，個人や団体が目標を達成するための行動案，方針，計画等までを含むが，狭義には，政府等公的機関による公式声明や手続きを意味する。日本においても，国や地方自治体が行い，かつ，そ

の内容が公共性を持つ「公共政策（public policy）」を指すことが多く，「健康政策（health policy）」も，国や地方自治体が策定した健康プランという文脈で語られる。健康に関わる方針・計画等のために制定される法や規則，あるいは，社会的に公認され，定型化されているきまりや慣習等の制度・体系は，「ヘルスシステム（health system）」もしくは「ヘルスケアシステム（health care system）」と呼ばれる。ヘルスシステムは，「ヘルスアクション（health action）」を作り出すことに係るすべての組織，機関，資源からなる。ヘルスアクションは，個人のヘルスケアであるか，公衆衛生サービスであるか，あるいは，多部門連携のイニシアチブであるかにかかわらず，その主たる目的が健康の向上であるあらゆる取り組みである（WHO, 2000）。

---

WHO 憲章　前文

　この憲章の当事国は，国際連合憲章に従い，次の諸原則がすべての人民の幸福と円満な関係と安全の基礎であることを宣言する。

　健康とは，完全な肉体的，精神的及び社会的福祉の状態であり，単に疾病又は病弱の存在しないことではない。

　到達しうる最高基準の健康を享有することは，人種，宗教，政治的信念又は経済的若しくは社会的条件の差別なしに万人の有する基本的権利の一である。

　すべての人民の健康は，平和と安全を達成する基礎であり，個人と国家の完全な協力に依存する。

　ある国が健康の増進と保護を達成することは，すべての国に対して価値を有する。

　健康の増進と疾病特に伝染病の抑制が諸国間において不均等に発達することは，共通の危険である。

　児童の健全な発育は，基本的重要性を有し，変化する全般的環境の中で調和して生活する能力は，このような発育に欠くことができないものである。

　医学的及び心理学的知識並びにこれに関係のある知識の恩恵をすべての人民に及ぼすことは，健康の完全な達成のために欠くことができないものである。

　公衆が精通した意見を持ち且つ積極的に協力することは，人民の健康を向上する上に最も重要である。

　各国政府は，自国民の健康に関して責任を有し，この責任は，充分な保健的及び社会的措置を執ることによってのみ果すことができる。

　これらの原則を受諾して，且つ，すべての人民の健康を増進し及び保護するため相互に及び他の諸国と協力する目的で，締約国は，この憲章に同意し，且つ，ここに国際連合憲章第 57 条の条項の範囲内の専門機関としての世界保健機関を設立する。

出典）官報第 7337 号　昭和 26 年 6 月 26 日
注）旧字・旧仮名遣いは当用漢字等に，漢数字は算用数字に変換して示した。

## （2）健康の実現と政策

さて，冒頭に示したエボラウイルス病の例から「健康」への取り組みを考えてみよう。健康を守るには，自分がウイルスに感染しないよう気を付けなければならない。それでも感染した場合には，速やかに適切な治療を受けるとともに，自らが感染源となって周囲に感染を拡大させない努力が求められる。これらの健康行動をとる際，個人の努力は必須である。しかし，その達成は個人の努力だけでは難しい。

流行の早期発見・早期対処には広範囲のサーベイランスが必須であり，これには多国間協力が欠かせない。交通網の発達，経済のグローバル化により人や物が大量かつ高速に移動するようになった現代，感染症の伝搬もまた高速にかつ広範囲化しやすくなった。

さらに人々は，感染を防ぐために自分が何をすべきか，すべきでないかを知っていなければならない。つまり，エボラウイルス病についての正確な知識が，地域・集団に対して組織的・系統的，かつ，流行の段階に合わせて与えられる必要がある。しかし，医学的に正しい内容の情報が提供されるだけでは十分ではない。情報提供者との信頼関係がなかったり，対象集団に合わない提供の仕方であったりすれば，情報は効力を持たない。今回の流行地でも，末期患者や遺体の隔離政策が住民の宗教的慣習と相容れず，拒絶や抵抗が繰り返された。事態を打開するには，医療スタッフや埋葬作業員たちが住民の心理社会的側面に配慮してやり方を見直し，村の指導者らの協力を得る手順が必要であった。

また，正しい健康行動をとろうとしても，インフラや人材，物資，資金の不足，システムの不備等により叶わないこともある。今回の流行では，劣悪な環境の中で医療活動に従事する医療関係者からも多くの犠牲者を出した。このような問題を打開するには，1つの自治体，1つの国だけでなく，他国やNPO（非営利組織）の協力が望まれる。

流行が終息した後にも，多くの課題が残された。サバイバーを苦しめる心身の後遺症，感染を恐れる周囲からの偏見，親やきょうだいが死んでいく様を目の当たりにした人々，とりわけ，子どもたちの心の傷や，1万人を超えるとも言われる孤児の救済，深刻な打撃を受けたコミュニティの再建等，広範囲で中長期的な課題は枚挙にいとまがない。ここでも，個人の努力だけでなく，複合

的かつ長期的な健康政策が求められる。

## 2. 健康政策の変遷

### (1) ポジティブヘルスとネガティブヘルス

　では，我々が目指すところの「健康」とは何なのか。WHO憲章の健康定義には，消極的健康（negative health）と積極的健康（positive health）という2種類の健康の考え方が含まれる。

　前者は，「疾病又は病弱の存在しないこと（the absence of disease or infirmity）」に対応するもので，負の状態がないのが健康，という否定形の健康定義である。これに沿った健康政策は，負の状態となった原因を探りそれを解決するという，因果関係モデルの疾病コントロールが中心となる。

　それに対して後者は，「完全な肉体的，精神的及び社会的福祉の状態（complete physical, mental and social well-being）」に対応するものである。疾病と健康を連続的なものととらえ，想定されるよりよい状態に向けて，いかに健康を維持し，より健康になるかという，ダイナミックな健康定義である。身体的，精神的，社会的well-beingには，年齢や状況等，その時その人に応じたバランスがある。Well-beingの追求には，個々人の価値観やライフスタイルが反映され，より健康になることは，より良く生きることや自己実現の追求に限りなく近づいていく。これは，与えられる健康ではなく，自らがつねに作り出していく健康である。なお，1986年のオタワ憲章では健康を，「生きることの目的」ではなく，well-beingに到達するための「日々の生活のための資源」として位置づけている（Health is, therefore, seen as a resource for everyday life, not the objective of living.）（WHO, 2016）。このようなダイナミックな健康のとらえ方に沿った健康政策としては，ヘルスプロモーション（health promotion）が相当する。

### (2) ヘルスプロモーションの歴史

#### 1）1次予防としてのヘルスプロモーション

　疾病の発症から完結までの経過を疾病の自然史という。レベル（H. R.

Leavell）とクラーク（E. G. Clark）は疾病の自然史を 5 段階に分け，対応した予防の 3 つの段階として，1 次予防（primary prevention），2 次予防（secondary prevention），3 次予防（tertiary prevention）を挙げた（Leavell & Clark, 1953）。これにより，予防の概念は単なる疾病の発症予防だけでなく，早期発見・早期対処や，後遺症の予防・リハビリテーションにまで拡張された。健康教育や生活習慣改善を中心とした全体的なアプローチであるヘルスプロモーションは，予防接種，栄養素の補給，個人の衛生配慮，環境衛生整備等の特異的予防（specific protection）と合わせて，まず 1 次予防に位置づけられた。

### 2) ラロンド報告，ヘルシーピープル

ヘルスプロモーションの概念を拡張したのは，「ラロンド報告（A new perspective on the health of Canadians）」（Health Canada, 1974）である。カナダの厚生大臣ラロンド（M. Lalonde）は，保健医療費対策の観点から自国における健康問題を検討した。死亡の関連要因は生物学的要因だけでなく，不十分なヘルスケア・システム，行動要因や不健康な生活習慣，環境要因等複数の要因が絡み合っていることを指摘し，すでに病気となった者への保健医療サービス以外に，まだ病気になっていない一般住民に対する環境や生活習慣の変容への投資が必要であると述べた。この報告の意義は，健康に対する社会的要因の影響を示したこと，そして，予防活動の主体を個人の能動的関与に戻したことである。ただし，かつての個人任せの予防活動ではなく，それを実現するための政策が国家に求められている。

ラロンド報告を参考に，アメリカ合衆国が自国の 10 大死亡原因を検討したところ，1976 年に生じた死亡の 50% は不健康な行動や生活習慣により説明され，環境要因は 20%，生物学的要因は 20%，ヘルスケア・システムは 10% でしかなかった。生活習慣要因は適切な理解やサポートを得られれば個人が変化させることが可能であり，また，環境要因の多くは比較的低い費用で変化させることができる。この結果を踏まえて打ち出された国民的健康政策が，1979 年の「ヘルシーピープル（Healthy People）」である（United States. Public Health Service, 1979）。個人の生活習慣改善による健康の実現に重点を置いた点と，ライフステージ別に目標値が設定された点が特徴である。目標を具体的に設定し，健康の改善を目指すというこの手法は，その後，世界中に拡がった。

### 3）Health for all，アルマ・アタ宣言，オタワ憲章

1977 年には WHO が「Health for all: HFA（全ての人に健康を）」とのスローガンを掲げ，その実現に向けて，1978 年，国連児童基金（United Nations Children's Fund: UNISEF）との合同会議を開催した。ここで採択されたのが「アルマ・アタ宣言（Declaration of Alma-Ata）」（WHO, 1978）で，医療の重点がプライマリ・ヘルス・ケア（primary health care: PHC）に転換され，健康の獲得には国家や地域の開発が含まれることが確認された。これを踏まえて 1986 年，第 1 回の健康づくり国際会議（Global conferences on health promotion）が開催され，「オタワ憲章（Ottawa Charter for Health Promotion）」（WHO, 2016）が採択された。その中でヘルスプロモーションは，「人々が自らの健康をよりコントロールできるようになり，改善していけるようになるプロセス（Health promotion is the process of enabling people to increase control over, and to improve, their health.）」と定義された。また，健康の前提条件として，平和，住居，教育，食糧，収入，安定した環境，持続可能な資源，社会的公正と公平の 8 つが挙げられ，これらが人々にとって可能となるような支援の必要性が確認された。健康づくり国際会議はその後も世界各都市で開催され，健康づくりに関する宣言や声明が発信されている。

## （3）公衆衛生革命と健康教育

健康政策と密接に関係するのが，健康教育である。健康政策における健康教育も，時代とともに変化してきた。公衆衛生革命（public health revolution）（Terris, 1983, 1985）の 3 つの段階と健康教育について触れておく。

### 1）第 1 世代の公衆衛生革命

第 1 世代の公衆衛生革命は，感染症対策の時代である。産業革命によって都市部に多くの人が流入し，劣悪な衛生状態の中で感染症が蔓延した。19 世紀半ばのコレラの世界的流行は，病原体が発見されていない時代であったが，ロンドンの町医者ジョン・スノウ（John Snow）は，コレラ患者の発生を地図上に記録することで感染源を推測し，地区のコレラ流行を沈静化させた。その後，19 世紀後半には，抗生物質による予防が可能となる。

この段階の公衆衛生課題はサーベイランスと予防であり，健康教育において

は，20 世紀前半の行動学や社会心理学の影響を受けた KAB モデル（あるいは KAP モデル）が用いられた。これは，人々に知識（knowledge）を与えることで，態度（attitude）が変化し，それによって行動（behavior）あるいは習慣（practice）が変容する，という考え方である。

### 2）第 2 世代の公衆衛生革命

20 世紀後半，生活水準が上がって感染症の問題が落ち着いてくると，次に問題となったのは慢性疾患，とりわけ生活習慣病であった。治療が長期にわたり完治も困難となれば，病気に罹らないための予防対策がきわめて重要となる。ブレスロー（L. Breslow）らのアラメダ研究では，多くの疾患が生活習慣の改善によって予防可能であることが示された（Belloc & Breslow, 1972; Breslow & Enstrom, 1980）。

しかし，生活習慣は，個人の好き嫌いや価値観，社会的状況等に影響される。また，行動の効果が即時には現れにくく，本人が効果を実感しづらいうえに，長期間の持続が求められるので，知識を与えられても行動変容にまで至らない例が多く見られるようになった。そこで，態度変容と行動変容をつなぐために，社会心理学や認知心理学の知見を応用した様々な健康教育のモデルや概念が工夫された。ベッカー（M. H. Becker）らのヘルス・ビリーフ・モデル（health belief model: HBM），フィシュバイン（M. Fishbein）やアイゼン（I. Ajzen）らが展開した行動意図理論（theory of behavioral intention），バンデューラ（A. Bandura）の社会的認知理論（social cognitive theory）等がそれに当たる。

HBM では 4 種類の信念（belief），すなわち，自分がその状態になりやすいという信念（認知された脆弱性：perceived susceptibility）と，その状態が重篤な結果をもたらすという信念（認知された重大性：perceived severity），予防的行動をとることが脆弱性や重大性を減らすという信念（認知された利益：perceived benefits）と，行動をとることのコストが利益よりも重くないという信念（認知された障害：perceived barriers）のバランスが，人の健康行動を左右すると考える（Becker, 1974）。

社会的認知理論では，効力予想（efficacy expectation）と結果予想（outcome expectation）の組合せによって行動が規定されると考える（Bandura, 1977）。前者に対応するのが，自己効力感（セルフエフィカシー：self-efficacy）で，自

分にはその成果を生み出すために必要な一連の行動を遂行できる能力があるという信念である。自信がなければ，良いと思う行動も実行に移されない。バンデューラは，行動変容の最も重要な要因は自己効力感であり，強化（reinforcements）とモデリング（modeling）により学習されると述べた。

行動意図理論のうち，合理的行為理論（theory of reasoned action）（Fishbein & Ajzen, 1975）は，何らかの行為をなすには行動意図（behavioral intention）が必要であり，行動意図は，その行為に対する「態度（attitude）」と，その行為が自分にとって重要な他者からの期待に沿ったものであるか否かについての信念「主観的規範（subjective norm）」の強さによって決定されるというものである。合理的行為理論の概念に，行動統制感（perceived behavioral control）の要素が加えられたものが，計画的行動理論（theory of planned behavior）である（Ajzen & Driver, 1991）。

### 3）第3世代の公衆衛生革命

これにヘルスプロモーションが加わり，第3世代の公衆衛生革命となった（Breslow, 1999, 2004）。疾病予防では「疾病又は病弱の存在しないこと」がゴールであったが，ヘルスプロモーションはもっとダイナミックで能動的なプロセスである。身体的，精神的，社会的 well-being に到達するには，自らの望むところを明確にし，実現し，ニーズを満たし，環境に働きかけ対処できなければならない（WHO, 2016）。健康行動に複数の要因が絡み，さらに，到達目標が個人や集団によって異なるとすれば，トップダウンの健康政策だけでは健康づくりの手段として不足である。健康を自ら決定し作り上げていくためのエンパワメントと住民参加，それを可能にする社会計画整備が政策として求められた。

プリシード・プロシードモデル（Precede-Proceed model）（Green & Kreuter, 2004）は，企画段階，実施段階，評価段階の3段階からなるが，企画段階で最初に行われるのは，対象集団のニーズ・アセスメントである。そのうえで，健康問題を明らかにして介入の優先順位を決め，関連する行動・環境要因を特定し，変容させる準備・実現・強化要因を検討して，介入プログラムを決定する。実施段階では，プログラムを実施し，経過の評価を行う。評価段階では，健康行動の各要因に生じた変化と，最終的なアウトカムを評価する（Green & Kreuter, 2004）。

PCM 手法（Project Cycle Management）もこれに似た参加型の方略である。関係者分析，問題分析，目的分析，プロジェクト選択の 4 つの分析ステップを経て，プロジェクト・デザイン・マトリックス（project design matrix: PDM）と活動計画案を作成する（国際開発高等教育機構，2001）。援助者や対象集団の受益者，行政関係者等がともに参加するワークショップによってプロジェクト・デザインが作られていくのが特徴である。

様々なツールやメディアを使った情報伝達には，ソーシャル・マーケティングの考え方が応用された。ターゲットとする対象の嗜好やライフスタイルを分析し，それに合わせた情報を与えることで，興味関心を持たせ，行動変容の手段や成果を具体的にイメージしやすくする工夫がなされている。

## 3．日本の健康政策

### （1）近代以降の健康政策

日本で近代衛生行政が発足したのは明治以降で，昭和初期までは，コレラ等の急性感染症，結核等の慢性感染症対策に重点が置かれた。対応する健康対策は，感染源除去による予防と患者の届出制度によるサーベイランスである。

昭和初期からの戦時体制下は，富国強兵，「産めよ殖やせよ」の時代である。健康政策としては，人口増加を目指して乳児死亡率や感染症による死亡率を下げることに加え，国民の体力向上が求められた。

戦後，衛生状態や栄養状態の改善と抗生物質の開発等で，感染症による死亡率が下がり，妊娠や出産の合併症等に起因する死亡率も大幅に低下した。国民皆保険制度により誰もが平等に高品質な医療サービスを受けられるようになったこと，高い識字率を背景に健康教育が行きわたったことも，日本人の平均寿命延伸につながったと言われる。平均寿命は 2013 年以降，男女ともに 80 歳を超えている（厚生労働省，2016a）。死因構造も変化し，かつて死因の第 1 位であった結核は，1951 年には第 2 位に後退，1957 年以降 5 位以内には入っていない。代わって上位となったのが，脳血管疾患，悪性新生物，心疾患の生活習慣病（当時の呼称は成人病）である。この 3 疾患が死亡者総数に占める割合は，1950 年には 24.7% であったが，2014 年には 54.3% と過半数を超えた。中高齢者

3. 日本の健康政策　　**39**

層に限れば，その割合はさらに大きくなる。特に，悪性新生物による死亡は増加し続け，今や全死亡の3分の1を占める（厚生労働省，2015a）。日本の健康政策は，生活習慣病対策と高齢化対策の時代に入った。これらは別々の課題のように見えるが，いずれも普段からの能動的な健康への取り組みが核となる。

### (2) 国民健康づくり対策

日本では，1964年の東京オリンピックを契機にヘルスプロモーションの気運が高まり，健康意識の普及，休日・休暇の活用による健康づくり，民間の健康事業の育成等に，国として取り組むようになった。1970年代に入ると，国民一人ひとりが「自分の健康は自分で守る」という自覚と認識を持つことが重要とされ，10か年計画の「国民健康づくり対策」が策定された（厚生労働省，2014）。

#### 1) 第1次国民健康づくり対策

1978年度からの10か年計画である。3つの基本政策として，①生涯を通じる健康づくりの推進，②健康づくりの基盤整備，③健康づくりの普及啓発が挙げられた。一次予防と二次予防を重視し，国民に対して自分の健康への主体的関与を促すとともに，行政に対してもそれを支援する役割が課された。「健康づくりのための食生活指針」（1985年）が示される等，健康の3要素である栄養，運動，休養のうち，特に栄養に重点を置いた健康推進事業が推進された。

#### 2) 第2次国民健康づくり対策（アクティブ80ヘルスプラン）

1988年度からの10か年計画である。この頃，男性の平均寿命が75歳，女性が80歳を超えた。「80歳になっても身の回りのことができ，社会参加もできる」ようにという趣旨で，この政策は，「アクティブ80ヘルスプラン」と名付けられた。3つの基本政策は，引き続き，①生涯を通じる健康づくりの推進，②健康づくりの基盤整備，③健康づくりの普及啓発とされたが，遅れていた運動と休養にも重点を置いた健康推進事業が推進され，「健康づくりのための運動指針」（1993年），「健康づくりのための休養指針」（1994年）が相次いで示された。

#### 3) 第3次国民健康づくり対策（21世紀における国民健康づくり運動：健康日本21）

2000年度からの10か年計画を策定したものである（結果として2年間の延長）。国民が主体的に取り組める21世紀の新たな健康づくり運動として，「21

世紀における国民健康づくり運動（健康日本21）」と名付けられた。壮年期死亡の減少，健康寿命の延伸および生活の質の向上を目指し，5つの基本政策として，①健康づくりの国民運動化，②効果的な健診・保健指導の実施，③産業界との連携，④人材育成（医療関係者の資質向上），⑤エビデンスに基づいた施策の展開が挙げられた。生活習慣病や，その原因となる生活習慣の改善等に関する課題について，9分野からなる具体的な目標等が示された。2010年度の最終評価では，指標の約6割に一定の改善が見られたと報告されている。

なお，国民の健康づくりを積極的に推進するための法的基盤として施行されたのが，「健康増進法」（2003年）である。

### 4) 第4次国民健康づくり対策（21世紀における第2次国民健康づくり運動：健康日本21（第2次））

2013年度より「健康日本21（第2次）」が推進されている。すべての国民が共に支え合い，健やかで心豊かに生活できる活力ある社会を目指し，5つの基本政策として，①健康寿命の延伸と健康格差の縮小，②生活習慣病の発症予防と重症化予防の徹底（NCD（非感染性疾患）の予防），③社会生活を営むために必要な機能の維持及び向上，④健康を支え，守るための社会環境の整備，⑤栄養・食生活，身体活動・運動，休養，飲酒，喫煙，歯・口腔の健康に関する生活習慣の改善及び社会環境の改善が挙げられた（厚生労働省，2012）。特に，健康寿命の延伸は中心課題である。日本は世界有数の長寿国である。65歳時の平均余命も年々長くなっており，2015年には男性19.46年，女性24.31年となった（厚生労働省，2016a）。しかし，平均寿命が延伸しても，「健康上の問題で日常生活が制限されることなく生活できる期間」がともに延びなければ，生活の質が低下し，社会保障負担も大きくなる。健康日本21（第2次）では，壮年者や高齢者だけでなく，将来の生活習慣病の予防のために，次世代を担う子どもたちの健康づくりが重要視されている。

なお，この流れと連動しているのが，「持続可能な社会保障制度の確立を図るための改革の推進に関する法律」（2013年施行，一部を除く）である。受益と負担の均衡がとれた持続可能な社会保障制度の確立を図るために講ずべき社会保障制度改革の措置等として，①少子化対策，②医療制度，③介護保険制度，④公的年金制度での対応が求められている。

## （3）日本の健康課題

　ここまで，日本の健康政策の大きな流れを見てきた。次は，サービスの対象
ないしは場ごとに主な政策を示す。

### 1）母　　子

　母性保健と小児保健を含む領域を母子保健という。日本の母子保健は，乳
児死亡率，妊産婦死亡率の大幅低下等の面で多くの成果を上げてきた。しかし，
少子化の進行，女性の社会進出，晩婚化・晩産化と未婚率の上昇，生殖補助医
療，出生前診断，核家族化，育児の孤立，子どもの貧困，母子保健領域におけ
る健康格差等々，新たな課題も数多く抱えている。

　「健やか親子21」は，21世紀の母子保健の主要な取り組みを示すビジョンで
ある。2001年度から2014年度が第1次期間であった。最終評価では，指標の
8割で改善があったが，10代の自殺率と，全出生数中の低出生体重児割合につ
いては悪化が見られた。

　2015年度からの「健やか親子21（第2次）」では，第1次期間で掲げた課題
を見直し，3つの基盤課題と2つの重点課題を設定した。基盤課題は，①切れ
目ない妊産婦・乳幼児への保健対策と，②学童期・思春期から成人期に向けた
保健対策，それを下支えする環境づくりとして，③子どもの健やかな成長を見
守り育む地域づくりが挙げられている。重点課題は，①育てにくさを感じる親
に寄り添う支援，②妊娠期からの児童虐待防止対策で，これらの達成を通して，
すべての子どもが健やかに育つ社会を目指している。

### 2）学　　校

　教育の場において，学校教育は「学校教育法」（1948年施行），健康サービス
は「学校保健安全法」（「学校保健法」1958年施行，2009年改題）で定められ
ている。学校保健の活動は，①保健教育（保健学習，保健指導）と，②保健管
理（健康診断，健康相談，感染症予防，学校環境衛生）に分けられる。近年は，
児童生徒の慢性疾患対策のほか，不登校，引きこもり，いじめ，自殺，薬物乱
用といった問題にも力が注がれている（長谷川ら，2016a）。いじめ問題につい
ては，2013年に「いじめ防止対策推進法」が施行された。

　さらに，障害のある幼児児童生徒については，一人ひとりの教育的ニーズを
把握し，その持てる力を高め，生活や学習上の困難を改善又は克服するために，

2007年度から学校教育法に「特別支援教育」が位置づけられた。特別支援学校（旧：盲学校，聾学校，養護学校），特別支援学級，通級による指導が該当する。また，発達障害により特別な教育的支援を要する子どもたちに適切な教育的対応を行うために，文部科学省は厚生労働省と連携協力して，2010年度より「特別支援教育総合推進事業」を実施している（厚生労働統計協会，2015）。

### 3）産　　業

産業保健は，労働者の疾病予防と健康増進を行うものである。1947年の「労働基準法」，1972年の「労働安全基準法」制定により，労働条件の整備，労働者の健康安全確保と作業環境の改善はある程度までは進んだ。その後，生活習慣病やストレス，過重労働による心身の健康障害や過労自殺，職場不適応等の新たな課題への対応として，1988年に「事業場における労働者の健康保持増進のための指針」が策定され，「健康保持増進措置（total health promotion plan: THP）」が推進された。また，メンタルヘルス対策としては，「労働者の心の健康の保持増進のための指針」（2006年）が策定され，2014年には，ストレスチェック制度が創設されている。

### 4）成人・高齢者

成人においては，健康障害の原因となる疾病・障害が比較的はっきりと同定できることから，疾病コントロールが成人保健の中心課題となる。生活習慣病の2次予防として，特定健診，特定保健指導が2008年から実施されている。一方，高齢者では，加齢に伴う日常生活動作（activities of daily living: ADL）の低下，各種臓器機能低下による状態像が主体となり，個々の疾病はむしろ増悪因子として作用する。そのため，高齢者保健では，個々の疾病対策よりも，総体としてのケアが求められる（長谷川ら，2016b）。高齢者の健康を支えるには，医療・保健サービスだけでなく，福祉・介護サービスと合わせた包括的なサービスが必要とされる。

1989年に策定された「高齢者保健福祉推進10か年戦略（ゴールドプラン）」では，在宅・施設サービス，ホームヘルパー養成等についての数値目標を定めたが，予想を超えた高齢化進行により1994年に見直され，「新・高齢者保健福祉推進10か年戦略（新ゴールドプラン）」が策定された。新ゴールドプラン終了と，2000年からの介護保険制度導入を踏まえて2000年に策定されたのが，

「今後5か年間の高齢者保健福祉施策の方向（ゴールドプラン21）」である。基本的目標として，①活力ある高齢者像の構築，②高齢者の尊厳の確保と自立支援，③支え合う地域社会の形成，④利用者から信頼される介護サービスの確立が掲げられ，グループホームや高齢者生活福祉センターの整備が挙げられている。

急増する認知症高齢者およびその予備軍への対策としては，2013年度からの「認知症施策推進5か年計画（オレンジプラン）」がある。施策を加速するために修正が図られ，2015年に「認知症施策推進総合戦略―認知症高齢者等にやさしい地域づくりに向けて―（新オレンジプラン）」が策定された。新オレンジプランは厚生労働省だけでなく，内閣官房・内閣府・警察庁・金融庁，消費者庁・総務省・法務省・文部科学省・農林水産省・経済産業省・国土交通省との共同策定である。7つの柱として，①認知症への理解を深めるための普及・啓発の推進，②認知症の容態に応じた適時・適切な医療・介護等の提供，③若年性認知症施策の強化，④認知症の人の介護者への支援，⑤認知症の人を含む高齢者にやさしい地域づくりの推進，⑥認知症の予防法，診断法，治療法，リハビリテーションモデル，介護モデル等の研究開発及びその成果の普及の推進，⑦認知症の人やその家族の視点の重視が掲げられた。

### 5）障害児・者

障害児・者に関する福祉施策は，18歳以上は「身体障害者福祉法」（1950年施行）もしくは「知的障害者福祉法」（「精神薄弱者福祉法」1961年施行，1998年改正・改題）によって行われ，18歳未満は「児童福祉法」（1948年施行）で対応されてきた。さらに，精神障害者は長らく保健医療サービスのみの対象であった。身体・知的障害の種別を超えた支援のため，1970年に「心身障害者対策基本法」が施行され，さらに1993年，精神障害者についても法の対象に位置付けた「障害者基本法」（2010年より発達障害者を含む）が施行された。これを踏まえて2006年に施行された「障害者自立支援法」では，障害児・者へのサービスの一元化が図られたが，その後，法改正が行われて，「障害者の日常生活及び社会生活を総合的に支援するための法律（障害者総合支援法）」（2013年施行）となり，障害者の定義に難病等が追加されている。

高次脳機能障害者に対しては，「高次脳機能障害支援普及事業」（2006年開始，

2007 年より「高次脳機能障害及びその関連障害に対する支援普及事業」）が推進されている。また以前から指摘されていた精神障害者の長期にわたる社会的入院の問題への対応として，具体的な数値目標を掲げた「精神保健医療福祉政策の改革ビジョン」（2004 年）が提示され，その基本的な方策として「入院医療中心から地域生活中心へ」が掲げられている。

### 6）こころの健康

精神疾患を有する患者は年々増加している（厚生労働省，2015b）。自殺死亡者数は 1998 年以降，10 年以上にわたって年間 3 万人を超えて推移した（警察庁，2016a）。自殺やうつによる社会的損失の推計額は年間約 2.7 兆円（2009 年度の単年度）との報告もある（国立社会保障・人口問題研究所，2010）。自殺の前段階としてうつ病などの感情障害やアルコール依存症等の精神疾患の存在が指摘されたが，そこに至るまでには様々な生理・心理・社会的要因が積み重なっている。複合的な自殺対策を講じるため，2006 年に「自殺対策基本法」が成立，翌年，「自殺総合対策大綱」が策定された。

依存症者の数は，アルコールと薬物に限っても約 90 万人と推計されているが，治療につながっている率がきわめて低い（依存症者に対する医療及びその回復支援に関する検討会，2013）。厚生労働省では，依存症回復施設職員や依存症者の家族に対する研修を実施するとともに，2015 年度より依存症治療拠点機関を設置するなど，地域体制の整備を行っている。

被災者に対するこころのケアも，重要な政策課題の 1 つである。災害時におけるこころのケアは，「生活支援，情報提供等により一般の被災者に心理的安心感を与え，立ち直りを促進するためのケア」「精神科医療を必要とはしないものの家族を亡くしたり，独居など継続した見守りが必要な被災者に対するケア」「被災により精神科医療が必要となった被災者及び発災前から精神科医療を受けていた被災者に対する診療」の 3 段階に分類される（内閣府，2012）。

犯罪被害を受けた者でも，心身の変調が問題となる。「犯罪被害者等に関する国民意識調査」（警視庁，2008）によると，被害者やその家族の 6 割以上が，事件後に不安や落ち込みを経験している。また，国民一般が「重犯罪の犯罪被害者等」として思い描いた犯罪で最も多いのは，「殺人・暴力犯罪」であったが，本調査において対象となった犯罪被害者等の犯罪で最も多かったのは「交通犯

罪」「性犯罪」「暴力犯罪」の順であった。回復するうえで必要とした支援については，当事者と国民の認識には乖離が見られた。同年の交通事故発生件数は約77万件であり（警察庁，2016b），我々が被害者となる可能性は決して低くない。支援システムの整備とともに，国民の理解促進が求められる。なお，重大な他害行為を行い，心神喪失により不起訴または無罪判決となった触法精神障害者に対しては，「心神喪失等の状態で重大な他害行為を行った者の医療及び観察等に関する法律（心神喪失者等医療観察法）」が2005年に施行された。

## 4. 今後の健康政策と健康心理学

　日本は，未曾有の少子高齢化社会に突入した。医療技術の高度化や高額な新薬の使用，そして，高齢化の進展を背景に，2015年度の国民医療費（概算）の総額は，13年連続で過去最高を更新し，41.5兆円となった（厚生労働省，2016b）。1970年に3.5兆円であった社会保障給付費は，2010年，100兆円を超えた（国立社会保障・人口問題研究所，2016）。特に，医療・介護分野における給付の増加が顕著で，今後も国内総生産（gross domestic product: GDP）や現役世代の負担能力の伸びを上回って増加の見通しである。一方，経済の成熟化により今後高い経済成長率は望めない。将来に向けた健康政策は，持続可能な社会保障に向けた改革と分かちがたく結びついている。これは，日本に限った話ではない。経済成長が進み，人口減少と少子高齢化に向かっている社会では同様の課題が生じうる。このような流れのなかで，社会保障における生産年齢人口から年少・高齢者人口への所得の移転の問題は，「誰の健康が優先されるか」という問題ともリンクしてくる。長寿化が達成された後，どのように生きるかの「健康の質」や「生き方」が問われる時代となった。健康心理学においても，今後ますます複合的な視点が必要となってくるであろう。

## 引用文献

Ajzen, I., & Driver, B. L.（1991）. Prediction of leisure participation from behavioral, normative, and control beliefs: An application of the theory of planned behavior. *Leisure Science, 13,* 185–204.

Bandura, A.（1977）. Self-efficacy: Toward a unifying theory of behavioral change. *Psychological Review, 84*（2）, 191–215.

Becker, M. H.（1974）. The health belief model and personal health behavior. *Health Education Monographs, 2,* 324–473.

Belloc, N. B., & Breslow, L.（1972）. Relationship of physical health status and health practices. *Preventive Medicine, 1*（3）, 409–421.

Breslow, L.（1999）. From disease prevention to health promotion. *Journal of the American Medical Association, 281*（11）, 1030–1033.

Breslow, L.（2004）. The third revolution in health. *Annual Review of Public Health, 25,* xiii-xviii.

Breslow, L., & Enstrom, J. E.（1980）. Persistence of health habits and their relationship to mortality. *Preventive Medicine, 9*（4）, 469–483.

Fishbein, M., & Ajzen, I.（1975）. *Belief, attitude, intention, and behavior: An introduction to theory and research.* Addison-Wesley.

Green, L. W., & Kreuter, M. W.（2004）. *Health program planning: An educational and ecological approach*（4th ed.）. New York: McGraw-Hill.

長谷川友紀・長谷川敏彦・松本邦愛（編）(2016a). 第 13 章 学校保健　医療職のための公衆衛生・社会医学　第 5 版（pp. 103–110）　医学評論社

長谷川友紀・長谷川敏彦・松本邦愛（編）(2016b). 第 15 章 成人保健　医療職のための公衆衛生・社会医学　第 5 版（pp. 125–135）　医学評論社

Health Canada（1974）. A new perspective on the health of Canadians. Retrieved from http://www.hc-sc.gc.ca/hcs-sss/com/fed/lalonde-eng.php（2016 年 6 月 1 日）

依存症者に対する医療及びその回復支援に関する検討会（2013）. 依存症者に対する医療及びその回復支援に関する検討会報告書　Retrieved from http://www.mhlw.go.jp/stf/shingi/2r98520000031qyo.html（2016 年 6 月 1 日）

官報（1951）. 官報第 7337 号（昭和 26 年 6 月 26 日）

警察庁（2008）. 平成 20 年度犯罪被害者等に関する国民意識調査　Retrieved from https://www.npa.go.jp/hanzaihigai/report/h20-2/index.html（2016 年 6 月 1 日）

警察庁（2016a）. 平成 26 年中における自殺の状況 Retrieved from http://www.npa.go.jp/toukei/index.htm（2016 年 6 月 24 日）

警察庁（2016b）. 平成 27 年中の交通事故死者数について Retrieved from http://www.e-stat.go.jp/SG1/estat/List.do?lid=000001142617（2016 年 6 月 1 日）

国立社会保障・人口問題研究所（2010）. 自殺・うつ対策の経済的便益（自殺やうつによる

社会的損失）Retrieved from http://www.mhlw.go.jp/stf/houdou/2r9852000000qvsy. html（2016 年 6 月 1 日）

国立社会保障・人口問題研究所（2016）. 平成 26 年度社会保障費用統計　Retrieved from http://www.ipss.go.jp/ss-cost/j/fsss-h26/fsss_h26.asp（2016 年 8 月 5 日）

国際開発高等教育機構（2001）. PCM 手法の理論と活用　国際開発高等教育機構

厚生労働省（2012）. 健康日本 21（第 2 次）Retrieved from http://www.mhlw.go.jp/stf/ seisakunitsuite/bunya/kenkou_iryou/kenkou/kenkounippon21.html（2016 年 6 月 1 日）

厚生労働省（2014）. 平成 26 年版厚生労働白書―健康長寿社会の実現に向けて―

厚生労働省（2015a）. 人口動態統計 Retrieved from https://www.e-stat.go.jp/SG1/estat/ GL71050103.do?_toGL71050103_&listID=000001137965&forwardFrom=GL71050102 （2016 年 6 月 1 日）

厚生労働省（2015b）. 平成 26 年患者調査 Retrieved from http://www.e-stat.go.jp/SG1/ estat/GL08020101.do?_toGL08020101_&tstatCode=000001031167&requestSender=d search（2016 年 6 月 1 日）

厚生労働省（2016a）. 平成 27 年簡易生命表の概況 Retrieved from http://www.mhlw. go.jp/toukei/saikin/hw/life/life15/index.html（2016 年 7 月 28 日）

厚生労働省（2016b）. 医療費の動向 Retrieved from http://www.mhlw.go.jp/bunya/ iryouhoken/database（2016 年 9 月 13 日）

厚生労働統計協会（2015）. 国民衛生の動向　厚生の指標増刊, 62（9）, 384–386.

Leavell, H. R., & Clark, E. G.（1953）. *Textbook of preventive medicine*（3rd ed.）. New York: McGraw-Hill.

内閣府（2012）. 被災者のこころのケア都道府県対応ガイドライン Retrieved from http:// www.bousai.go.jp/taisaku/hisaisyagyousei/kokoro.html（2016 年 6 月 1 日）

Terris, M.（1983）. The complex tasks of the second epidemiologic revolution. *Journal of Public Health Policy, 4*（1）, 8–24.

Terris, M.（1985）. The changing relationships of epidemiology and society. *Journal of Public Health Policy, 6*, 15–36.

United States. Public Health Service（1979）. Healthy people: The surgeon general's report on health promotion and disease prevention. https://profiles.nlm.nih.gov/NN/ B/B/G/K/segments.html（2016 年 6 月 1 日）

World Health Organization（1978）. Declaration of Alma-Ata. Retrieved from http:// www.who.int/publications/almaata_declaration_en.pdf（2016 年 6 月 1 日）

World Health Organization（2000）. The world health report 2000-The health systems: Improving performance.

World Health Organization（2016）. WHO global health promotion conferences. Retrieved from http://www.who.int/healthpromotion/conferences/en（2016 年 6 月 1 日）

# 第4章

# 地域保健と健康心理学

井上真弓

　本章では，地域保健に関わる主な法律および地域保健対策を学ぶ。なかでも生活習慣に関連する疾患「がん」と，「喫煙」「飲酒」について，健康心理学的視点から概観する。

## 1. 地域保健とは

　「地域保健」とは，地域住民がその生活基盤の中で，自らの健康の保持および増進を図ることができるように，必要な保健技術を地域社会に見合った形で組織的に提供し，その健康生活を支援していく一連の活動過程のことである。地域社会で展開される保健活動のことで，地域社会は居住を中心とした社会集団であり，保健とは予防，治療，リハビリテーションを包括した概念である。

　また，地域保健とは，人々の暮らしの基盤である地域を基本としてそこに居住し生活する人々の健康の保持・増進を支えるために必要な健康技術を，地域社会に見合った形で（組織的）に提供し，人々の健康生活を支援していく活動とも言える。

　よって，地域と保健は切り離して考えにくい関係がある。

　①公的な保健サービスや政策の実施（行政区分的）単位が，「地域」となっていることが多い。

　②地域特性が健康問題の発生に大きく関与している。

　③健康問題の解決に必要な資源が地域によって規定されている。

## 2. 地域保健に関する法令

地域保健には，様々な法律等に基づく多様な施策が関連している．図4-1は地域保健に関わる主な法律と施策である．ここでは地域保健の礎となる地域保健法と対人保健サービスの健康づくりの法的基盤である健康増進法について学ぶ．

### (1) 地域保健法

1994年6月，今までの保健所法が半世紀ぶりに全面改正され，地域保健法が制定された．この法律によって厚生省は「地域保健対策に関する基本的な指針」を策定し，保健所に関しては地域保健の広域的，専門的，技術的拠点としての機能を強化するとともに，保健・医療・福祉の連携促進のために，所管区域の見直しを行うこととした．

地域保健法は，地域保健対策の推進に関する基本指針，保健所の設置その他

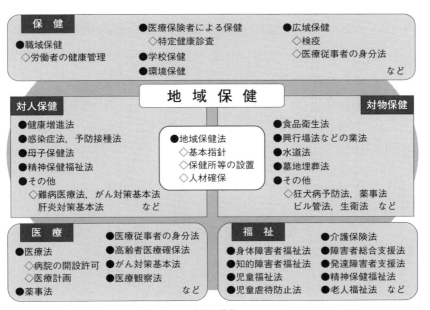

図4-1　地域保健に関わる主な法律と施策（厚生労働省ホームページより）

50 第4章 地域保健と健康心理学

表 4-1 地域保健法：保健所の行う事業

第6条 保健所は，次に掲げる事項につき，企画，調整，指導及びこれらに必要な事業を行う。
 1. 地域保健に関する思想の普及及び向上に関する事項
 2. 人口動態統計その他地域保健に係る統計に関する事項
 3. 栄養の改善及び食品衛生に関する事項
 4. 住宅，水道，下水道，廃棄物の処理，清掃その他の環境の衛生に関する事項
 5. 医事及び薬事に関する事項
 6. 保健師に関する事項
 7. 公共医療事業の向上及び増進に関する事項
 8. 母性及び乳幼児並びに老人の保健に関する事項
 9. 歯科保健に関する事項
10. 精神保健に関する事項
11. 治療方法が確立していない疾病その他の特殊の疾病により長期に療養を必要とする者の保健に関する事項
12. エイズ，結核，性病，伝染病その他の疾病の予防に関する事項
13. 衛生上の試験及び検査に関する事項
14. その他地域住民の健康の保持及び増進に関する事項

第7条 保健所は，前条に定めるもののほか，地域住民の健康の保持及び増進を図るため必要があるときは，次に掲げる事業を行うことができる。
 1. 所管区域に係る地域保健に関する情報を収集し，整理し，及び活用すること。
 2. 所管区域に係る地域保健に関する調査及び研究を行うこと。
 3. 歯科疾患その他厚生労働大臣の指定する疾病の治療を行うこと。
 4. 試験及び検査を行い，並びに医師，歯科医師，薬剤師その他の者に試験及び検査に関する施設を利用させること。

　地域保健対策の推進に関し基本となる事項を定めることにより，母子保健法（昭和40年法律第141号）その他の地域保健対策に関する法律による対策が地域において総合的に推進されることを確保し，もって地域住民の健康の保持および増進に寄与することを目的として制定された。地域保健法は表4-1に示す通り，第6条に14項目，第7条に4項目挙げている。保健所は地域保健に関する専門的な業務を推進したり，情報収集，調査，計画立案などの市町村への支援の拠点となるように，また住民により身近な，思春期から妊娠，出産，育児および乳幼児保健に至る一貫した母子保健サービスや成人老人保健事業などの実施主体は市町村とし，保健所と市町村保健センターの役割を明確にした。
　地域保健法の本格施行となった1997年からは，母子保健法の乳児健康診査，3歳児健康診査等の母子保健サービスを市町村で実施している。

## （2）健康増進法

　健康増進法（平成 14 年 8 月 2 日法律第 103 号）は，2000 年に始まった 21 世紀における国民健康づくり運動として「健康日本 21」と 2001 年に政府が策定した医療制度改革大綱の法的基盤とし，2002 年 8 月に制定された。健康増進法は，国民の健康維持と現代病予防を目的として，国民が生涯にわたって自らの健康状態を自覚するとともに健康の増進に努めなければならないことを規定したものである。

　従来の栄養改善法（廃止）に代わるもので，第 5 章以降は栄養改善法の条文を踏襲しているが，第 1 章から第 4 章までの条文は新たに設けられたものである。健康増進法第 2 条では，「国民は生涯にわたって健康の増進に努めなければならない」とするなど，健康維持を国民の義務としており，自治体や医療機関などに協力義務を課しているなどの特徴がある。

　第 5 条は，国，地方自治体，健康保険者，医療機関などに協力義務を課す。第 7 条は，厚生労働大臣は，国民の健康の増進のための基本的な方針を定めるとする。

　こうした法律の主旨に則って，健康診断事業の再編が進んでいる。従来の老人保健法に基づく健康診断事業は廃止された。代わって，65 歳以上を対象にした介護予防健診が 2006 年度から開始され，市町村の新しい義務として，特定高齢者把握事業を行い，国の基準に該当するものに対して介護予防事業を行うことが定められた。65 歳未満の国民に対しては，2008 年度から，特定健診事業が開始された。ここでは，腹囲が大きく血液検査に異常値を持つ者をメタボリックシンドローム該当者ないしは予備群として選び出すことと，これらの者に特定保健指導を行うことの 2 点を，健康保険者に義務づけている。

　第 25 条では，多数の者が利用する施設の管理者に対し，受動喫煙を防止するために必要な措置を講ずるよう求めており，罰則こそないが努力義務を負う必要があるとしている。また，「厚生労働省健康局長通知厚生労働省・受動喫煙防止対策について」により，本条の制定趣旨，対象となる施設，受動喫煙防止措置の具体的方法等を示しているが，強制力はない。

## 3. 地域保健対策

### (1) 21世紀における国民健康づくり運動

「21世紀における国民健康づくり運動（健康日本21）」は，第三次国民健康づくり対策として，2000年から厚生省（現厚生労働省）が行った一連の施策である。当初は10年間の2010年度を目途とした目標設定であったが，2007年4月の「健康日本21中間評価報告」を経て，2年間延長して2012年度までとなった。

健康日本21の基本趣旨は，健康を実現することは，元来，個人の健康観に基づき，一人一人が主体的に取り組む課題であるが，個人による健康の実現には，こうした個人の力と併せて，社会全体としても，個人の主体的な健康づくりを支援していくことが不可欠である。

そこで，健康日本21では，健康寿命の延伸等を実現するために，2010年度等を目途とした具体的な目標等を提示すること等により，健康に関連するすべての関係機関・団体等をはじめとして，国民が一体となった健康づくり運動を総合的かつ効果的に推進し，国民各層の自由な意思決定に基づく健康づくりに関する意識の向上および取り組みを促そうとするものである。

21世紀の我が国を，すべての国民が健やかで心豊かに生活できる活力ある社会とするため，壮年期死亡の減少，健康寿命の延伸および生活の質の向上を実現することを目的とする。

### (2) 健康日本21（第一次）

21世紀の我が国を，すべての国民が健やかで心豊かに生活できる活力ある社会とするため，壮年期死亡の減少，介護なしで生活できる健康寿命の延伸および生活の質（QOL）の向上を実現することを目的に，生活習慣の改善をはじめとした9分野70目標値からなる具体的な目標値設定がされた。ここでは，がん，心臓病，脳卒中，糖尿病などの生活習慣病を予防するための行動を国民に促すことにより，壮年期での死亡を減らし，介護なしで生活できる健康寿命を延ばすとし，具体的な数値目標を掲げている。また，厚生労働省だけでなく，地方公共団体レベルでも健康増進計画を立てて推進することが求められ，関連

3. 地域保健対策　　**53**

学会，関連企業等も含めて運動が展開された。当初予定されていた運動期間は
2010 年度までであったが，期間中に医療制度改革が行われたため 2 年間延長し
て 2012 年度までとなった。

　政府はここに示した病気の発生そのものを防ぐ一次予防を積極的に推進する
ため，健康増進法を制定した。そして，同法に基づいてメタボリックシンドロ
ームの診断基準が作られ，特定健診および特定保健指導が実施されるようにな
った。

　目標は，栄養・食生活，身体活動・運動，休養・こころの健康づくり，たば
こ，アルコール，歯の健康，糖尿病，循環器病，がんの 9 分野にわたり延べ 59
項目が設定された。2011 年 10 月に発表された最終評価では，このうち約 6 割
が「目標値に達した」か「目標値に達していないが改善傾向にある」とされて
いる。そこで健康日本 21（第二次）が策定された。

## (3) 健康日本 21（第二次）

　「21 世紀における国民健康づくり運動（健康日本 21）」が 2012 年度末で終了
となったことから，旧基本方針を見直し全面改正が行われ，2013 年度から 10
年間の計画，「21 世紀における国民健康づくり運動（健康日本 21（第二次））」
が始まった。

　全面改正後の基本方針としては，
①健康寿命の延伸と健康格差の縮小
②生活習慣病の発症予防と重症化予防の徹底（NCD（非感染性疾患）の予防）
③社会生活を営むために必要な機能の維持および向上
④健康を支え，守るための社会環境の整備
⑤栄養・食生活，身体活動・運動，休養，飲酒，喫煙及び歯・口腔の健康に
　関する生活習慣及び社会環境の改善
が挙げられており，目標設定と評価や普及活動をすることが盛り込まれた。

　表 4-2 は，がん・喫煙・飲酒の現状と目標設定である。

### 1) が　　ん

#### ①がんの現状

日本人の死因の第 1 位はがん（悪性新生物）である。2014 年のがんの死亡率

54　第4章　地域保健と健康心理学

表 4-2　健康日本 21（第二次）の主な項目の現状と目標

| 項目 | | 現状 | 目標 |
|---|---|---|---|
| がん | ① 75 歳未満のがんの年齢調整死亡率の減少（10 万人当たり） | 84.3（2010 年） | 73.9（2015 年） |
| | ② がん検診の受診率の向上 | 胃がん　　　男性　36.6%<br>　　　　　　女性　28.3%<br>肺がん　　　男性　26.4%<br>　　　　　　女性　23.0%<br>大腸がん　　男性　28.1%<br>　　　　　　女性　23.9%<br>子宮頸がん　女性　37.7%<br>乳がん　　　女性　39.1%<br>（2010 年） | 50%<br>（胃がん，肺がん，大腸がん当面 40%）<br>（2016 年） |
| 喫煙 | ① 成人の喫煙率の減少（喫煙をやめたいものがやめる） | 19.5%（2010 年） | 12%（2022 年度） |
| | ② 未成年者の喫煙をなくす | 中学 1 年生　男子　1.6%<br>中学 1 年生　女子　0.9%<br>高校 3 年生　男子　8.6%<br>高校 3 年生　女子　8.7%<br>（2010 年） | 0%（2022 年度） |
| | ③ 妊娠中の喫煙をなくす | 5.0%（2010 年） | 0%（2014 年度） |
| | ④ 受動喫煙（家庭・職場・飲食店・行政機関・医療機関）の機会を有する者の割合の減少 | 行政機関　16.9%<br>医療機関　13.3%<br>（2008 年）<br>職場　　　64.0%<br>（2011 年）<br>家庭　　　10.7%<br>飲食店　　50.1%<br>（2010 年） | 行政機関　0%<br>医療機関　0%<br>（2022 年度）<br>職場　受動喫煙の無い<br>　　　職場の実現<br>（2020 年）<br>家庭　3.0%<br>飲食店　15.0%<br>（2022 年度） |
| 飲酒 | ① 生活習慣病のリスクを高める量を飲酒している者（1 日当たりの純アルコール摂取量が男性 40g 以上，女性 20g 以上の者）の割合の減少 | 男性　15.3%<br>女性　　7.5%<br>（2010 年） | 男性　13.0%<br>女性　　6.4%<br>（2022 年） |
| | ② 未成年者の飲酒をなくす | 中学 3 年生　男子　10.5%<br>　　　　　　女子　11.7%<br>高校 3 年生　男子　21.7%<br>　　　　　　女子　19.9%<br>（2010 年） | 0%<br>（2022 年度） |
| | ③ 妊娠中の飲酒をなくす | 8.7%（2010 年） | 0%（2014 年度） |

は，人口10万に対し357.6人で，1年間に218,301人が何らかのがんで命を落としている。これは全死亡の28.9％を占める。部位別に見ると男性は，肺，胃，大腸，肝臓，膵臓，女性は，大腸，肺，胃，膵臓，乳房の順に多い。

がんの対策を総合的に計画・推進するために「がん対策基本法」が2007年に制定された。この法律は，国・地方公共団体などの責務を明確にし，厚生労働省にがん対策推進協議会を置くことを定めている。この法に基づきがん対策推進基本計画が策定され，国および地方公共団体においてがん対策が推進されている。

### ②がんの発生と関連要因

我々の身体は，約60兆個の細胞からできていると言われている。これらは，上皮細胞と非上皮細胞に二分することができる。

がんは，病理学的には上皮細胞から発生する悪性腫瘍をがん（癌腫）と呼んでいる。現在までの研究では，がんは，①イニシエーション（起始），②プロモーション（促進），③プログレッション（進展）という3段階を経て発生すると考えられている（西崎，2002）。

1個の細胞が，悪性化してがんになるには発がん物質だけでなく，プロモーターという別の促進因子が必要である。人間のがんでプロモーターとして明確に固定されているものはない。ただ，肺がんではたばこはイニシエーターとプロモーションの両方の作用を持っており，乳がんでは脂肪，胃がんでは食塩がプロモーター因子として想定されている。

がんの一般的危険因子として，遺伝，喫煙，多量の飲酒，偏った食生活，運動不足，ストレス等が言われているが，パーソナリティとの関連も言われている。がんに罹患しやすいパーソナリティをタイプC行動パターン（Temoshok,1987）と呼んでいる。タイプCパターンの特徴は，①自分よりも他人を気づかって，怒り・不安等を表出せず自分を抑制する，②自己主張をせず，穏やかな態度を示す，③葛藤や緊張状態に適切に対処できない，というように自分の怒りや不安，不快な感情を抑制することである。認知的には理知的・合理的思考をし，対人関係面では，表面上は穏やかにふるまっていて，協調性が高く，対人関係が悪化するということは少ない。このようなパーソナリティが，がん発生の要因に関与していると言える。

56　第4章　地域保健と健康心理学

## 2）喫　　煙
### ①喫煙の現状と健康への影響

　たばこの煙には，現在分かっているだけでも4,000種以上の化学物質が含まれ，ベンゾピレンなど60種類以上は発がん物質とされている。喫煙は，肺がんをはじめとする各種がんや虚血性心疾患，慢性閉塞性肺疾患（COPD）などの呼吸器疾患だけでなく，循環器系に急性影響が見られるほか，脳血管疾患，胃や十二指腸潰瘍をはじめとする消化器疾患，その他あらゆる疾患の発症の危険性に関与している。また，妊婦が喫煙した場合には，低体重児出生，流産早産，妊娠合併症の危険性が高い。受動喫煙による人体への影響は，肺がん，虚血性心疾患，小児の呼吸器疾患，乳幼児突然死症候群など発がん性が認められ，危険率が高い。

　我が国の20歳以上の喫煙者率は，男性30.3%，女性9.8%である（全国たばこ喫煙者率調査：日本たばこ産業株式会社，2014）。男性の喫煙率は低下傾向であるが，女性は横ばい状態である。諸外国に比べ男性の喫煙率は比較的高く，女性の喫煙率はイギリス・フランス・ドイツに比べると低いが，中国2.4，エジプト0.6に比べると高い。国民健康栄養調査では，喫煙習慣者の割合は，2013年男性32.2%，女性8.2%（男女計19.3%）となっている。

　喫煙が法律的に認められていない未成年者に対して，学校教育のあらゆる段階で喫煙防止教育等の様々な禁煙教育が取り組まれている。しかし，中学・高校生を対象とした喫煙実態調査（未成年者の喫煙及び飲酒行動に関する全国調査）によると，この30日間に1日以上喫煙した者の割合は，2012年度で中学1年生男子1.2%，女子2.5%であり，1996年の調査以降，男女ともに喫煙率の低下傾向が認められているものの，ゼロにはならない。低年齢者の喫煙は常習喫煙者になりやすく，禁煙成功率が低く，また短期間でニコチン依存状態になりやすいと言われていることからも健康日本21の目標値である「未成年者の喫煙ゼロ」が強く望まれる。国は目標の達成に向けて，受動喫煙防止対策，禁煙希望者に対する禁煙支援，未成年者の喫煙防止対策，たばこの健康影響や禁煙についての教育，普及啓発等に取り組んでいる。

### ②禁煙対策と健康心理学

　WHO（世界保健機関）1970年大会以来，たばこの害に関する健康教育，非喫

煙者の保護，葉たばこから他の作物への転換など，保健分野のみならず社会・経済・農業の幅広い分野を巻き込んだ総合的なたばこ対策を推進することの必要性が世界保健総会において決議されている。1980年には世界保健デー（4月7日）のテーマを「喫煙か健康か：選ぶのはあなた」としたキャンペーンはあまりに有名である。

　喫煙防止・禁煙教育は禁煙の害に対して理解させるという認知教育も必要であるが，それだけでは十分とは言えない。喫煙・副流煙の健康への危険は一般知識として，現在普及しつつある。禁煙という行動変容にうつすための禁煙教育では，禁煙する仲間のサポートと禁煙外来など様々なプロのサポートの両者が必要である。また，「自分は禁煙ができる」というエフィカシーを高める働きや喫煙理由にストレス解消が挙げられているように，ストレス対処に代替できる対処行動が必要となってくる。

### 3）飲　　酒

#### ①飲酒の現状と健康への影響

　我が国のアルコールの消費量は，2015年酒類販売（消費）数（国税庁，2015）では，8,591,000kl（前年8,538,000kl）となっている。

　2012年国民健康栄養調査によると，飲酒習慣のある者（20歳以上で週3日以上飲酒し，飲酒日1日当たり1合以上を飲酒すると回答した者）の割合は，男性34.0％，女性7.3％で，前年に比べ男女ともその割合は横ばいである。年齢階層別では，男性50代で45.3％，60代で44.2％，女性40代で13.0％，50代で10.4％となっている。

　飲酒は，生活習慣病をはじめとする様々な身体疾患やうつ病等の健康障害のリスク要因となりうるのみならず，未成年者の飲酒や飲酒運転事故等の社会的な問題の要因となりうる。健康日本21（二次）の改善目標に挙げられている通り，大きな2つの問題を含んでいる。1つは未成年者の飲酒である。未成年者による飲酒は法律的にも禁止はされているのはもちろんであるが，未成年者は脳の発達が途上のため神経細胞の破壊を起こしやすかったり，アルコールの分解機能の未熟さをはじめ，心身の発達が未成熟のため飲酒の自己規制が難しいこと等が，未成年者の飲酒が禁止されている理由である。2つ目は妊婦の飲酒である。妊婦の胎盤を通じてアルコールが胎児の血液中に流れると，アルコー

58　第4章　地域保健と健康心理学

表 4-3　アルコール依存症等の推計患者数の推移

（単位：人）

|  | 総数 | アルコール依存症 | アルコール精神病 |
|---|---|---|---|
| 1999（平成 11）年 | 19,400 | 17,100 | 2,300 |
| 2002（平成 14）年 | 19,900 | 17,100 | 2,800 |
| 2005（平成 17）年 | 19,100 | 16,700 | 2,400 |
| 2008（平成 20）年 | 15,100 | 13,100 | 2,000 |
| 2011（平成 23）年 | 14,600 | 12,700 | 1,900 |

ル代謝能力の低い胎児への影響は大きく，大量飲酒の場合では胎児性アルコール依存症など深刻な問題が生じる可能性がある。

　アルコール依存症やアルコール精神病の推計患者数は，2002 年は 19,900 人であったが，2011 年は 14,600 人と低下傾向である（表 4-3）。

　アルコールを摂取した時の心身への影響は，飲酒量によって異なる。日本酒1 合程度の飲酒による血中アルコール濃度 0.1 〜 0.5（mg/dl）では，爽快感やほろ酔い気分であるが，日本酒 5 合〜 7 合飲酒した際の血中濃度 2.0 〜 3.0（mg/dl）では，強度の酩酊状態で千鳥足，言語不明瞭，嘔吐という症状を呈する。また，飲み方や代謝能力によって異なるが，特に女性は男性よりアルコール代謝能力が低いので，一気飲みでは急速にアルコール血中濃度を上昇させ（急性アルコール中毒），少し前まで普通に話していた人が急に意識を失ったり，呼吸困難に陥ったりということも珍しくはない。

　長期におけるアルコール摂取が，アルコール依存症をはじめ，肝機能障害や脳血管疾患と関連していることも指摘されている。また，飲酒による暴力や交通事故（飲酒運転）という問題を引き起こしている。ほろ酔い気分の血中濃度0.3（mg/dl）は，道路交通法の「酒気帯び運転」に該当する。

②アルコール対策と健康心理学

　未成年者への禁酒教育は，学校保健分野が中心となってあらゆる機会に行われている。

　飲酒は，日常生活習慣の 1 つとして習慣化してしまっていることが多い。しかし飲酒回数・量・飲み方等の飲酒改善プログラムの実施が有効であると言われている。アルコール依存症ではない人の場合には，飲酒習慣を変えることが

可能であると言われている。休肝日を増やす，1回の飲酒量を決める，外での飲酒回数を減らす，飲酒記録をつける等の実施や「栄養改善プログラム」の実施（大田ら，2012）やまた「生活習慣改善プログラム」の実施（田中ら，2011）により改善できているという。とはいえ，禁煙とは異なり，アルコールと上手に付き合っていく方法を学習する機会も，特に大人になったばかりの若年には必要である。

**引用文献**

国税庁課税部酒税課（2015）. 酒のしおり

厚生労働省ホームページ　地域保健　Retrieved from http://www.mhlw.go.jp/stf/seisakunitsuite/bunya/tiiki/（2017 年 7 月 28 日）

日本たばこ産業（2014）. 全国たばこ喫煙者率調査

西崎　統（2002）. がん　西崎　統（著）　図解知っておきたい病態生理（pp. 232–241）　医学書院

大田まり子・高田祐里・上杉宰世（2012）. 飲酒習慣改善のための栄養教育プログラムに関する検討　大妻女子大学家政系研究紀要, *48*, 1–11.

田中みのり・足達淑子・国柄后子（2011）. 飲酒習慣に対する簡便な生活習慣改善プログラムの 6 カ月後の効果の検討　第 84 回日本産業衛生学会講演集, *5*, 460.

Temoshok, L.（1987）. Personality, coping style, emotion and cancer: Toward an integrative model. *Cancer Surveys, 6*, 545–567.

# II

## 健康心理学と公衆衛生

# 第5章

# 受療行動

片山富美代

　健康を損なった人が，自分の健康を取り戻す，または，現状の健康状態をより望ましい方向に向かわせる行動のひとつが受療行動である。この行動は，自分の病気をどのようにとらえているのか，また，医療および自身の行動に対する社会の対応をどのように知覚しているかによって影響を受ける。本章は，受療行動に関連する理論について概観し，病気認知，受診，受療，受療継続の各段階について，個人の行動を促進または抑制する事柄との関連を示しながら解説する。

## 1. 受療行動と関連理論

　受療行動は，病気であると感じた人が，病気であるかどうかを確認し，自分の病気を治そうとする行動である。つまり，医療機関で診察を受けようとする行動（受診行動）と，病気であると診断されたのちに治療を受ける行動（狭義の受療行動）に分けて考えることができる。

　キャッスルとコブ（Kasl & Cobb, 1966）は，健康と病気に関わる行動を保健行動（health behavior），病気行動（illness behavior），病者役割行動（sick role behavior）に分類した。このうち，病気の兆候に気付き，治癒を目指す病気対処行動である「病気行動」と，他者によって病気だと指摘されたり，自分でそう思っている人がする「病者役割行動」が受療行動に関連する概念である。

　受療行動を説明するために利用できる理論・モデルとしては，計画的行動理論（The theory of planed behavior: Ajzen, 1991），健康信念モデル（Health belief model: Becker et al., 1974），病気行動の自己調節モデル（Self-regulatory Model of illness behavior: Leventhal et al., 1980）などがある。

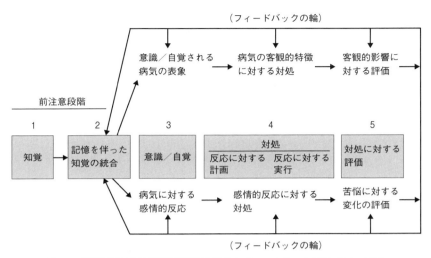

図 5-1 病気行動による自己調節過程システム (Leventhal et al., 1984；片山, 2009)

計画的行動理論では，人間がある行動をする時には，その行動をしようとする「意図」があり，その「意図」は，「行動に対する態度」「主観的規範の認知」「行動コントロール感」によって影響を受けるとしている。つまり，その行動をすることが良いと思い，周囲の人々にも認められ，その行動ができると思う場合にその行動を起こすことになる。健康信念モデルは，各個人によって行われる合理的判断の部分を取り上げたものであり（畑，2009），人が健康に良いとされる行動をとるようになるには，①健康についてこのままではまずいという「危機感」を感じること，②行動をとることのプラス面がマイナス面よりも大きいと感じることである（松本，2002）としている。これら2つの理論とモデルは，病気の発症や症状の変化の際の受療行動を説明することができる。

一方，病気行動の自己調節モデル（図5-1）は，受療行動の過程を説明するモデルの1つであると考えられる。レヴィンタールら（Leventhal et al., 1980）は，「人々は自己の心身が病的であると認知すると，健康を回復しようとする」と考え，健康回復のための自己調節的過程の中に病気認知（illness perception）の考え方を組み入れた。このモデルは，問題解決モデルに基づいており，病気や症状を他の問題を解決するのと同じような方法で扱おうとしている（Forshaw,

2002)。問題解決の段階は，「解釈」「対処」「評価」の３段階に分けられる。つまり，健康が個人の正常な状態であるとすれば，この平静な状態から逸脱した場合，すなわち病気の開始を知覚すると，それが問題として「解釈（意識／自覚）」され，平静を取り戻すための問題に対する「対処」をし，それがどのくらいうまくいっているのかを「評価」する。このモデルの中で「病気認知」は，疾患の「解釈」の段階で適用され，病気対処行動に影響を及ぼす重要な要因であるとされている。

## 2. 個人の受療行動

### （1）受診につながる個人の認知と行動：病気に気付く

　受診行動は，病気や症状に対する不安や脅威によって起こる。その行動は，自分の心身に出現した既知または未知の反応（症状，兆候）の原因を究明し，改善したいという意図に基づくものである。自覚症状がない場合でも，健康診断や他者からの指摘，様々な情報による不安感は，症状の有無にかかわらず受診行動を促すきっかけとなる。この流れは，大きく分けると以下のようにとらえることができる。

　①自らの状態に関する認知
　②病名や病態に関する認知：病気像の形成
　③受診すべきかどうかの認知と決定
　④医療機関に関する認知と決定
　⑤実際の受診行動

### 1）自らの状態に関する認知

　我々は，心身にいつもと異なる違和感や変化を感じたり，身近な人から「顔色が悪い」「歩き方が変だ」といったような指摘があると，この数日にどのようなことをしたのか，何を食べたのかなど，その原因が何なのかを考える。そして，心身に起こっている兆候を，「病気かもしれない」「病気である」と判断した時にそこから回復しようとする行動を起こす。また，健康診断で検査結果が異常であると知らされた場合も，病気であるかどうかを確認しようとする。つまり，人々が病気であると認める（病気同定）のは，主観的症状の存在だけで

なく，他者からの指摘，判断（例えば，検査値などに基づく医師の診断）による場合もある。

**2）病名や病態に関する認知：病気像の形成**

「病気である」と判断すると，次に，知覚している状態，または他者から指摘された状態を病名等に結び付けようとする。これは，人間にとって「わけのわからない状態」は不安があり，恐怖が伴うためである。見立てをすることによって，「お化け」が「柳」として了解できるものとなり，これに対処する方略も検討することが可能になる。ここで重要なのは，自分なりに納得がいけば「知っているもの」となるということである。

実際には，自分や身近な人の経験，他者やインターネットなどの情報から，自分の病気はおそらく「○○」ではないかといった予測を立てる。この段階では，重大な病名から比較的身近な病名まで様々なレベルのものを想起する。まれに，症状が全く自分では予想もつかない「未知なもの」として認知されることもあり，このような場合には，非常に悪いものではないのかと考えることが多いが，自分に生じている状況を否認する心理から，「たいしたことはない」「気にしすぎだ」といった反応になる場合もある。

そして，なんらかの病気であると判断（病気同定）するとともに，この病気はどのような病気であるかといった，自分なりの病気像（イメージ）を作り出す。前述した病気行動の自己調節モデルで，レヴィンタールら（Leventhal et al., 1980）は，それを「病気について患者が抱く暗黙の常識的な信念」と定義し，「病気認知」と呼んでいる。病気認知の次元については，モス‐モーリスら（Moss-Morris et al., 2002）が，自分の病気は慢性化するのか，生活に重大な結果をもたらすか，自分が病状をコントロールするのは可能かなどの9つの次元（表5-1）によって構成されているとしている。このような自分の病気に対する認知が，受診すべきか，しなくて良いかを判断する材料になる。

この病気認知は，病気かもしれないと思う初期から，病気と長く付き合っている間も変化し，持ち続けることになる。人は，自分の病気を自分の病気の経過や自分の生活といった文脈の中でとらえるため，この病気認知は，たとえ同じ疾患，同じ病態であっても人それぞれが，「私の病気」としてとらえており，そのイメージは異なる。

66    第5章　受療行動

表5-1　病気の認知の各次元（Moss-Morris et al., 2002）

1. 病気の同定：病気の兆候や症状が今の病気と関連しているか
2. 時間軸（急性／慢性）：病気は短期間で治ると思うか／慢性の経過をたどると思うか
3. 周期性時間軸：症状や経過は変化するか
4. 病気の結果：病気が自分の生活に重大な結果をもたらすか
5. 病気自己統制：自分のやることは病気に効果があるか
6. 治療統制：治療は自分の病気に効果があるか
7. 病気一貫性：病気を理解しているか
8. 感情表象：病気に対するマイナスの感情的評価
9. 病気の原因：自分の病気の原因は何か

### 3）受診すべきかどうかの認知と決定

「病気行動」は，近代医療における「治療」に限定されず，広い「癒し」を求める行動（野口，2001）とされ，健康への回復を目指す行動は，必ずしも受診行動だけではない。我々は，身体に緩やかな変調を感じた時，「ゆっくり休もう」「栄養のあるものを食べよう」といったように生活習慣を変えることを試みる。これは，自分で形成した自分の病気像を「たいしたことがない」と判断した場合によく見られる。そのほか，市販薬を用いる，医療類似行為を行う施設を利用する，雑誌やインターネットなどで良いと言われる民間療法を試したりする。これらの行動には，個人の健康に関する考え方や経験だけでなく，国や地域など，その個人が属している集団の文化・社会的な考え方が反映される。

では，医療機関への受診行動はどのような場合に起こるのであろうか。それは，激しい疼痛など回避したい症状が現れている場合，命に直結するかもしれないといった危機感を持った場合，自分なりにいくつかの試みをして効果がなかった場合，自分で判断した病名に対して自分では手に負えない，対処ができないと判断した場合などである。

受診を迷う場合には，受診や受療によって，自分がどのくらいの恩恵を受けることができるかについての認知が関係する。診断により現在の状態が明らかになる，治療方針が決まり不安が解消できる，治療によって痛みが消失する，素早い回復が期待される，自分の生活に戻れるなどである。意思決定のバランスとして健康信念モデルにも示されているが，新しい行動をとることのメリットがデメリットより大きければ行動する可能性が高まる（松本，2002）。例えば，

高熱がある場合，病院にいくのと家で休んでいるのとはどちらが良いか天秤にかける。病院は混雑していて，高熱で辛い身体で，待合室でじっと順番を待っていなければならい自分を想像すると，病院に行かずに家でベッドに横になっていようと考える。予約ができ病院でさほど待たされず，帰りには発熱が緩和されると思えば受診をするといった具合である。これは，個人の自己治癒力と体力などに対する自信の程度が影響する。そのほか，家族や身近な友人，医療関係者などから受診を勧められるなど，重要他者からのアドバイスなども受診行動を後押しする。

### 4）受診行動の遅れ

受診行動の遅れは，「病院が怖い」「病気を認めたくない」「病気を宣告されたくない」「治療によって身体的変化（風貌や機能障害）が起こるかもしれない」といった恐怖による受診拒否のほか，「自分だけは大丈夫」「いつもとは違うが，この変化は病気ではない」「すぐ治るだろう」といった危機感の欠如による病気の認知の歪み，知識不足による誤った判断により起こる場合がある。

そのほか，仕事・学業を休むことができない（実際に休めない，休めないと思う）などが関係する。病院受診は，一般に予約制であったとしても診察の待ち時間，検査・治療時間，薬局で薬をもらう時間など，数時間を必要とする。さらに，時間が不確実で予定を組むことが困難である。そのため，受診を先延ばしにして仕事や学業を優先してしまうことがある。また，小さな子どもが家にいて面倒を見なければならない，家族の介護をしているなど，家庭内の役割によっては自由に活動できないことも，受診の遅れにつながる。

社会学的要因から見ると，疾患に関する一般的な認知傾向が影響する。AIDS，精神疾患などのスティグマとされる病気については，より受診行動は難しくなる。まさか自分の身に起こるはずがないと考え，否認しようとしたり，周囲の人に知られたくないと隠そうとするなどの思いが先に立つ。近年，精神疾患でも，うつ病などは，「普通の人でも罹患する可能性がある」「治療によって治る」といった認識が広がり，抵抗をあまり感じずに「心療内科」を受診するようになったが，統合失調症などは，まだ，本人も家族もよく分からない病気である。また，疾患によっては「恥ずかしい」といった認知も影響する。例えば，女性が婦人科を受診するのは大きな抵抗があり，女医を探して受診する

人も多くいる。

医療機関へのアクセシビリティの悪さも要因の１つである。これは，家庭や職場の近くにないといった距離的なものと，仕事や学校が終わってから受診できないなどの時間的なもの，聞きたいことや言いたいことが言えないといった心理的なアクセスのしにくさなどがある。

さらに，医療保険に関わる問題もある。「シッコ（Sicko）」というドキュメンタリー映画でも取り上げられていたが，皆保険制度を持たないアメリカでは，受診したくてもすることができない人が多く存在する。民間の保険に入っていても保険金が支払われず，必要な治療のすべてを受けることができない場合がある。日本は国民皆保険制度があるため，あまり認識されてはいないが，経済格差が広がりつつある昨今，健康保険料が払えないなどで受診が遅れて死亡しているという報告もある[1]。貧困や教育，仕事などの社会格差に伴う受療の遅れは，健康格差をもたらすため，ヘルスプロモーションの観点からも重大な問題である。

### 5）医療機関に関する認知と決定

受療することを決めると同時に病院を選ぶ。先ほども述べたが，日本は皆保険制度であるため，自分で医療機関を選択することができる。これらの情報は，家族・友人（知人），医療専門家，インターネット，メディア，本，などから得られる。このうち，医療者からの勧めや実際に受診してよかったなどの意見は，信頼がおける人の言葉であり，実際の体験談であるため，受け入れやすい情報となる。2014 年受療行動調査（厚生労働省，2016）では，「病院を選んだ理由」の上位３つは，「医師による紹介」「交通の便がよい」「専門性が高い医療を提供している」であった。アクセスの困難は受療行動の遅れとも関係していたが，医療施設が家や職場から近い，駅から近い，車で通えるなどのアクセスのしやすさは，受診行動を促す意味でも重要である。そのほか，医師への信頼，医療スタッフとの良好な関係，本人の過去の経験も要素のひとつである。こういった意味では「かかりつけ医」の病院の存在は受療行動に大きな意味を持つ。

---

1) 全日本民主医療機関連合会（2017）は，「経済的理由で国民健康保険の保険料が払えず無保険状態になっていたり，医療費の窓口負担分が払えなかったりしたために，受診が遅れ，死亡した人が 2016 年に 28 都道府県で 58 人に上ったことが調査でわかった」ことを発表した。

## （3）受診行動から受療行動へ：治療の選択と受け入れ

受診の結果，治療が必要な病気であると診断された場合には，多くのケースが受療行動につながる。治療が始められる時に，患者として行わなければならないのは，治療の選択・受け入れである。

患者の受療行動は医療者によっても左右されている。例えば，医療の現場では，現在，「インフォームドコンセント（十分な説明と納得・同意）」の考え方が浸透している。インフォームドコンセントは，1972年にアメリカの病院協会の憲章に示され，そこから広がった（森岡，1994）。それ以前は，治療方針を決定するのは医師であり，患者はそれに従うことが暗黙の了解としてあった。これはパターナリズム[2]と言われ，「私の言うことに従いなさい」という医師の姿勢を示している。今では，患者の人権擁護の観点から検査や治療内容に関する「患者の自己決定」が尊重され，「患者の希望」に沿った治療がなされるようになった。QOL といった点からもこれは重要なことである。しかしながら，後に述べる患者役割からすると「病気回復に向かわない治療を選びにくい」といった心理的な抵抗感も両者の関係の中から垣間見える。治療方針が決定したのちも，医療者は継続して患者と向き合い，話し合うことで，患者が治療を納得し，受け入れているかどうかに注意しなければならない。

治療の決定と受け入れは，治療に対する認知と治療の効果に影響を受ける。治療に対する認知とは，治療の際の苦痛や副作用の程度，治療が生活等に及ぼす影響の大きさ，費用などである。治療方法に対する強い恐怖，ネガティブな思い込み，代理体験者の不良な体験などは治療を拒否する要素となる。

治療効果としては，治癒可能性が高い場合や痛み，かゆみ，外見的変化（例えば，アトピー性皮膚炎）などの苦痛症状が減少する場合には治療を受け入れやすい。また，過去に治療を受けて助かった，苦痛が回避されたという経験（治療の成功体験）がある場合には，その病院や医療者が行う治療については，その治療が辛いものであったとしても受け入れやすい。一方で，治療効果が明確でない場合や治療に苦痛が伴う場合には治療を躊躇する場合がある。例

---

2）パターナリズム（paternalism）：強い立場にある者が，弱い立場にある者の利益になるようにと（善意で），本人の意志に反して行動に介入・干渉することを言う。日本語では「父権主義」「温情主義」などと訳される。

えば，抗がん剤治療で，それが新薬のため治癒の可能性が不明確である場合や，眩暈，嘔吐，脱毛などの副作用が伴う可能性が高いことが分かっている場合である。これは，当然のことながら，当事者がどのようなニーズを持っているかによっても異なる。

### (4) 受療継続に関わる行動

　急性疾患の場合，受療継続はあまり問題とならないが，生活習慣病などの慢性疾患や加齢に伴う退行性疾患の場合には，大きな課題となる。これは，医療関係者・健康支援者の視点から見れば，健康教育，保健指導における課題でもある。患者が長期的に行われる治療を継続するには，これまでも示してきたように個人が病気や治療をどのように認知しているか，患者がいかに治療に関与（参加）するのか，患者と医療関係者がどのような関係にあるのかが重要となる。さらに，情報の提供と共有，患者の医療満足度なども関係する。

#### 1）治療継続に関わる患者の病気認知

　慢性疾患患者が治療行動を継続するためには，病気や治療に対する医学的な知識とそれに伴う客観的な判断による治療の必要性の理解だけでなく，病気と折り合いをつける作業が必要である。これは，病気を受け入れ，治療に対して抱く脅威の感情を減らしていくことである（片山ら，2010）。つまり，病気や治療による影響はあるが，自分の人生や生活のすべてを決めてしまうと考えるのではなく，病気は自分の一部で個性の1つと考えることができること，さらには，病気が自分にとって意味のあるものと考えられるようになることが望ましい。医療関係者は，患者が，治療や健康を回復する行動について「ほどほどにうまくやれる，やっている」と思える自己効力感を持ち，自分の置かれた状況の中でも持っているポジティブな感情に働きかけることにより，患者の治療継続行動を支えることができる。

#### 2）治療継続のための患者の関与

　人工透析治療など治療が生命の継続に直結する場合，治療を拒否することはできないため，受療行動は継続される。しかしながら，日常生活の中で服薬や生活行動の改善などを日々継続して行うにはある程度の困難を伴う。治療の成果を上げるためには，患者が自らの治療にどのように関与するのかが重要であ

る。

　服薬行動を継続して行う患者の姿勢について，「コンプライアンス（compliance）」「アドヒアランス（adherence）」「コンコーダンス（concordance）」という概念がある。これらは医療者からみた患者の行動に対する評価である。コンプライアンスとは，（要求・命令などに）従うこと，応じることであり，「コンプライアンスが良好」といった表現では，患者が処方通りに服薬できている場合を指し，医師の指示を守れているかどうかを示している。アドヒアランスとは，患者が積極的に治療方針の決定に参加し，その決定に沿って治療を受けることであり，コンコーダンスとは，患者と医師が合意した治療を共同作業として行うことである。現在は，アドヒアランスやコンコーダンスといった観点で患者が関与することが望ましいとされ，両者とも患者と医師の関係が良いほど効果があるとされる。

## （5）患者と医療者の関係

　患者は，医療者に対して自分を支援してくれる存在であると思っており，良好な関係にあることが多い。しかし，病状が安定していない，病気によって負い目を感じている，やりたいことができないなどの思いを抱えているため，穏やかに見えていても，患者の心理状態は安定していない場合が多い。そのため，時に病気に対する怒りや嫌悪感を医療者に向けることがある。また，過去の医療者とのトラブルが患者の対応を変化させることがある。このように医療者と患者の関係は必ずしも良好とは限らないため，両者が話し合いお互いの考えを知ることが，病気の治癒にも大きく関わる。

### 1）病者役割期待

　病気に罹患して社会的な枠組みの中で「病者」と認められると病者としての役割が与えられることになる。パーソンズ（Parsons, 1951）は，病者役割（sick role）の概念の中で病人の役割期待として以下の2つの権利と2つの義務を示している。①病気であることの責任を問われない（権利）。②病者と認められることで社会的義務を一時的に免除される（権利）。③病者は病気が回復するようにつとめる義務がある（義務）。④病者やその家族は，回復するために専門的援助を求める義務があり，同時に援助者に協力する義務がある（義務）。

つまり,「病者」は,病気になって病者として認められた段階で,社会的な役割とそれに関連した責任や義務を免除されることになり,パーソンズはこれを「逸脱」と表現している。このように病者になることは,「仕事や勉強といったあらゆる面倒なことから解放される」といったメリットがあり,一方,「遊びや外出などの自由が制限される」といったデメリットがある。これは治療期間が長期になると,社会の一員として認められなくなるために,自分の居場所がなくなる可能性があり,自分の存在価値に対して疑問を持つことにつながる。

### 2) 受療行動と病者役割期待

患者と医療者によって構成されている社会の中では,相互関係の中で認知された役割に寄せられる暗黙の期待が存在する。患者からは医療者に対して,自分の味方であり,自分を守り,世話をしてくれる人間であるとの期待がある。一方,医療者からは患者へ病者(患者)役割を遂行するようにという期待がある。つまり,医療者は,「患者は,医療者の指示を絶対に守らなければならない。守るべきである」「患者は自分の病気をよくするためには,やりたいことを我慢して当然である」と考える。医療者は,無意識に患者に対して患者役割を演じることを求めている。

患者は医療者の患者に対する期待を受けて,患者役割行動をとるようになる場合が多い。肩書きは社会生活を送るうえで重要であるが,医療機関においては同じ病者として扱われ,病者は患者としてふるまう方が活動(生活)しやすい,医療者との関係がとりやすいなどの理由もあるかもしれない。このように,患者が自分の役割を理解することには,自分の病気と向き合って治療を進め,回復に向かうための重要な側面もある。一方,病院では問題なく行われてきた生活管理,服薬管理などが,社会生活に戻ったとたん,生活習慣としてコントロールできなくなる理由の1つが,患者役割に対する意識の低下(解放)にある。

このように,役割から見ると,慢性疾患や退行性疾患の増加といった現代の疾病構造は,病気以外の部分でも心理社会的問題を発生させている。病気とともに生活しなければならない人々は,社会生活を送りながら病者としての生活も送らなければならない。片山(2009)は,慢性疾患患者の病気適応をとらえる場合には,対象となる人間の立場を「生活体としての人間」と「病者(患者)」とに分けて考える必要があるとしている。つまり,慢性疾患患者は,医療

現場では「患者役割」を，それ以外の場では「社会人としての役割」を演じていることになる。実際には，病院では患者であるが，一歩外に出れば会社の社長といったケースである。

　個人は，患者と生活者としての役割をその時の状況にあわせて使い分けている。医療関係者はそれを理解しないで，自分が普段接している病者としての患者の側面だけに注目して治療を進めようとすると，破綻をきたすということである。一方で患者としては，仕事や学校などの社会生活の中で，「病者」の部分を認められながら仕事をするのは，周囲の理解がなければ難しいのが現実である。

## 引用文献

Ajzen, I. (1991). The theory of planned behavior. *Organizational Behavior and Human Decision Processes, 50,* 179–211.

Becker, M. H., Drachman, R. H., & Kirscht, J. P. (1974). A new approach to explaining sick-role behavior in low-income populations. *American Journal of Public Health, 64,* 205–216.

Forshaw, M. (2002). Self-regulatory model. In M. Forshaw (Ed.), *Essential health psychology* (pp. 35–37). London: Edward Arnold.

畑　栄一 (2009)．ヘルス ビリーフ モデル　畑　栄一・土井百合子 (編) 行動科学—健康づくりのための理論と応用— (改訂第2版) (pp. 37–51)　南江堂

Kasl, S. V., & Cobb, S. (1966). Health behavior, illness behavior and sick role behavior. *Archives of Environmental Health, 12,* 531–541.

片山富美代 (2009)．病気適応と病気認知に関する研究動向とその課題　ヒューマン・ケア研究, *10* (1), 40–52.

片山富美代・小玉正博・長田久雄 (2010)．血液透析患者の病気認知が病気適応に及ぼす影響　ヒューマン・ケア研究, *11* (1), 21–31.

厚生労働省 (2016)．平成26年受療行動調査 (確定数) の概況　Retrieved from http://www.mhlw.go.jp/toukei/saikin/hw/jyuryo/14/kakutei.html (2016年6月29日)

Leventhal, H., Meyer, D., & Nerenz, D. (1980). The common sense representation of illness danger. In S. Rachman (Ed.), *Contributions to medical psychology.* Vol.2 (pp. 17–30). New York: Pergamon Press.

Leventhal, H., Nerenz, D., & Steele, D., (1984). Illness representation and coping with health threats. In A. Baum, S. E. Taylor, & J. E. Singer (Eds.), *Handbook of psychology and health, handbook of psychology and health.* Vol.4 (pp. 219–252). Hillsdale, NJ:

Erlbaum.

松本千明（2002）. 医療・保健スタッフのための健康行動理論の基礎—生活習慣病を中心に— 医歯薬出版

森岡恭彦（1994）. インフォームド・コンセント　日本放送出版会

Moss-Morris, R., Weinman, J., Petrie, K. J., Horne, R., Cameron, L. D., & Buick, D.（2002）. The revised illness perception questionnaire（IPQ-R）. *Psychology and Health*, *17*（1）, 1–16.

野口裕二（2001）. 病気行動・病人役割・病の経験　山崎喜比古（編）健康と医療の社会学（pp. 99–113）　東京大学出版会

Parsons, T.（1951）. *The social system*. New York: Free Press.（パーソンズ，T. 佐藤　勉（訳）（1974）. 社会体系論　青木書店）

全日本民主医療機関連合会（2017）. 2016 年経済的事由による手遅れ死亡事例調査概要報告　Retrieved from https://www.min-iren.gr.jp/wp-content/uploads/2016/03/170403_01.pdf

# 第6章

# 喪失・障害の受容

河村章史

　患者や患者家族など，医療や福祉が対象とする人はその多くが何かしらの喪失を経験している。それは身体的な変調や精神的な問題，あるいは病前の生活様式が送れなくなる，人生の目標の変更を強いられるなど様々である。そのため，疾病や障害そのものに目を向けるだけでなく，対象者が抱える問題に包括的に関わっていこうとする時には，喪失とその結果生じる障害の受容は非常に重要な課題となるが，現在医療や福祉の現場で用いられている「障害受容」はともすると感覚的・経験的な理解にとどまっており，学際的に確立・検証されている「障害受容」と食い違っている例が少なくない。時としてこの食い違いにより当事者や周辺の人が無用に苦しむことすらあるために，対象者やその家族に向き合う医療・福祉領域の従事者には彼らが経験する「喪失・障害受容」についてより深く理解し，必要なサポートを適切なタイミングで提供できるような準備が求められる。こうした資質を備えるためには，まず「喪失・障害受容」に関する諸研究を紐解き，その概念を正しく理解し，多様に存在している障害受容の概念，対象者らに向けた支援について熟知した上で眼前の状況をまっすぐに見つめることが重要である。そのため，本章ではまず喪失・障害の受容に関する主要な研究を俯瞰し，さらに障害・疾患別での障害受容のあり方，本人・家族といった立場が異なる状況での障害受容について概略を述べる。

## 1. 喪失・障害の受容とは

### (1) 喪失・障害の受容に関する理論

#### 1) グレイソンによる障害受容の概念

　喪失・障害の受容に関する研究は主に心理学の領域で発展してきたが，それ

は特に第二次世界大戦前後に多くの身体障害者が発生し，彼らに対する受傷後の支援の必要に迫られたためであった。本田・南雲（1992）や南雲（2009）によると，障害受容の重要性を最初に主張したのはアメリカの精神科医グレイソン（Grayson, 1946）である。グレイソン以前にも"acceptance of disabilities"という言葉はアメリカの臨床現場で使用されていたが，グレイソンは自身の患者が受傷後しばらく障害を否定，もしくは自己身体感が低下する現象を多く経験したことを受けて，それを「ボディ・イメージ障害後に自己がその統合を維持しようとする無意識的防衛反応」であるとしてその理論づけを行った（Grayson, 1951）。この理論の中でグレイソンは障害受容が単に1つの症状とみなされてきたことを批判し，身体，心理，社会の3つの側面から複合的にとらえなければならないと述べ，特に障害者が「外からの圧力（障害者に対する社会の否定的態度）」と「内からの圧力（自我が障害された身体像を再構成しようとする苦痛に満ちた無意識の欲求）」に打ち克つ過程を強調した。このようにグレイソンの障害受容に関する考え方は，障害受容を多面的にとらえようとする点で，現在の障害受容研究の出発点であると多くの研究者が認識している。ただし彼の概念は，身体像の再構成 – 社会への統合に焦点が当てられており，現在一般的にイメージされるような情動 – 認知の経時的変化は考慮されていない。

### 2）デンボー – ライトの受容理論

　グレイソンの障害受容概念とは別にこの時代の喪失・障害の受容に関する研究を代表するものに，心理学者のデンボーら（Dembo et al., 1956）により最初に提唱され，ライト（Wright, 1960）により発展した「価値の転換論」がある（上田，1980; 南雲，2009）。デンボーらは，障害者は次第に自分自身を「価値のない者」とみなして「不幸」になり社会からの低評価に甘んじる傾向があるとし，こうした状況を克服するためには障害者本人が自らの価値観を変える必要があることを説き，特に価値の転換とそれを促進する4つの側面が重要であるとした（表6-1）。

　これらはグレイソンの障害受容過程では言及されていなかった受容の情動 – 認知的側面についても検討がなされている点で現代の障害受容の考え方の原型となっている。

**表 6-1　デンボーら（1956）の「価値の転換論」4 つの側面**

| ① | 価値の範囲の拡大 | 失った価値以外に依然として有している価値があることを認識 |
|---|---|---|
| ② | 障害の与える影響の制限 | 障害が影響する以上の過度な自己評価を抑制 |
| ③ | 身体の外観を従属的なものとすること | 障害によって損なわれた外観よりも内面的な価値の方が重要であるという価値の変化 |
| ④ | 比較的価値から実質的価値への転換 | 他者や一般的な標準と自己を比較するのではなく自己のもつユニークな価値の再発見を重視することで，喪失・障害を受容する |

### 3）段階理論（ステージ理論）

　そんな中で 1961 年にコーン（Cohn, 1961）が，障害を受けた後の心理的変化を段階に分ける理論を発表した。コーンはその段階理論において，障害を受けた後に典型的には①ショック期（障害を受けた自分ないし状況に対する否認），②回復への期待期（病気が回復する，状況が障害前に戻るという期待），③悲哀期（すべてを喪失した悲嘆），④防衛期（障害に対して向きあう，あるいは逃避する），⑤適応期（障害を有していることを受け入れる）といった状態が存在するとした。このコーンの段階理論は精神分析の「悲哀」を身体障害者に適用したものであくまでも正常心理を対象とするという前提があったが，発表後それほどの間を置かず多くの研究者により広く援用され，後発で多数の段階理論が提唱されるようになった（南雲，1994）。

　コーンの理論に続く多くの段階理論の中でも最も有名なものが心理学者であるフィンク（Fink, 1967）によるものであるが，そこでは障害受容が①ショック期（ストレス期），②防衛的退行，③自認（新たなストレス），④適応の 4 段階に分けられた。つまり障害を負った人は，①受傷によりパニック状態に陥り，②その圧倒的な状況を一時的に受け入れるために防衛的に退行することで問題の回避・否認をして仮の安らぎを得，③現実と直面せざるを得ない状況となり価値ある自己の喪失と深い抑うつを経験し，④最終的に新たな価値を自己像に見出して心理的適応に至るとしている。コーンがフロイト（S. Freud）の防衛機制の考え方に従って段階理論を喪失からの心理的な回復過程であるととらえたのに対して，フィンクの理論はストレスにどのように対処するかを重要視した点で異なっているが，障害受容の過程をショック期から適応期に至るまでのいくつかの段階に分けている点では共通している（表 6-2）。

78　第6章　喪失・障害の受容

表 6-2　コーン（1961）とフィンク（1967）による段階理論

| コーン（1961） | フィンク（1967） |
|---|---|
| 1. ショック期 | 1. ショック期 |
| 2. 回復への期待期 | 2. 防衛的退行 |
| 3. 悲哀期 | 3. 自認 |
| 4. 防衛期 | 4. 適応 |
| 5. 適応期 | |

　段階理論はこの他にも多くのモデルが提唱されているが，いずれも段階をどう区分するかの違いであって，その背景にある「悲哀の仕事」という考え方は変わらない（南雲，2008）。

### 4）段階理論への批判

　1980年以降，段階理論に対して批判的な動きが活発となったが，特にその中心となったのは多くの段階理論が抑うつ状態を必発の中核現象としていたことであった。それに対してジャッドら（Judd et al., 1986）や南雲（1991）は，実際の障害者でそうした状態が認められるのは全体のごく一部に過ぎず理論と実際の乖離がある点を指摘し，段階理論の普遍性を疑問視する報告をしている。またこれに限らず段階理論が示す画一性が事例の個別性と相容れない場合が多いことや精神障害に対しては適用ができないことに対しても多くの批判が向けられ，一時期の段階理論の優勢さは失われていった（南雲，1994）。一方で現在に至るまで，障害受容に関する理論で段階理論以上に支持され拡大したものは存在していないのが実情であり，批判の時代を経てやや沈静化したとはいえ，依然として障害受容理論を検討するうえで大きな影響を及ぼしている。

## (2) 日本における喪失・障害の受容に関する研究

### 1）日本における受容研究創世記

　日本においては前述したグレイソンやコーン，ライトらの研究が数年遅れて紹介され，さらにライトの「価値の転換」が段階の最終過程であるとされるなど独自の展開がされてきた。心理学者の高瀬（1959）は，デンボーらの価値転換理論が発表されると間もなく彼らの示した"acceptance of disabilities"を「障害受容」と訳し，「障害によって変化した諸条件を心から受け入れること」

と定義した。

## 2) 日本における段階理論の隆盛と独自進化

　その後，日本においては段階理論が諸外国以上の広まりを見せたが，本来の段階理論が「受傷後の心理的反応」として考えられたにもかかわらず，日本では「障害受容に至る過程」としてすべての障害を有した人がショック期から始まり最終的には障害受容に至るべきであると誤って紹介されてしまい，独自の障害受容論を形成することとなった（南雲，2009）。数ある段階理論モデルの中でも日本で障害受容の概念として特に広く認知されたのはキュブラー・ロス（Kübler-Ross, 1969, 1974）の著作が和訳出版されたものであった。キュブラー・ロスが扱ったのは障害ではなく「死」であったが，死はまさに究極の喪失でありその受容の段階は障害受容のそれに酷似しているとして，日本では身体障害後の受容過程にもしばしば引用されている。キュブラー・ロスが示した「死」の受容段階は以下の通りである。

### ①ショック期

　障害が発生した直後および間もない時期の心理状態を指す。この時期は心理的には感情が鈍化して無関心を示すことが多く，しばしば現実認識が不十分となり，不安や恐怖などの感情は比較的希薄である。

### ②否認期

　徐々に状況の把握と認識が進んでくると，次には障害からの回復が困難であることの気づきが生じてくる。そのため防衛反応として状況を否認し，根拠なく病前の状態に戻れるという希望を抱くようになる。この時期には依存性が亢進する一方で現状の受け入れに対して感情的な抵抗を示すことが少なくない。

### ③混乱期

　現実を否認しきることができず徐々に障害の克服が不可能であることへの気付きが生じてくると，周囲への攻撃性が増大もしくは自罰的・抑うつ的となる。またこれらの状態が混在し，または交代して1人の中に現れることもある。さらには様々な出来事に誘発されて否認期と混乱期を行き来することもある。

### ④解決への努力期

　否認期や混乱期とは異なり前向きな建設的な努力が主になる時期である。周囲への攻撃性は消退し依存傾向も弱まり自立へ指向性が生じてくる。

### ⑤受容期

　解決への努力期で，価値の転換が完成してくるとそれにより生み出された新しい環境・役割の中に生きがいを見出し障害の存在を受け入れるようになる。

　日本においてはこうした段階理論が長らく受け入れられ（上田，1980; 梶原・高橋，1994; 南雲，1994），後年に諸外国で活発な動きを示した「段階理論への批判」はそれほど大きな動きとしては現れなかった。これは先に述べた段階理論の曲解が原因の１つであり，また日本では段階理論が障害受容に内包されてしまったために直接的な批判の対象にはなりにくい状況があったためと考えられる。一方で上田（1980）も指摘しているように障害受容に関する研究は少なく，医療や福祉の現場では定義があいまいなまま拡大解釈され，場合によっては医療従事者らに都合がよいように障害者に状況の受け入れを強要する道具として用いられた節すらあったことは十分に認識されるべきである。本田・南雲（1992）はまた，「この段階をすべての患者が踏襲しなければならない」「受容期に至ることが患者の最終目標である」という誤解に陥らないよう留意することも必要であり，そのためには医療従事者には障害を有した人の「している受容」を見守る姿勢が求められるであろうと述べている。

## 2.　本人にとっての喪失・障害の受容

### （1）切断患者

　喪失・障害の受容に言及する場合に研究的に頻出する障害の１つが切断である。これは切断がまさに自己身体の喪失であることに加え，渡辺（1994）が「切断患者の多くは器質性脳障害の影響を受けることなく障害に直面するためコーンの唱えた段階理論が比較的適合しやすい障害」であると述べているように，自己身体の喪失を正常に認識できるという障害像が頻出の一要因となっているのかもしれない。

　フィッシュマン（Fishman, 1959）は，切断患者が抱える心理的葛藤を表6-3の７つの側面から記述した。多くの項目は他の疾病・病態にも当てはまるものではあるが，切断部位に対する他者視線のストレス，義肢の使用による不快感やエネルギー消費の増大など切断患者に特有と思われる要素も盛り込まれてい

## 2. 本人にとっての喪失・障害の受容 81

表6-3 フィッシュマンによる切断患者の心理的葛藤 (Fishman, 1959)

| ①身体機能 | 日常の身体活動が制限されることにより活動の回避，残存機能の活用，代償などが必要になること |
|---|---|
| ②美容 | 切断部位に対する他者からの視線や声掛けなどが時として外圧になること |
| ③快適さ | 義肢を使用することにより疼痛や圧迫感などの不快感を伴うこと |
| ④エネルギー消費 | 動作や義肢の使用により通常よりもエネルギー消費が高まり，そのために疲労しやすくなること |
| ⑤達成 | 何気ない動作においても失敗や試行錯誤が増加すること |
| ⑥経済的保証 | 切断により就労で制約を受けること |
| ⑦尊敬と信望 | 社会的偏見により尊厳や信望を喪失するといったリスクを背負う可能性が生じること |

る。このように項目立てて整理したうえで対象者をよく観察し密に内観を聴取することで，対象者が抱えている心理的葛藤をより精緻に把握することができる。

渡辺（1994）はこのフィッシュマンの7側面を参照して事例検討を行い，その結果，患者固有の心理を理解し，各側面の患者心理を経時的に追い，治療関係が患者心理にどのように影響しているかを分析することで，患者心理を深く理解することができたとしている。この例からも，受傷による一般的な心理状態に加えて疾患・病態独自に現れる問題を事前に正しく把握しておくことがより適切な援助につながることが示唆される。

### (2) 脊髄損傷患者

喪失・障害の受容に関する研究で切断患者以上に頻出する障害が脊髄損傷である。段階理論を形成する中核的な研究である前述のフィンク（1967）の学説でも，構築の基盤となったのは脊髄損傷患者である。日本においても1967年に三沢らが行った脊髄損傷患者に対する「受け入れの過程」面接調査では，段階理論がおおよそ当てはまり自殺を希求する最悪の状況から障害の受容が始まることを報告している。また1973年には博田が脊髄損傷患者の障害告知・認知とリハビリテーション遂行に関して，1977年には高口が脊髄損傷患者の疼痛・痙性と精神状態との関連，1988年には本田が外傷性脊髄損傷患者の受傷後の心理について，さらには1991年に南雲が脊髄損傷後の抑うつについて調査

するなど，脊髄損傷による障害受容や心理状態の問題に関しては非常に多くの研究が発表されている。脊髄損傷に関しても切断患者と同様に障害が後遺症として残存し徐々に社会適応を求められる過程でダイナミックな心理状態の変遷があり，その時期に応じた状況の分析と対応が必要とされている。

　一方で脊髄損傷患者の障害受容を段階理論で説明しようとした場合，一般的な段階理論の初期に見られるとされている悲哀，抑うつ状態などが脊髄損傷患者では一部にしか見られない（Mueller, 1962; 南雲，1994）という報告があるなど，障害受容モデルの適用に関しては批判的な意見もあり，脊髄損傷と段階理論との整合性に問題があることがうかがわれる。南雲（1994）はさらに，脊髄損傷患者の抑うつ状態発現と受傷後経過年数の間にはなんら関連はなく受傷後数十年経過した患者であっても自身の障害に対して受け入れがたい感情を抱くことがあり，また従来脊髄損傷者の抑うつ状態は障害受容過程の悲嘆と考えられ身体機能喪失を受容するために経過しなければならない正常反応であるとされてきたが，最近では受傷時の頭部外傷などの合併による器質的症状を始めとした病的状態の顕在化とする報告が増加しているとも述べている。

　このように受傷後に患者が経験する心理過程，そして家族や環境，社会との相互作用はきわめて多様であり，その複雑な状況を整理するために障害受容研究が示すモデルを参照することは有用である一方で，対象者の個別性についても並行して検証していく姿勢が求められるところであろう。

### （3）脳卒中患者

　梶原ら（1994）は，脳卒中患者に関する障害受容アプローチは病態が脳の器質的損傷であることから生じる抑うつ，無関心，知能低下，失語症などによりその了解が不明確となるため心理療法の対象外とされてきた経緯があり，脊髄損傷などと比較すると障害受容に関する取り組みは少ない傾向にあると述べている。彼らは脳卒中症例の障害受容過程を分析し，脳卒中急性期では多くの患者において段階理論で言われるショック－否認－混乱を認め，障害受容が進んで障害を理解できる症例では受容期に至ったが，一方で病期を通じて情緒的に安定した症例では段階理論が示すような過程を明確には辿らず個別に心理状態を把握しながら介入する必要があると報告している。また従来から上田

ら（1980）が示している障害受容理論は脊髄損傷患者に適用されたものであり，「価値観の転換」「段階理論」がその中心であるためにこれを脳卒中患者に当てはめることは困難を伴う。特に自己洞察とその結果としての自我の再構築では，脳損傷が存在していることと比較的高齢の症例が多いことからくる人格の硬化傾向のためにそれが顕著であるとしている。したがって脳卒中患者の障害受容は，本人の自覚的・積極的な受容というよりは周囲の人間関係により強く依存して徐々になされるものであるとしている。同様のことは同じく脳損傷疾患である頭部外傷患者にも当てはまり，栢森（1995）は特に患者家族の果たす役割が大きいとしている。また脳損傷でなくとも発達障害のように対象が幼く認知的に未成熟な場合に家族の影響はより大きなものとなる（北原，1995）。

## 3. 家族にとっての喪失・障害の受容

### （1）家族によっての喪失・障害の受容とは

　渡辺（2003）は，障害受容は当事者だけに与えられた課題ではなく家族も障害を受容していかねばならず，その過程で役割の変化が生じると述べている。受傷前の家族の役割は，その中の1人が障害を受けることで変化を強いられることになる。通常の家族では家族内役割と各人の性差や性格特性が結びつき比較的安定した状態を維持しているが，その中の誰か1人が障害を負うことにより生じた役割変更が本人のみならず家族全体の心理的葛藤を生むことになる。ここで本人や家族が受傷前の家族役割に固執するとその後の安定が得られにくい場合が多い。こうした役割変更に対する家族の対応能力に影響するのは家族個々人の性格特性，経済的な安定，外界からの援助を柔軟に受け入れられるかなどによっている。この過程で家族カウンセリングなど外部の介入が必要な場合もある。

### （2）脳卒中患者の家族における障害受容

　梶原ら（1994）は，障害受容を促進させる要因として「家族及び夫婦関係が良好であること，さらには家族自体が障害を受け入れていること」が重要であるとし，障害受容アプローチの基本は心理的側面だけでなく経済的側面，家族

介護者へのそれぞれの側面からの援助を生活の再構築を模索しながら行うことであるとしている。彼らは脳卒中患者に関しても言及し，その病態が脳の器質的障害であることからしばしば患者本人の障害受容に限界があり，そのために家族介護者の障害受容がより重要となるとしている。障害受容にとって家族介護者の受け入れは決定的な要因であり，良好な人間関係の素地がある場合はそれを強化し，良好な人間関係が乏しい場合はその関係を修正援助する必要がある。

### (3) 外傷性脳損傷患者の家族における障害受容

外傷性脳損傷例でも家族が担う役割は脳卒中例と同じかそれ以上に非常に大きくなっている。栢森（1995）は，脳卒中や脊髄損傷などが時間の経過とともに精神・心理的な負担感が軽減していくのに対して，外傷性脳損傷患者の場合には人格や行動の異常，情緒障害などの症状が持続的に残り家族には耐え難いストレスが生じることから，外傷性脳損傷の真の問題点は患者と家族の間の軋轢にあるとしている。レザック（Lezak, 1986）は，外傷性脳損傷患者の家族についてその障害受容過程に表 6-4 のような 6 つのステージがあるとした。

このレザックによる家族の障害受容過程は，今までに示してきた対象者自身が示す障害受容過程及び心理的ダイナミクスの面でとは少し異なる様相を呈している。栢森（1995）は，外傷性脳損傷患者への支援アプローチとして，家族

表 6-4　レザックの障害受容過程 (Lezak, 1986)

| ステージ I | 幸福期 | 外傷から生還し，回復を示している初期には患者の変化に家族の意識が向かずむしろ安堵感が勝る時期 |
|---|---|---|
| ステージ II | 困惑期 | 患者の異変に家族が気づき始めるが状況を把握できず困惑する時期 |
| ステージ III | 落胆期 | 患者の異変がいよいよ顕在化し，家族の努力にもかかわらず患者-家族関係が悪化していく時期 |
| ステージ IV | 絶望期 | 家族のストレスが患者の異変に起因していることを認識し，家族が絶望感に苛まれる時期 |
| ステージ V | 悲嘆期 | 患者の障害が永続的であることを理解し，喪失感に支配され，患者と新たな関係を構築することができない時期 |
| ステージ VI | 再適応期 | 家族が精神的に解脱し，患者への対応に諦観と慣れを有するようになり，状況を受容していく時期 |

が患者の障害を冷静かつ合理的に受け入れることが大事な条件であり，それを目標として家族に対して症状の説明，カウンセリング，家族教育を行うことも重要であるとした。このように特に外傷性脳損傷例の場合には家族に対してどのような支援体制を構築していくかが問われるところである。

### （4）発達障害児を持つ家族にとっての障害受容

　脳卒中や外傷性脳損傷患者以外に，発達障害領域においても対象が様々な面で未熟であるが故に家族の役割が重要なものになる。マックケース（MacKeith, 1973）は，発達障害児を持つ親に関する研究を行い，子どもの障害を告知された後に生じる親の感情反応として共通するものに以下の6つを挙げている（北原，1995）。①2つの生物的反応（弱いものを守ろうとする愛情ある適切な育児と過保護な育児，異常に対する混乱でしばしば育児拒否に結びつく），②不完全への2つの感情（正常でない児を生んだことによる心理的落ち込み，育てることへの不安），③喪失に対する3つの感情（怒り，悲しみ，不安定な適応），④ショック（障害を信じず，都合のよい説明を求めて病院を渡り歩く），⑤罪悪感，⑥困惑（他人がどう見ているかへの感情で社会的孤立に結びつきやすい）。これらは個々独立で現れることもあれば，一度に重なって起きることもある。このように多様で時に相反するような感情が共存することで，家族が感じるストレスはかなり高くなることが十分に想像でき，またこうした感情が混在している状態に対して適切な介入を実施することはかなりの困難を伴う。北原（1995）は，障害児を持つ親の障害受容とは「障害をもった子どもを，自分の子どもとしてあるがままに受け入れ育児を楽しみながら障害に応じて適切に育てること」とした。この場合の「適切」とは，障害の性格を理解し発達レベルの推移を注意深く見守り，過小評価による過保護にならず過大評価による過度な要求にならず，また現在の医療技術では不可能な機能改善を目指して子どもの全生活を治療・訓練に振り分け人生を犠牲にしないことである。さらに「障害児に対する親の障害受容は，健常な子どもを育てる親にもみられる普遍的な育児観と共通する部分が多くその時代の社会・文化的価値観を踏まえたうえでしか障害の受け入れ，適応，受容の有無を問うことはできない」とも言及している。特に発達障害の場合は障害が認められてからの人生が

長い場合が多く，将来的には親が高齢化することで支援体系の見直しを迫られるなど，長期的な時間の経過とともに新たな問題が出現してくる。マックケース（MacKeith, 1973）は，障害児に対する親の悩みが大きくなる節目の時期（crisis periods）として，①障害が疑われたり障害を理解しなくてはならない時，②就学を決める時期，③学校を卒業する時期で障害が治らないことを理解しても自立できるか，仕事を持てるか，恋愛・結婚できるか等の心配が起きる時期，④親が年をとった時期で子どもの行末が心配になる時期，の4つを挙げている。この時期は親が助言や援助を受け入れやすく，同時に専門家の適切な助言・援助が重要な時期でもある。また発達障害においては当初の回復への期待値が必然的に高くなる分，その後の現実を受け止めるために克服しなければならない課題が多くなってくる。こうした状況に対して，長期的に，そして何度も受容のあり方が安定 – 不安定の狭間を行き来することを前提とした関わりを継続していくことが望まれる。

## 4. まとめ

　障害受容はそもそも障害を負った人の苦しみを緩和する方法の1つであったのだが，時として支援する側の人間には「患者は最終的に障害を受容すべき」という強迫観念のようなものが存在しそれが患者を無用に苦しめる要因となることがある。これは「価値観の変容」や「段階を経る」ことが単なる選択肢や可能性の1つでしかないにもかかわらず，至上命題のように受け取られてきた経緯があるからにほかならない。このような本末転倒な事態を招くことのないよう，障害受容の概念を活用する者がしっかりとその目的と意義，そして限界を熟知していることが何よりも重要である。本章がそのための一助となれば幸いである。

### 引用文献

Cohn, N. (1961). Understanding the process of adjustment to disability. *Journal of Rehabilitation, 27*, 16–18.

Dembo, T., Leviton, G. L., & Wright, B. A. (1956). Adjustment to misfortune: A problem of social psychological rehabilitation. *Artificial Limbs, 3*, 4-62.

Fink, S. L. (1967). Crisis and motivation: A theoretical model. *Archives of Physical Medicine and Rehabilitation, 48*, 592-597.

Fishman, S. (1959). Amputee needs, frustrations, and behavior. *Rehabilitation Literature, 20*, 322-329.

Grayson, M. (1946). Concept of "acceptance" in physical approach. *The Journal of the American Medical Association, 145*, 893-896.

Grayson, M. (1951). Concepts of "acceptance" in physical rehabilitation. *The Journal of the American Medical Association, 145*, 893-896.

博田節夫（1973）. 脊髄損傷者の心理社会的適応性　手術, *27*, 1112-1116.

本田哲三（1988）. 脊髄損傷のリハビリテーションプログラムと障害の自覚過程について　リハビリテーション医学, *25*, 43-50.

本田哲三・南雲直二（1992）. 障害の「受容過程」について　総合リハビリテーション, *20* (3), 195-200.

Judd, F. K., Burrows, G. D., & Brown, D. J. (1986). Depression following acute spinal cord injury. *Paraplegia, 24*, 358-363.

梶原敏夫・高橋玖美子（1994）. 脳卒中患者の障害受容　総合リハビリテーション, *22* (10), 825-831.

栢森良二（1995）. 頭部外傷患者家族の障害受容　総合リハビリテーション, *23* (8), 665-670.

北原　佶（1995）. 発達障害児家族の障害受容　総合リハビリテーション, *23* (8), 657-663.

Kübler-Ross, E. (1969). *On death and dying*. MacMillan.（キューブラー・ロス, E.　川口正吉（訳）（1971）. 死ぬ瞬間　読売新聞社）

Kübler-Ross, E. (1974). *Questions and answers on death and dying*. MacMillan.（キューブラー・ロス, E.　川口正吉（訳）（1975）. 死にゆく人々との対話　読売新聞社）

Lezak, M. D. (1986). Psychological implications of traumatic brain damage for the patient's family. *Rehabilitation Psychology, 31* (4), 241-250.

MacKeith, R. (1973). The feelings and behavior of parents of handicapped children. *Developmental Medicine & Child Neurology, 15*, 524-527.

三沢義一（1967）. 身体障害と心理的適応　水野祥太郎（編）リハビリテーション講座　第3巻（p. 238）　一粒社

Mueller, A. D. (1962). Psychologic factors in rehabilitation of paraplegic patients. *Archives of Physical Medicene and Rehabilitation, 43*, 151-159.

南雲直二（1991）. 脊髄損傷者の心理研究の問題と動向　国立身体障害者リハビリテーションセンター研究紀要, *12*, 151-160.

南雲直二（1994）. 脊髄損傷患者の障害受容—stage theory 再考—　総合リハビリテーション, *22* (10), 832-836.

南雲直二 (2008). 障害受容と社会受容　音声言語医学, *49*, 132–136.

南雲直二 (2009). 障害受容と社会　総合リハビリテーション, *37* (10), 903–907.

高口慎一郎 (1977). 脊髄損傷者の知覚脱失生疼痛とスパスムに関する心身医学的考察　日本職業・災害医学会会誌, *25*, 455–464.

高瀬安貞 (1959). 身体障害者の心理—更生とその指導—　白亜書房

上田　敏 (1980). 障害の受容—その本質と諸段階について—　総合リハビリテーション, *8* (7), 515–521.

渡辺俊之 (1994). 切断患者の障害受容　総合リハビリテーション, *22* (10), 837–841.

渡辺俊之 (2003). 家族関係と障害受容　総合リハビリテーション, *31* (9), 821–826.

Wright, B. A. (1960). *Physical disability: A psychological approach* (pp. 106–137). New York: Harper & Row.

# 第7章

## 感染症予防

坂東美知代

　我々は，感染症というと何を思い浮かべるだろうか。19世紀に入り，ペスト，天然痘，コレラ，チフス，結核など，文明とともに様々な感染症を経験してきた。20世紀に入ると，「新興感染症（新たに発見された感染）」のエボラ出血熱，鳥インフルエンザ，SARS（Severe Acute Respiratory Syndrome: 重症急性呼吸器症候群）や，「再興感染症（過去に流行した感染症）」が再び出現するコレラや結核などが問題となっている。これらに対応するため，我々には，日常生活において，細菌やウイルスの感染経路の知識を持ち，的確な予防行動が求められる。本章では，感染症の概要，日本で流行する主な感染症，日常生活における感染症予防のための健康行動について説明する。

## 1. 感染症の分類

### (1) 感染と感染症

　感染とは，病原体（細菌，ウイルス，寄生虫，真菌など）が人に侵入・定着し，増殖することをいい，感染症とは，その病原体により生体の防御反応が引き起こされ発病した状態をいう（南山堂医学大事典，2013）。しかし，感染しても症状の出現に至る場合（顕性感染）と，感染しても症状の出現に至らない場合（不顕性感染）がある。そのため，不顕性感染の場合は，感染が広がる可能性が高い。

### (2) 感染症と法令

　日本の感染症の予防は，1860年代のコレラの大流行に始まる。感染症の予防体制を整備するために，1897年に「伝染病予防法」が施行された。その後，新

90 第7章 感染症予防

興感染症の出現，医療の進歩，衛生水準の向上，人権擁護など，感染症の状況
は著しく変化している。それに伴い，1999年に「伝染病予防法」「性病予防法
および後天性免疫不全症候群の予防」に関する法律を廃止・統合して，「感染症
の予防及び感染症の患者に対する医療に関する法律（感染症法）」として現在施

表7-1　**感染症法の類型**（厚生労働省，2016a; 国立感染症研究所，2015）

| 感染症法の類型 | 定義 | 主な疾患 |
|---|---|---|
| 一類感染症 | 感染力や罹患した場合の重篤性などに基づく総合的な観点からみた危険性が極めて高い感染症。 | エボラ出血熱，クリミア・コンゴ出血熱，痘そう，南米出血熱，ペスト，マールブルグ病，ラッサ熱（7疾患） |
| 二類感染症 | 感染力や罹患した場合の重篤性などに基づく総合的な観点からみた危険性が高い感染症。 | 急性灰白髄炎，結核，ジフテリア，重症急性呼吸器症候群，中東呼吸器症候群，鳥インフルエンザ（H5N1），鳥インフルエンザ（H7N9）（7疾患） |
| 三類感染症 | 感染力や罹患した場合の重篤性などに基づく総合的な観点からみた危険性は高くないが，特定の職業に就業することで感染症の集団発生を起こしうる感染症。 | コレラ，細菌性赤痢，腸管出血性大腸菌感染症，腸チフス，パラチフス（5疾患） |
| 四類感染症 | 人から人への感染はほとんどないが，動物，飲食物などの物件を介して人に感染し，国民の健康に影響を与えるおそれのある感染症。 | E型肝炎，A型肝炎，狂犬病，デング熱，日本脳炎，鳥インフルエンザ（鳥インフルエンザ（H5N1およびH7N9）を除く）など（44疾患） |
| 五類感染症 | 国が感染症発生動向調査を行い，その結果に基づき必要な情報を国民や医療関係者などに提供・公開していくことによって，発生・拡大を防止すべき感染症。 | ウイルス性肝炎（E型肝炎，A型肝炎除く），梅毒，風疹，麻疹感染性胃腸炎，水痘，手足口病，百日咳，インフルエンザ（鳥インフルエンザ，新型インフルエンザなど除く）（48疾患） |
| 新型インフルエンザなど感染症 | 新たに人から人に伝染する能力を有することとなったインフルエンザで，国民が免疫を獲得していないことから，全国的かつ急速なまん延により国民の生命及び健康に重大な影響を与えるおそれがある感染症。 | 新型インフルエンザ 再興型インフルエンザ |
| 指定感染症 | 既知の感染症で，一類から三類感染症と同等の措置を講じなければ，国民の生命及び健康に重大な影響を与えるおそれがある感染症。 | |
| 新感染症 | 人から人に伝染する未知の感染症で，重篤かつ，国民の生命及び健康に重大な影響を与えるおそれのある感染症。 | |

行されている（厚生労働省，1998）。感染症は，感染力や重篤性，予防や治療などに基づき，一類から五類，新型インフルエンザ感染症，指定感染症，新感染症の8個に類型化されている（表7-1）。

### (3) 感染経路

病原体によって感染に至る感染経路は，外因性感染と内因性感染がある。外因性感染には，水平感染（接触感染，飛沫感染，空気感染，媒介物感染）と，垂直感染（母子感染）がある。内因性感染は，通常，微生物が人の体内に常在しているが，防御反応が低下した時に発病することをいう。我々の日常生活における主な感染経路は，接触感染，飛沫感染，空気感染の3つがある（医療情報科学研究所，2016）。

#### 1) 接触感染

接触感染は，感染者の皮膚や粘膜に直接接触して感染する。感染経路は，病原体で汚染された食品，物，手指などである。主な疾患には，ノロウイルス，ロタウイルス，腸管出血性大腸菌（Enterohemorrhagic Escherichia coli: EHEC），サルモネラ菌などによる感染性胃腸炎が挙げられる。また，血液や体液を介したヒト免疫不全ウイルス（Human Immunodeficiency Virus, HIV）による後天性免疫不全症候群（Acquired Immunodeficiency Syndrome, AIDS），動物や昆虫を媒介とした狂犬病，ジカ熱，マラリア，日本脳炎，エボラ出血熱などが挙げられる。

#### 2) 飛沫感染

飛沫感染は，病原体を含む飛沫を吸い込むことで感染する。感染経路は，感染者の咳やくしゃみ，会話などで飛散する飛沫である。飛沫は，5μm（マイクロメートル）以上で水分を含むため，人に届く範囲は感染者から1m程度と言われている。有効な対策としては，マスク着用や感染者から距離をとることが重要となる。主な疾患には，インフルエンザ，風疹，百日咳，流行性耳下腺炎などが挙げられる。

#### 3) 空気感染

空気感染は，空気中の微細な粒子により感染する。病原体が塵や埃とともに空気中で浮遊し，これらを吸い込むことで体内に侵入する。飛沫は5μm以下

92　第 7 章　感染症予防

で水分が蒸発し空間に浮遊しているため，人に届く範囲は数 10 m に広がる。主
な疾患には，結核，麻疹，水痘，ノロウイルスなどが挙げられる。

## 2.　日本の主な感染症

　厚生労働省（2014）が発表している日本の過去 5 年間の「死因簡単分類別に
みた死亡数・死亡率」の死因で，感染症および寄生虫は，悪性新生物や循環器
系など全ての疾患死因総数の約 2 割を占める（表 7-2）。中でも，結核の死亡
数・死亡率は，過去 5 年間で横ばいであり，世界の中では「中蔓延国」とされ
ている。また，日本で毎年繰り返されている感染症には，腸管感染症やインフ
ルエンザが挙げられる。影響する因子には，休暇時などの海外からの輸入感染
症，地理的地域特性，気候変動（降水量，気圧，日照時間）があることが報告
されている（国立感染症研究所，2016a; 岸田ら，2015; Shoji et al., 2011）。以下
に，腸管感染症，インフルエンザ，結核の詳細を説明する。

表 7-2　過去 5 年間の「死因簡単分類別にみた死亡数・死亡率」（人口 10 万対）
（厚生労働省，2014 を一部改変）

| 死　　因 | 2014 年 | | 2013 年 | | 2012 年 | | 2011 年 | | 2010 年 | |
|---|---|---|---|---|---|---|---|---|---|---|
| | 死亡数 | 死亡率 | 死亡数 | 死亡率 | 死亡数 | 死亡率 | 死亡数 | 死亡率 | 死亡数 | 死亡率 |
| 感染症及び寄生虫症 | 25,569 | 20.4 | 25,733 | 20.5 | 26,739 | 21.2 | 26,357 | 20.9 | 25,863 | 20.5 |
| 　腸管感染症 | 2,417 | 1.9 | 2,586 | 2.1 | 2,714 | 2.2 | 2,319 | 1.8 | 2,213 | 1.8 |
| 　結核 | 2,100 | 1.7 | 2,087 | 1.7 | 2,110 | 1.7 | 2,166 | 1.7 | 2,129 | 1.7 |
| 　敗血症 | 11,279 | 9.0 | 11,158 | 8.9 | 11,486 | 9.1 | 11,197 | 8.9 | 10,676 | 8.4 |
| 　ウイルス肝炎 | 4,747 | 3.8 | 4,882 | 3.9 | 5,240 | 4.2 | 5,576 | 4.4 | 5,614 | 4.4 |
| 　ヒト免疫不全ウイル<br>　ス [HIV] 病 | 45 | 0.0 | 45 | 0.0 | 50 | 0.0 | 53 | 0.0 | 61 | 0.0 |
| 　その他の感染症及び<br>　寄生虫症 | 4,981 | 4.0 | 4,975 | 4.0 | 5,139 | 4.1 | 5,046 | 4.0 | 5,076 | 4.0 |
| 呼吸器系の疾患<br>インフルエンザ | 1,130 | 0.9 | 1,514 | 1.2 | 1,275 | 1.0 | 569 | 0.5 | 161 | 0.1 |

## (1) 腸管感染症

腸管感染症は，細菌（腸管出血性大腸菌，カンピロバクター，サルモネラ，腸炎ビブリオ，病原性大腸菌など），ウイルス（ノロウイルス，ロタウイルス），寄生虫（赤痢アメーバなど）によって発熱や消化器症状（腹痛，下痢，嘔吐）を引き起こす病気である（医療情報科学研究所，2016）。

### 1）腸管出血性大腸菌感染症

腸管出血性大腸菌感染症の発生動向は，同時多発的なアウトブレイク（集団発生）が特徴的である。日本は，初夏から秋にかけて高温多湿になり，病原体が繁殖しやすい環境となるため，毎年100〜300人程度発生している（図7-1）。アウトブレイクは，学校，飲食店，病院，高齢者施設などで発生する。腸管出血性大腸菌の中で代表的なものはO-157である。

腸管出血性大腸菌は，牛の腸管に常在する大腸菌で，ベロ毒素を産生して出血性大腸炎を引き起こす。感染経路は接触感染で，腸管出血性大腸菌で汚染された食物（生または加熱不十分な牛肉など）や，保菌者の糞便で汚染された食

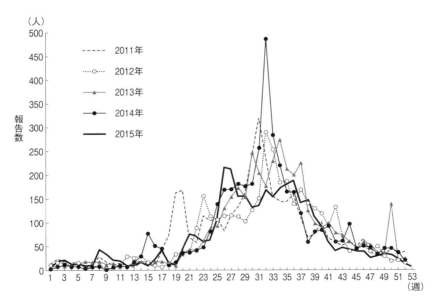

図7-1　腸管出血性大腸菌感染症 週別発生状況，2011年〜2015年（国立感染症研究所，2016b）

物・水を，直接あるいは間接的に口にすることで感染することが多い。

潜伏期間は平均3～4日で，水様性の下痢と激しい腹痛で発症する。発症1～2日後には，血性下痢が出現して，7～10日で治癒する。腸管出血性大腸菌感染症が重篤になると，粘血便や溶血性尿毒症症候群（hemolytic uremic syndrome; HUS）を引き起こし，貧血や血小板減少や貧血，腎不全で死に至ることもある。検査は，便から直接ベロ毒素やO-157を検出する方法と，血液や尿の検査を行う方法がある。

予防のポイントは以下の3つである。①食品の加熱：O-157は熱に弱く75℃以上1分で死滅する。②手洗い：十分に泡立てた石鹸で指先や指間，手首まで洗う。③清潔：調理器具類やトイレなどは定期的に清潔にしておく。もし，下痢や嘔吐があった場合は，その都度洗浄して次亜塩素酸や70％のアルコールで消毒することを徹底する。

**2）ノロウイルス感染症**

ノロウイルス感染症は，O-157と同様に，乳幼児から成人・高齢者に至る幅広い年齢層に，集団単位で冬から春先にかけて毎年発生している（図7-2）。

ノロウイルスは，大きさが直径30～40nmで，乾燥・液中で安定し，4℃で

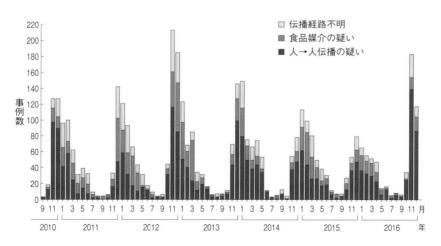

図7-2　ノロウイルス感染集団発生の伝播経路別月別推移 2010/11～2015/16シーズン
（国立感染症研究所，2017）

は2ヶ月，20℃では1ヶ月間生存可能とされている。また，ノロウイルス粒子10〜100個程度で感染し，加熱にも強いため感染力が強い。感染経路は，ほとんどが経口感染で，空気感染の場合もある。経口感染では，ノロウイルスに汚染されたカキなどの二枚貝の摂取や，人の手指・食物・調理器具類が汚染されていることが原因で人の体内に入り込む。空気感染では，ノロウイルスを含む糞便や嘔吐物が乾燥して粉塵になり舞い上がると，食物や衣類，手指に付着して人の体内に入り込む（西尾・古田，2008）。

　潜伏期間は24〜48時間で，下痢や嘔吐，発熱などが発症する。発症してから3日以内に回復するが，症状消失後10日間〜1ヶ月はウイルスの排出は続く。検査は，糞便中のノロウイルス抗原を検出するキットで行う方法がある。

　予防のポイントは，①加熱：ノロウイルスは，70℃5分間で不活化，85℃1分間の加熱で死滅する。②手洗いと③清潔は，腸管出血性大腸菌感染症の項と同様に行う。ただし，消毒は，次亜塩素酸が有効である。次亜塩素酸の濃度は，ノロウイルスに汚染されたトイレや床は0.1%，まな板や食器類は0.05%，衣類などは0.02%の濃度が必要と考えられている。


## (2) インフルエンザ

　インフルエンザウイルスの大きさは，0.1μmと微細なため単独では飛沫せず，唾液や鼻汁などの体液と混じり5μmほどの大きさで飛び散る。インフルエンザウイルスは，ウイルス粒子のタンパク質の違いにより，A型B型C型の3種に分類される。特に，A型は変異が頻繁で，現在新型インフルエンザや鳥インフルエンザが報告されている（菅谷，2015）。新型インフルエンザは，インフルエンザA型とタンパク質の抗原性が大きく異なり，世界のほとんどの人に免疫がないことから，急速に世界に蔓延する可能性がある（表7-3）。鳥インフルエンザは，A型インフルエンザウイルスが引き起こす鳥の病気である。人へは，感染した鳥やその排泄物・死体・臓器などに濃厚に接触することでまれに感染することがある。人への感染例は散発で，アジア，中東，アフリカを中心に報告されている。

　潜伏期間は2日前後で，体内に侵入したウイルスはかなり速く増殖する。侵入した1つのウイルスは，8時間後には100個，16時間後には1万個，24時間

96　第7章　感染症予防

表7-3　20世紀以降の新型インフルエンザ（岡部ら，2014を一部改変）

| 年 | 種　類 | 概　要 |
|---|---|---|
| 1918年 | スペインインフルエンザ（H1N1） | 「スペイン風邪」。世界での感染者は約6億人，死亡者は約4,000～5,000万人で，全人類の約3割が感染したことになる。日本での感染者は約2300万人，死亡者約45万人と言われる。 |
| 1957年 | アジアインフルエンザ（H2N2） | 「アジア風邪」。世界での死亡者は約100～200万人，日本での感染者は約300万人，死亡者5,700人と言われる。 |
| 1968年 | 香港インフルエンザ（H3N2） | 「香港風邪」。世界での死亡者はおよそ50万人と言われる。 |
| 2009年 | 豚インフルエンザ（H1N1） | 「パンデミック（H1N1）2009」。メキシコの農場のブタなどから発生した。パンデミックが認められ，WHO（世界保健機関）が警戒水準を引き上げている。 |

後には100万個にまで増えると言われている。症状は，急激に38℃以上の高熱，悪寒，頭痛，関節痛，倦怠感，咳，痰，呼吸困難，腹痛・下痢などの消化器症状が現れる。検査は，喉や鼻から摂取した体液からウイルスを検出するキットで行う。

　予防のポイントは，以下の4つである。①インフルエンザワクチン：13歳未満は原則2～4週間の間隔をおいて2回接種する。13歳からは1回または2回摂取するが，医師と相談して決める。②手洗い・うがいの励行，マスクの着用：十分に泡立てた石鹸で指先や指間，手首まで洗う。唾液や鼻汁などの体液を吸い込まないようマスクをする。③室内湿度は50～60%：部屋の乾燥は，インフルエンザウイルスが空気中で活動しやすいため室内の湿度を50～60%に保つ。④インフルエンザ情報のチェック：流行する冬季前の段階から「国立感染症研究所感染症情報センター　インフルエンザ」より，定期的にインフルエンザの情報を得ることも必要である。

　もし，インフルエンザに感染したならば，できるだけ栄養・水分，睡眠を十分に取ることが大切である。インフルエンザ治療薬には，現在，タミフル，リレンザ，イナビル，ラピアクタ，シンメトレルの5種類があるが，医師と相談の後に処方してもらうのがよい。

## (3) 結　核

　日本の結核は，死亡者数が1950年まで年間10万人を超え，かつて国民病と言われるほど蔓延していた病気である。1951年に「結核予防法」が施行されてから，1970年代まで結核罹患率が緩やかに減少している。しかしながら，結核罹患率は，1999年の逆転増加傾向（当時の厚生省が「結核緊急事態宣言」を発令），高齢者や大都市における罹患率の高さなど，再興感染症の1つとして油断してはならない感染症である（図7-3）。

　結核は，マイコバクテリウム属の結核菌による感染症で，大きさは1～4μmである。結核には，1次結核と2次結核がある。1次結核は，気道から肺の粘膜に菌が付着して，肺のリンパの流れに沿って肺門，縦隔リンパ節，静脈から全身へ広がる。2次結核は，既存の病変が再燃して発症する。

　感染経路は，空気感染で，感染源の大半は，喀痰塗抹陽性の肺結核患者である。高齢者やHIV感染者などの免疫機能の低下のある場合や，大量の菌の暴露があった場合は，発病に結びつくと考えられる。感染後数週間から一生涯にわたり臨床的に発病の可能性があり，症状は咳，喀痰，微熱，胸痛，呼吸困難，血痰，全身倦怠感，食欲不振等を伴うこともあるが，初期は無症状のことも多い。検査は，クォンティフェロン（Quanti FERON; QFT）検査，ツベルクリン反応検査，胸部エックス線検査，細菌検査などがある。治療は，結核の専門

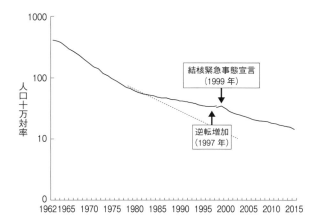

**図7-3　結核罹患率の推移**（厚生労働省，2015）

病棟において，耐性菌を発生させないため，3〜4剤の抗結核薬を併用し，確実に継続して服薬することを目指す。

予防のポイントは，ツベルクリン反応検査とBCGワクチン接種を行うことや，健康診断（症状や胸部レントゲン）を行い，早期発見に努めることである。


## 3．感染症から身を守るための健康行動

### （1）基本的な感染症予防の必要性

感染症を予防するためには，細菌やウイルスの特徴や感染経路を知り，体内に侵入させないことが必要である。感染症予防の基本は，「手洗い・うがいの励行，マスクの着用」「清潔」「食品の加熱」「消毒」「ワクチン接種」「健康診断」などである。また，病原体の媒介生物である動物，蚊やダニなどへの接触を避けることも感染症予防につながる。

一方，感染症は，文明の進化や人のライフスタイルの変化に合わせて，細菌やウイルスも変化しながら流行している。こうした中で，私たちは，病原体との共生，あるいは病原体から免れる感染症予防の健康行動が必要となる。


### （2）免疫の働き

我々は，細菌やウイルスなどの病原体による非自己に対して，自己（個体）を守る免疫（immunity，以下略）システムを持っている。免疫には，細胞性免疫である白血球が大きく関与し，顆粒球（好中球，好酸球，好塩基球）と，無顆粒球−リンパ球（T細胞，B細胞，NK細胞），単球の3つに大きく分類される（表7-4）。また，免疫を細胞により大別すると，感染に対して非特異的に初期防御を行う自然免疫（好中球，NK細胞，マクロファージ）と，感染に対してより特異的に防御を行う獲得免疫（リンパ球：T細胞，B細胞）の2つに分類される（Abul et al.，2015）。我々は，病原体から身を守るための感染症予防の健康行動，つまり，免疫力を高めるライフスタイルを日頃から獲得する必要がある。

3. 感染症から身を守るための健康行動　99

表 7-4　白血球分画の種類と役割（医療情報科学研究所，2016 をもとに筆者作成）

| | 種類 | 役割 |
|---|---|---|
| 顆粒球 | 好中球 | ・細菌の貪食・殺菌<br>・細菌感染初期の防御 |
| | 好酸球 | ・寄生虫の防御機能，アレルギー反応に関与 |
| | 好塩基球 | ・即時型アレルギーに関与<br>・ヒスタミン（炎症物質）を放出 |
| 無顆粒球<br>リンパ球 | B 細胞 | ・特異的な抗原を認識し，抗体を産生する |
| | T 細胞 | ・免疫システムを活性化，感染細胞や腫瘍細胞の特異的破壊<br>・不必要な免疫反応を抑制 |
| | NK 細胞<br>（Natural Killer Cell） | ・感染細胞や腫瘍細胞の非特異的破壊 |
| 単球 | | ・組織内でマクロファージに分化し，細菌の貪食・殺菌，サイトカインの産生を行う |

## （3）免疫力を高めるライフスタイル

### 1）バランスの取れた栄養素の摂取

　日本の食生活は，外食産業（コンビニエンスストア，ファーストフードなど）の急速な発展により，食事を作らない家庭が多くなった。特に，若い世代は，ひとり暮らしや仕事の忙しさなども加わり，栄養バランスが取れた食事を食べていないという報告もある（厚生労働省，2016b）。最近では，高齢者のひ

表 7-5　免疫を高める主な栄養素と食べ物（横越，2007 をもとに筆者作成）

| 栄養素 | | 役割 | 多く含まれる食べ物 |
|---|---|---|---|
| ビタミン | A | ・皮膚や粘膜を強化<br>・リンパ細胞の働きを強化 | かぼちゃ，人参，ほうれん草，モロヘイヤ，あしたば，うなぎ，レバー |
| | E | ・B 細胞の増殖を促し，抗体の産生を高める | かぼちゃ，モロヘイヤ，アボカド |
| | C | ・マクロファージの活性化<br>・NK 細胞がインターフェロンが活性化 | ブロッコリー，かぼちゃ，ピーマン，ゴーヤ，果物，芋類 |
| | B6 | ・免疫グロブリン抗体の元となる<br>・タンパク質やアミノ酸の生成に関与 | バナナ，いわし，マグロ，レバー |
| ミネラル | 亜鉛 | ・T 細胞の機能を高める | 牡蠣，ホタテ，いわし，うなぎ，レバー，豆類，大豆製品，海藻，玄米 |
| | セレン | ・抗体の産出を高める | 魚，貝，ごま |

とり暮らしも多くなり，幅広い年齢層で，カロリーこそ足りているものの栄養バランスの取れた食事をすることが難しくなっている。こうした食生活の変化に対応して，我々は，栄養バランスをどのように摂取していけば良いのか，考えていかなければならない。

免疫細胞の主原料は，タンパク質（肉類，魚介類，卵，大豆製品，乳製品）と言われている。さらに，免疫力を高める主な栄養素には，ビタミン，ミネラルなどが挙げられる（表7-5）。我々は，家庭で作る場合も，外食に頼る場合も，これらの栄養素をバランスよく摂取できるように心がけたい。

### 2）身体を温める運動と入浴

身体を温める方法には，「運動」と「入浴」があり，いずれも血流を良くして，心地よいと感じる有効な手段である。身体を温めて心地よくリラックスする感覚は，副交感神経を働かせてリンパ球を増やすことができ，免疫力を高めることにつながる。

「運動」は，激しい運動ではなく，ウォーキング（軽いジョギング），ラジオ体操，ストレッチ，ヨガなど，身体に無理のない，自分が心地よくリラックスできると感じる運動でよい。自分が心地よくリラックスできる運動は，少しずつでも，毎日の習慣にすることが大切である。「入浴」は，全身に心地よい温熱刺激（湯温38〜40度）があると白血球が増加して免疫機能が高まると報告されている（Tomiyama et al., 2007; 渡邉ら，2011）。

### 3）自律神経をコントロールする深呼吸

人は，緊張状態にある時，呼吸が浅くなる。我々の身体は，呼吸が浅くなると，酸素量の不足や血流の低下，交感神経が優位になり免疫力が弱まると言われている。もし，ストレスが生じて交感神経が優位になった際は，意図的に腹式呼吸を行うと，横隔膜（自律神経が密集）を上下運動させて，副交感神経が刺激されてリラックスする。特に，座位によるヨガ呼吸や，吸気よりも呼気が長い呼吸（吸息4秒，呼息6秒）は，リラックス効果や免疫力が高まると言われている（片岡・渋谷，2002; 坂木，2006）。

### 4）笑いによる NK 細胞の活性化

自然免疫である NK 細胞は，細菌やウイルスなどの病原体による非自己から身体を守るのに，大きな役割を果たす。しかしながら，NK 細胞は，加齢とと

3. 感染症から身を守るための健康行動　**101**

もに NK 細胞は減退して病原体を攻撃する機能も衰える（Solana & Mariani, 2000）。そのため，我々は，NK 細胞を活性化するための健康行動を備える必要がある。

　NK 細胞を活性化する研究には，腸内細菌を整える，有酸素運動といった数多くの研究がなされ，今後も新たな知見が発見されるであろう。現在，笑いやユーモアなどの感情体験は，リンパ球（NK 細胞）の上昇（西田・大西，2001; 高橋ら，2004; Hayashi et al., 2007）や，ストレス緩和（Bennett et al., 2003）と関連があることが報告されている。ストレスの多い社会といわれる日常生活において，笑いを有することは，身体を温める効果や血液循環を良くする全身運動であり，副交感神経を優位させる効果があり，免疫力が高まることへとつながる。

## 引用文献

Abul, K., Andrew, H., & Shiv, P. (2015). *Basic immunology: Functions and disorders of the immune system* (5th ed.). Elsevier.（松島綱治・山田幸宏（訳）(2016). 基礎免疫学—免疫システムの機能とその異常—（pp. 1-53）エルゼビア・ジャパン株式会社）

Bennett, M. P., Zeller, J. M., Rosenberg, L., & McCann, J. (2003). The effect of mirthful laughter on stress and natural killer cell activity. *Alternative Therapies in Health and Medicine, 9* (2), 38-45.

Hayashi, T., Tsuiii, S., Iburi, T., Tamanaha, T., Yamagami, K., Ishibashi, R., Hori, M., Sakamoto, S., Ishii, H., & Murakami, K. (2007). Laughter up-regulates the genes related to NK cell activity in diabetes. *Biomedical Research, 28* (6), 281-285.

医療情報科学研究所（編）(2016). 免疫　病気がみえる vol.6 免疫・膠原病・感染症　（pp. 2-44）　メディックメディア

片岡秋子・渋谷菜穂子 (2002). 腹式呼吸における呼息時間の変化が及ぼす自律神経への影響　日本看護医療学会雑誌, *4* (1), 14-18.

岸田直裕・松本　悠・山田俊郎・浅見真理・秋葉道宏 (2015). 我が国における過去 30 年間の飲料水を介した健康危機事例の解析（1983 ～ 2012 年）　保健医療科学, *64* (2), 70-80.

国立感染症研究所 (2015). 感染症法における感染症の分類 2015 年 5 月 21 日現在　Retrieved from http://www.nih.go.jp/niid/ja/allarticles/surveillance/205-idwr/2586-todokedehyou.html（2016 年 6 月 30 日）

国立感染症研究所 (2016a). 腸管出血性大腸菌感染症 2016 年 4 月現在　病原微生物検出情報, *37* (5), 1-18.

国立感染症研究所（2016b）. 腸管出血性大腸菌感染症週別発生状況 2011 年〜 2015 年
Retrieved from http://www.nih.go.jp/niid/ja/ehec-m/ehec-iasrtpc/6472-435t.html
（2017 年 3 月 29 日）

国立感染症研究所（2017）. ノロウイルス感染集団発生の伝播経路別月別推移 2010/11
〜 2015/16 Retrieved from https://www.niid.go.jp/niid/images/iasr/rapid/
noro/160920/norosyu_170706.gif（2017 年 7 月 18 日）

国立感染症研究所感染症情報センター　インフルエンザ Retrieved fron http://idsc.nih.
go.jp/disease/influenza/

厚生労働省（1998）. 感染症の予防及び感染症の患者に対する医療に関する法律
Retrieved from http://law.e-gov.go.jp/htmldata/H10/H10HO114.html（2016 年 6 月
30 日）

厚生労働省（2014）. 人口動態調査 平成 28 年我が国の人口動態　Retrieved from http://
www.mhlw.go.jp/toukei/list/dl/81-1a2.pdf（2016 年 6 月 30 日）

厚生労働省（2015）. 平成 27 年結核登録者情報調査年報集計結果　Retrieved from http://
www.mhlw.go.jp/file/06-Seisakujouhou-10900000-Kenkoukyoku/0000133822.pdf
（2017 年 7 月 18 日）

厚生労働省（2016a）. 感染症法に基づく医師の届出のお願い　Retrieved from http://
www.mhlw.go.jp/stf/seisakunitsuite/bunya/kenkou_iryou/kenkou/kekkaku-
kansenshou/kekkaku-kansenshou11/01.html（2016 年 6 月 30 日）

厚生労働省（2016b）. 平成 27 年度「国民健康・栄養調査」の結果　Retrieved from http://
www.mhlw.go.jp/stf/houdou/0000142359.html（2017 年 7 月 18 日）

南山堂（2013）. 南山堂医学大辞典 第 19 版　南山堂

西田元彦・大西憲和（2001）. 笑いとNK 細胞活性の変化について　笑い学研究, *8*（7），
27–32.

西尾　治・古田太郎（2008）. 現代社会の脅威ノロウイルス—感染症・食中毒事件が証すノ
ロウイルス伝播の実態—　幸書房

岡部信彦（監修）田辺正樹・大曲貴夫（編）（2014）. 医療機関における新型インフルエン
ザ等対策ミニマム・エッセンシャルズ　南山堂

坂木佳壽美（2006）. ヨーガ呼吸による白血球の変動—神経・内分泌・免疫系の相互関係—
体力科学, *55*（5），477–488.

Shoji, M., Katayama, K., & Sano. K.（2011）. Absolute humidity as a deterministic factor
affecting seasonal influenza epidemics in Japan. *The Tohoku Journal of Experimental
Medicine, 224*（4），251–256.

Solana, R., & Mariani, E.（2000）. NK and NKT cells in human senescence. *Vaccine, 18*,
1613–1620.

菅谷憲夫（2015）. インフルエンザ診療ガイド 2015–16（pp. 2–64）　日本医事新報社

高橋清武・岩瀬真生・高橋秀俊・倉恒弘彦・志水　彰・武田雅俊（2004）. クロスオーバー

研究による笑いのNK活性上昇効果の検討　臨床精神医学, *33* (12), 1599–1607.

Tomiyama-Miyaji, C., Watanabe, M., Ohishi, T., Kanda, Y., Kainuma, E., Bakir, H. Y., Shen, J., Ren, H., Inoue, M., Tajima, K., Bai, X., & Abo, T. (2007). Modulation of the endocrine and immune systems by well-controlled hyperthermia equipment. *Biomedical Research, 28* (3), 119–125.

渡邉まゆみ・富山智香子・本間　隆・稲田昭弘・早川陽喜・安保　徹 (2011). 体温, 白血球の自律神経支配, エネルギー産生への影響—新温熱刺激—ナノミストサウナ—を用いて—　日本温泉気候物理医学会雑誌, *74* (2), 96–102.

横越英彦 (2007). 免疫と栄養 (食と薬の融合)　幸書房

# 第8章

# 口腔衛生

吉田登志子・伊藤孝訓

　口腔衛生による健康を考えるにあたり，医科と異なる歯科疾患や歯科医療の特異性を知ることが大切である。なぜ，歯科領域において健康行動が重要な位置を占めているか，その背景を知ることで患者の行動変容の重要性をさらに理解することができるので，この章を読むにあたりはじめに読んでいただきたい。

## 1. 口腔の健康とは

### (1) 歯科医療の特異性

　歯科の2大疾病はう蝕と歯周病である。歯の喪失の原因は，この代表される歯科疾患が主な原因となる。これまで，う蝕，歯周病については，局所的な疾患であるという認識が強く，他臓器などへの直接的な影響が少ないために，よほどの受療動機がない限り来院しない患者が多かった。また歯科医療はいくら治療しても経年的に歯は徐々になくなり，高齢になると総義歯を使用すればよいと思っている患者も多く見られる。このような考え方を抱く要因の1つに，我が国の公的医療保険制度がある。1961年4月に制定され，他国と比べても国民に対する貢献は多大なものがあることは周知の事実である。川渕（2006）によると，日本とアメリカとの治療費を比較すると，処置内容にもよるが数倍から10数倍の違いが見られる（表8-1）。日本の歯科医療者が保険医療制度のもとで，世界にも例のない安価な医療費で数多くの患者を診療していることが分かる。このような状況下のために，患者の認識はこの医療制度に頼り，う蝕や歯周病になっても歯科医院を受診すれば，すぐに治してもらえると思っている患者が多く，積極的なセルフコントロールを怠るケースが見られる。また，歯科治療は，治療に伴う痛みや恐怖，費用や通院回数などの不安があり，来院に

1. 口腔の健康とは **105**

表 8-1　日本と各国における歯科治療費の比較（川渕，2006）

| | イギリス | フランス | ドイツ | スイス | アメリカ | カナダ | 国際平均 | 日本 | 国際比較 |
|---|---|---|---|---|---|---|---|---|---|
| 根管治療 | 92,220 | 43,920 | 14,146 | 36,601 | 108,011 | 52,763 | 57,944 | 5,839 | 10.08% |
| 歯石除去 | 13,630 | 3,144 | 1,779 | 4,626 | 12,566 | 6,366 | 7,019 | 732 | 10.43% |
| アマルガム充填 | – | 5,040 | – | 19,015 | 17,190 | – | 12,748 | 2,408 | 18.89% |
| レジン充填 | – | 11,880 | 6,218 | 14,658 | 25,724 | 10,567 | 13,809 | 2,851 | 20.65% |
| インレー | – | 25,661 | 23,993 | – | 108,101 | – | 52,585 | 5,795 | 11.02% |
| 金属冠 | 109,330 | 108,000 | – | 66,276 | 111,732 | 50,536 | 89,175 | 9,139 | 10.25% |
| 陶材冠 | – | 210,600 | – | 94,440 | 143,339 | 57,123 | 126,376 | 79,689 | 63.06% |
| 支台築造 | 12,180 | 24,840 | – | 21,168 | 41,138 | 7,703 | 21,406 | 1,707 | 7.97% |
| 抜歯 | 5,220 | – | 49,225 | 18,522 | 38,993 | – | 27,990 | 2,467 | 8.81% |
| 麻酔 | 5,220 | – | 1,606 | 2,807 | – | | 3,211 | 321 | 10.00% |
| X線標準 | – | 3,681 | 1,132 | 1,426 | 2,030 | 868 | 1,827 | 451 | 24.68% |
| X線パノラマ | 6,960 | 18,252 | 5,574 | – | 12,660 | 3,273 | 9,344 | 3,202 | 34.27% |

根管治療は抜髄，感染根管処置，根管充填を含む。抜歯は難抜歯を含む。
為替レート：1ポンド174円　1ユーロ108円　1スイスフラン72円　1ドル122円　1カナダドル79円

あたり敵意と依存という2つの相反する思いを持った消極的な受診動機で成り立っている。そのため患者自身が葛藤を背負い来院するために，近年の権利意識もからみ，些細なことでも内面のいら立ちからモンスター化する患者が見られるようになった。

　我が国では，1989年，「80歳になっても20歯以上を保つ」を目標に8020運動（日本歯科医師会）が開始され，既に四半世紀が経過した。この間，歯の保有率は著しく改善され，2005年の24.1％に比べて，2011年の調査では，80歳で20歯以上有する者の割合は38.3％にまで増えた（図8-1）（日本口腔保健協会，2012）。8020運動は，80歳になった時点でのことを想定しがちであるが，そうではなくそこに至るまでに口腔のケアをしっかりできたかどうかの結果であり，決して高齢者の問題ではないということを認識すべきである。健康に対して後悔していることは何か，というアンケート調査で，「歯の定期検診を受ければよかった」と答える国民は，男女を問わずかなり上位ランクに位置され，定年退職前にその後の社会生活環境の変化に対応するためにも，しっかりとした

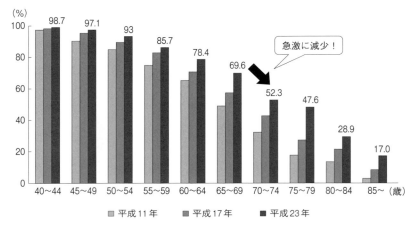

図 8-1　8020 達成者（日本口腔保健協会，2012）

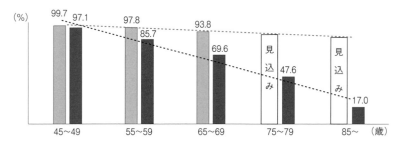

図 8-2　定期歯科保健と保健指導の受診者の 8020 達成将来予測（日本口腔保健協会，2012）

治療を受けるべきだったという声を聞くことがある．このことは，これまで歯科医療の有効性についての知識が十分に伝えられなかったためと考えられるので，我が国の医療環境を含めた情報の発信に努力しなければならない．日本口腔保健協会の HP によると，定期歯科健診と保健指導を受けている 40 歳代から 60 歳代においては，20 歯以上の保有者は 90％以上いるとのことである．これが継続すると将来の 8020 達成者は推定数 80～90％になる可能性があるといっている（図 8-2）．このように，あきらめられていた生活習慣病も適切な歯

科保健行動を維持することで，予防や重症化の防止に効果があることが分かってきた。しかし，国民全体として口腔の健康に対する意識の向上は進んでいるが，原因となる口腔細菌に対する画期的な対処となる予防法はいまだ見つからない。そのため，フッ素塗布による歯質の強化はあっても，歯ブラシによる刷掃が主となる予防法であることはこれまでと変わらない。

## (2) 歯科における健康行動がもたらす効果

　近年，歯科疾患は予防できるものであり，歯の喪失リスクも歯科医療と口腔保健政策によってコントロール可能であることが理解されるようになった。予防歯科の展開が進み，これまでの早期発見・早期治療の処置優先の診療所・病院完結型の「治す医療」から，患者自立を目指す患者‐医療者関係へと変わるべき時代にきている。2011 年に「歯科口腔保健の推進に関する法律（歯科口腔保健法）」が公布・施行され，口腔の健康は質の高い生活を営むうえで基礎的・重要な役割を果たし，さらにライフステージに応じた口腔疾患の効果的な予防を他職種と連携し推進すべきであるとされている。疾患に罹患しない方が明らかに，身体的にも経済的にも負担が少なく，美味しく食事がとれて，会話や交流ができることで元気で活力のある日々を過ごすことができるのは事実である。また，口腔と全身の健康との関連を示す報告が多く見られるようになった。口腔を良い状態に保つことは高齢者の誤嚥性肺炎の予防に寄与することも高齢者施設の追跡調査から報告され（Yoneyama et al., 2002），歯の咬合機能は自律神経，栄養摂取の改善や運動機能維持による全身の恒常性に関わり，さらに認知症の予防にも役立つと言われている（図 8-3）。歯ブラシによる刷掃行動を含めた口腔ケアは，口腔内の歯や粘膜，舌などの汚れを取り除く器質的口腔ケアと口腔機能の維持・回復を目的とした機能的口腔ケアの2つから成り立っている。図のような方法をうまく組み合わせることで，誤嚥性肺炎の予防，オーラルフレイル（日本歯科医師会）の予防[1]，低栄養の改善，健康寿命の増進に寄与することができる（図 8-4）。

---

　1）高齢になって口腔周囲の筋肉や活力が衰え，滑舌の低下，食べこぼし，むせるなどの軽微な症状を見逃すと，全身的な機能低下へ進むことから，早期対応が必要であると提唱した啓発行動。

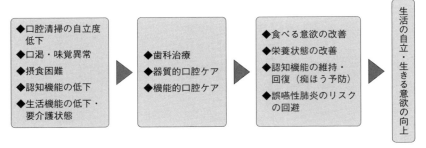

図 8-3　口腔ケアの主な効果（8020 推進財団）

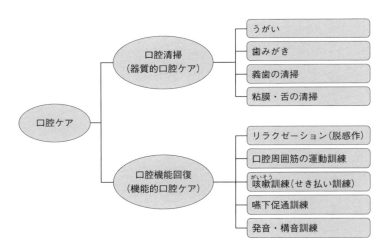

図 8-4　口腔ケアとは（8020 推進財団）

　患者中心の医療の実践は，「歯科医院で行われている治療」である cure から，自宅や地域コミュニティに支えられた「暮らしの中での医療」である care へとシフトされ，食べることは生きることであり，食べる喜びは生きがいと生きる力を支えるとする健康観の重要性が増している。人口の 4 人に 1 人が 75 歳以上の高齢者となり社会保障費の急増が懸念され，2025 年問題と言われる超高齢社会を控え，口腔衛生状態の影響をより敏感に受ける高齢患者が歯科医療を必要とする状況に陥ることを鑑みると，他職種の医療者による口腔衛生保健活動の推進は急務である。医療者はこのような歯科特有の宿命があることを踏まえ

て，患者心理を理解した対応が求められる。また，口腔ケアは，個人のパーソナリティや生活習慣，ストレスなどの心理社会的要因が健康や病気の発生に深く関与していることからも，健康心理学や医療心理学の視点，方法論は，将来の医学・医療の実践や問題解決に有用である。

　この章では口腔内の健康状態を保つために，日常の習慣をより良い方向に改善していこうとする健康行動への行動変容と動機づけ理論の概要を深く理解するために具体例を挙げて学習する。

## 2. 健康行動への行動変容

### (1) 自己効力感

　ある行動をすることによって期待される結果（結果期待）とその行動をどの程度遂行できるかという自信（効力期待）とに区分して，バンデューラ（Bandura, 1977）が行動の変容を左右する要因として位置づけた。ある行動をすれば良い結果が得られると思う「期待」とそれを上手にできそうだと思う「自信」を高めることによってその結果，行動に対するやる気が高まる。歯磨きをするとう蝕を予防することができると思い，実際に毎食後，歯磨きができそうだという自信があると歯磨きに積極的に取り組もうと思い，歯磨きという行動も維持されやすいという考えである。

　自己効力感は以下の4つの因子によって高めることができる。

#### 1) 達成体験

　努力によって物事を達成できたという体験を持つことである。自己効力感を高める最も効果的な方法であると言われている。逆に失敗体験は自己効力感を下げる危険性があるため，患者が少し頑張ればできそうだと思うところから始める方がよいとされている。

#### 2) 代理体験

　他の人が自分と同じような努力をして成功するのを見たり，聞いたりする経験である。自分との類似性が高いほど効果的であると言われている。

#### 3) 言語的説得

　行動と習得する能力があることや，達成の可能性があることを言語的に強

110 第 8 章　口腔衛生

化・説得されることである。ただし言語的説得のみによる自己効力感はもろい
場合があり，他の方法と併用することが推奨されている。

### 4）生理的・情動的喚起

　ある行動をすることで緊張や震えるなどの生理的な反応を経験し，その行動
に対する自信が弱まることがある。反対に落ち着いていることを自覚し，自信
が高まることもある。自分の身体状態によってその行動に対する自信に変化を
及ぼすので，生理的な反応をポジティブにとらえるようにすることで自己効力
感を下げないようにする。

## （2）行動変容の変化ステージモデル

　行動変容の変化ステージモデルはプロチェスカとディクレメント
（Prochaska & DiClemente, 1983）によって提唱されたもので，患者がどの段階
に位置するかを考慮し，それぞれのステージに応じた対応法があるという考え
方である。患者のステージを見極め，そのステージに応じてコミュニケーショ
ンを変えて効果を高めていくという考え方である。下記がその 5 つのステージ
と対応法である。

### 1）無関心期

　問題行動が問題だという認識がない，あるいは認識はあるがその行動を変え
ることに対する関心がない状態である。この期にいる患者に対して説得して行
動変容を押しつけることは避ける方が賢明である。患者自身が問題行動に対し
て感じている利益と不利益を確認し，正しい情報の提供にとどめる。この際に
患者の興味を引くように工夫をすることが求められる。

### 2）関心期から準備期

　これから行動変容を実行しようと考えているが，実際に始めていない段階で
ある。いわゆる「分かってはいるけれどなかなか変えられない」という患者が
これに相当する。一般的にこの場合には行動変容（例えば歯磨き）をした場合
の利益と行動変容を妨げる要因などを話しあい，その対応策について考えるこ
とが必要である。実際に口腔内の半分を清掃し，清掃していない部分との差を
感じてもらうというのも一案である。問題行動に対して対処する準備がなされ
ている段階では具体的にいつどのようにするのか，そして短期・長期的な目標

を決めておくことも有益である。

### 3) 行動期から維持期

実際に行動変容へと動いている時期である。この期にいる患者に対しては行動変容を決断したことを支持し，励ますことが大切である。実際に行っている行動や目標への達成度を確認し，改善されている結果（プラークの付着度合など）を示すことが有益である。また，継続が困難な状態を予想してもらい，具体的な対処法をあらかじめ用意しておくことも大切である。歯磨きのように面倒くさく，楽しくない行動に関しては，例えば食後はとりあえず，うがいをするようにしてもらう，テレビを見ながら実施してもらう，などという方策が考えられる。

### 4) 再発期

行動変容を実行していたが続けられなくなったという状態である。この場合は失敗を責めるということは避け，続けてきたことをまずは評価し，患者の努力をたたえる。例えば失敗を繰り返しながら成功に至った他の患者の例などをひき合いに出し，最終的には成功に至るというイメージを持ってもらうことが重要である。


**具体的場面**

初めての来院時に口腔内衛生状態があまり良好とは言えない患者に対して口腔衛生指導を行う場面である。行動変容の変化ステージモデルの関心期にあると思われる患者への対応を示す。

歯科衛生士が初診患者，中川さんの口腔内状態を確認したところ，プラークがかなり付着していた。


医療者：中川さんは歯磨きは一日に何回くらいなさってますか。（患者の日
　　　　常の口腔内清掃を確認している）

患　者：面倒くさくって駄目なんです。それでも朝は一応磨くんですよ。

医療者：そうですか。中川さんはお忙しくて歯磨きの時間がとれないですか
　　　　ね。（患者の生活状態を確認している）

患　者：この頃特に忙しいもので。それについテレビを見てると疲れのせい

か，歯磨きをしなくちゃと思ってはいるんですが，そのまま寝てしまうんです。

医療者：じゃあ中川さんはできたら寝る前の歯磨きをした方が良いとお考えなんですね。（患者が準備期であるかを確認している。）

患　者：それはそうです。歯磨きをするに越したことはないです。

医療者：それを聞いて安心しました。歯磨きの大切さはご存じなんですね。でも，残念ですが，中川さんのお口の中にむし歯らしき歯が見つかりました。どれくらいむし歯が進んでいるかをレントゲンをとって見てみましょう。

（レントゲン撮影後）

医療者：ちょうど良いタイミングで来院して下さいました。今でしたら，神経を抜いたりするような大掛かりな治療をしなくても治せますね。（来院したことの利点を述べている。）

患　者：気になっていたので来てよかった。

医療者：ほんと，来て下さって良かったです。やはり神経は残しておいた方が良いですものね。ところで中川さん，むし歯ができた原因なんですが，やはりお忙しくて寝る前の歯磨きができていないせいだとお考えですか。（患者の解釈モデルを聴いている）

患　者：やっぱりこの頃忙しくて。帰って夕飯を食べてテレビを見ていたらそのまま眠たくなって寝てしまう生活が続いているんです。

医療者：そうなんですね。お忙しいんですね。ただ気になるのはむし歯を治してもお口の衛生状態が良くないとまたむし歯になる危険性があることです。中川さんは詰め物も少なくて健全な歯がたくさんあるので，みすみすむし歯になるのをそのままにしておくのはとってももったいないです。（患者を責めないで口腔衛生の重要性を述べている）

患　者：そう。やっぱりむし歯を予防するには歯磨きしかないかしら。

医療者：そうですね。むし歯の原因となる細菌が歯垢にたくさんいますので，

それを除去するには，歯磨きしかないですね。

患　者：やはり歯磨きが大切なんですね。いつ歯磨きをするのが一番大切な
のかしら。

医療者：やはり寝る前の歯磨きが一番大切です。睡眠中はむし歯菌の活動を
緩和してくれる唾液が減って，むし歯菌が活動しやすいんです。そ
れに歯磨きして寝ると翌朝の口の中のねばねばした感じも減ると思
うんですよ。（歯磨きの利点を述べている）
お忙しい生活でしょうがなんとか寝る前の歯磨きができるような方
法はないでしょうか。（患者自身に方法を考えてもらうようにして
いる）

患　者：そうですね。眠くて。いい気持ちになっている時に歯ブラシすると
目が醒めちゃうし。

医療者：ではテレビを見ながら歯磨きをするのはどうでしょう。

患　者：そういえば，娘はテレビを見ながらよく歯磨きをしてますね。あれ
をまねしてみればできるかもしれません。（代理体験）

医療者：とっても良い考えです。是非一度挑戦してみていただけませんか。

## (3) 動機づけ面接法（Motivational Interviewing）

　最後に動機づけ面接法（Motivational Interviewing, 以下 MI と記す）（Miller
& Rollnick, 1991, 2002）について述べる。MI は元来アルコール依存や薬物障
害の治療のために開発された治療技法であったが，依存症領域にとどまらず生
活習慣病の改善などにも応用されるようになった。クライアント中心のカウン
セリングや認知療法などから考案された方法である。

　人は行動変容を考える際に，問題行動を放置すること（現在の行動を続ける
こと）への利益と行動変容していった場合の利益とを天秤にかけて決定する。
しかしながらことはそう単純なものではなく，問題行動を放置する場合と行動
変容していった場合のそれぞれに不利益が存在し，ジレンマに陥る。たとえば
今まで通り寝る前に歯磨きをしないという行動を続ける利益は即座に寝ること
ができることであり，不利益はむし歯になる危険性が高まることである。一方
寝る前に歯磨きをするという行動はむし歯になりにくくなる利益があるが，時

間がかかって面倒くさいという不利益が生じる。そして利益と不利益がお互い
に関連しているので両価性が生じるのである。行動を変えたいが現状のままで
いたいという相反する気持ちを抱く。MIはこの両価性を明確にし，患者の自
律性を尊重しながら患者自らが自分の本当の価値観との矛盾に気がつくように
促していく方法である。したがってMIは行動変容への方向づけを行わないク
ライアント中心のカウンセリングの様相を呈しながらも，患者が自ら行動変容
に関する話（チェンジトーク：Change Talk）を語るように指示的（方向づけ
る）になりえるのである。このようなMIの基本的精神と原理は以下のように
提示されている。

### 1) MI の基本的精神

**①協働性**

医療者は自分の意見を患者に押しつける態度を避け，協働作業をする同伴者
としての立場に立つ。

**②喚起性**

医療者が患者に教えるのではなく，患者自身が有している変化への動機を呼
び覚ます。

**③自律性**

患者の自己決定権を尊重し，患者自身が自ら変わっていくように援助する。

### 2) MI の原理

**①共感を表現する**

聞き返し（Reflective listening）を通して患者の意見を批判せずに理解する
ために傾聴する。

**②矛盾を明確にする**

患者の現在の行動と患者の目標や価値観との矛盾を患者の観点から明らかに
する。

**③抵抗につきあいながら進む**

変化に対する直接的な議論は避け，変化に抵抗しようとする意見に反論せず
に気持ちを理解する。

**④自己効力感を後押しする**

患者が行動変容をうまくできそうだと思う自信を支援する。

MI は，開かれた質問（Open-ended question），是認（Affirming），聞き返し（Reflective listening），要約（Summarizing）という4つの方法（その頭文字から OARS と呼ばれる）を用いて患者が自分の両価性を探求し，変化への動機づけが可能になるように援助する。患者のチェンジトーク（Change Talk）は①現在の状態の望ましくない点を認識する発言，②行動変容していくことに対する利益に関する発言，③変容していくことへの希望や自信を表す発言，④変容への決意を表す発言の4つの分類される。そして患者からチェンジトーク（Change Talk）が語られた時は①チェンジトークについて説明を求める，②チェンジトークを振り返る，③チェンジトークを要約する，④チェンジトークを認めて肯定するという方法で変化に向かおうとする発言を強化する。

　患者が自分の行動を変えたいという思い（重要度）と変えることができるという自信の両方が揃った時に，変わることへの準備ができあがったと言える。したがって MI では患者の重要性への理解が低い場合にはその理解を深め，自信がない場合には患者の自己効力感を支える。また，患者から変化とは反対方向の言動が見られた場合はその抵抗を振り返る，焦点を移すなどしてその抵抗に反論しないで抵抗が減少するように対応する。患者の抵抗行動は固定されたものではなく，医療者の応答の仕方によって変化するものであるととらえる。さらに MI では，医療者からの助言や情報は患者がそれらを求めた時と患者からの許可が得られた時に提供する。医療者は専門家としてそれらを早く提供しがちであるが，あくまでも患者の自律性を尊重しながら協働を図っていこうとするものである。

### 具体的場面

歯磨きに対する両価性を持つ患者への対応を示す。

患　者：やっぱりむし歯を予防するには歯磨きしかないかしら。寝る前の歯
　　　　磨きはやっぱり面倒くさくって。

医療者：寝る前の歯磨きは面倒だとお考えなんですね。（聞き返し）

患　者：やっぱりね。眠い時に歯ブラシすると目が醒めちゃうし。

医療者：確かに眠たい時に歯磨きをするのは大変ですよね。（是認）

患　者：そうなのよ。それでついつい歯磨きをしないで寝てしまうの。

116 第8章 口腔衛生

医療者：寝る前の歯磨きができない理由として他に何か思い当たることはないですか。（行動変容を防いでいる他の原因を考えてもらう）

患　者：そうね。どうしても食事の後にお菓子を食べてしまうの。だからお腹は満腹状態でよけいに眠くなっちゃうのかもしれないわ。

医療者：そうなんですね。お腹がいっぱいだからそれで余計に眠くなって歯磨きができないということなんですね。正直に答えて下さってありがとうございます。助かります。（要約，是認）今度は歯磨きをしないことについての良くない点に目を向けてみませんか。

患　者：そりゃむし歯ができやすくなるってくらい分かっているわよ。歯磨きは大切だと思うわ。でもわかってはいるけどできないのよ。（抵抗）

医療者：一方では歯ブラシは大切だと考えていらっしゃる。また一方では歯磨きをしないで寝てしまうことが良くないことも分かってらっしゃる。（両面のある聞き返し）

患　者：そうなの。歯磨きができたらいいなって思うんだけど。（チェンジトーク）

医療者：山田さんが歯磨きは重要で，やりたいと思ってらっしゃることが分かりました。とても大切なことだと思います。（要約，是認）山田さんの役に立つかどうかは分からないのですが，山田さんと同じような悩みを抱えている人がどんな方法をとられたかをお話しましょうか。（許可を求めている）

患　者：へー，そんなのあるんですか。聞きたいです。

医療者：その方の娘さんはテレビを見ながらよく歯磨きをしてらっしゃったので，それをまねて試してらっしゃるそうですよ。

患　者：そうなの。テレビを見ながら，私もできるかもしれないわ。（チェンジトーク）

　MIは単に患者の行動を変えるための技術の集合体ではなく，変わることが良い結果を導くという理解を得て，患者自身の価値観に合致するように支援していく方法である。患者の自主性を育てながら患者の自己実現を援助するとい

う役割を担う面接法なのである。

　この章では歯科医療の特異性を解説し，口腔保健行動への行動変容と動機づけ理論の概要を紹介した。この章のすべての理論や方法は歯科に特化したものではなく，健康というより大きな枠組みにおいて提唱されているものである。歯科医療における適用例を参考にしながら口腔衛生による健康を考える一端となれば幸いである。

## 引用文献

Bandura, A. (1977). Self-efficacy: Toward a unifying theory of behavioral change. *Psychological Review, 84*, 191–215.

川渕孝一（編）（2006）. 歯科医療再生のストラテジー＆スーパービジョン　医学情報社

Miller W. R., & Rollnick S. (1991). *Motivational interviewing: Preparing people to change addictive behavior*. New York: The Guilford Press.

Miller, W. R., & Rollnick, S. (2002). *Motivational interviewing: Preparing people to change* (2nd ed.). New York: The Guilford Press.（ミラー，W. R., & ロルニック，S.　松島義博・後藤　恵（訳）（2007）. 動機づけ面接法　基礎・実践編　星和書店）

日本口腔保健協会（2012）. 8020 は過去最高！　3 人に 1 人は達成者！　Retrieved from http://www.jfohp.or.jp/pickup/?p=116（2016 年 6 月 21 日）

日本歯科医師会　Retrieved from http://www.jda.or.jp/enlightenment/qa/（2016 年 6 月 21 日）

Prochaska, J. O., & DiClemente, C. C. (1983). Stage and processed of self-change of smoking: toward an integrative model of change. *Journal of Consulting and Clinical Psychology, 51*, 390–395.

Yoneyama, T., Yoshida, M., Ohrui, T., Mukaiyama, H., Okamoto, H., Hoshiba, K., Ihara, S., Yanagisawa, S., Ariumi, S., Morita, T., Mizuno, Y., Ohsawa, T., Akagawa, Y., Hashimoto, K., & Sasaki, H. (2002). Oral care reduces pneumonia in older patients in nursing homes. *Journal of the American Geriatrics Society, 50*, 430–433.

8020 推進財団　はじめよう口腔ケア Retrieved http://www.8020zaidan.or.jp/pdf/kenko/start_care.pdf（2016 年 6 月 21 日）

# III

医療の健康心理学的側面

# 第9章

# 医療従事者 - 患者関係

岸　太一

　現代の医療において，医師や看護師などの医療従事者と患者および患者家族との関係は，治療の効果を含めた医療の質を決定するうえでの重要な要素である。そのため，患者やその家族との関係の構築・改善に関わる医療従事者のコミュニケーション能力も重要視されている。本章は医療従事者，特に医師と患者・患者家族との関係が医療に及ぼす影響や，患者・家族との関係構築・改善にとって必須であるコミュニケーションを取り上げる。

## 1. 医師 - 患者関係

### (1) 医師 - 患者関係が治療に及ぼす影響

　カウンセリングや心理療法ではカウンセラー・セラピストとクライエントの間に良好な関係（ラポール）が構築されていることがその成功に大きな影響を与えていることがよく知られているが，医療においても，医療従事者と患者との間に良好な関係が構築されていることの重要性が明らかにされている。

　例えば，西オンタリオ大学による頭痛に関する研究では，医師 - 患者関係が協働的な関係であった場合，そうではない場合に比べ治療成績が良好であったことが報告されている（Headache Study Group of The University of Western Ontario, 1986）。また，高血圧患者を対象とした研究においても，好ましい医師 - 患者関係を構築しようとする医師の診察を受けた患者は，そうでない患者よりも治療成績が良好であった（Orth et al., 1987）。さらに，患者からの医師に対する不満や医療過誤の訴えは医師 - 患者関係の良好さと関連があり（Tamblyn et al., 2007），患者のアドヒアランスの向上とも関連していることが知られている（Fedem, 2012）。これらの他にも，良好な医師 - 患者関係が患者

の不安を低減させ（Evans et al., 1987），外科手術による痛みの低減や麻酔薬の使用量，入院期間にも影響を与えていることが知られている（Egbert et al., 1964）。

このように，医師 – 患者関係は医療において非常に重要な意味を持っている。では，「良好な医師 – 患者関係」とはどのような関係を指すのであろうか。また，そもそも医師 – 患者関係にはどのようなタイプがあるだろうか。

## (2) 医療従事者 – 患者関係モデル：医師との関係を中心に

医師 – 患者関係はすべての医療行為の基礎となる関係であり，お互いに個性を有する二人の人間の「人間関係」としての側面と，互いに異なった役割（医師には医師の役割があり，患者には患者の役割がある）を有する二人の人間の「役割関係」としての側面がある（斎藤, 2000）。よって，医師および患者のそれぞれがどのような役割を持っているか，その違いによって，様々な医師 – 患者関係がある。そこで，以下，代表的な医師 – 患者関係のモデルを取り上げ，説明していくこととする。

医師 – 患者関係の代表的なモデルとして，最初によく取り上げられるのがサスとホレンダー（Szasz & Hollender, 1956）が提唱したモデルである。彼らは疾患の生理学的症候の重症度を基準として，「能動・受動モデル」，「指導・協力モデル」，「相互・参加モデル」の 3 つを医師 – 患者関係のモデルとして挙げている。「能動・受動モデル」は救急救命などの，患者が重篤状態である場合でのモデルである。医師が積極的に行動し，患者はそれをただ受け入れる，という関係である。次の「指導・協力」モデルは感染症などの場合で見られるモデルである。サスらは，医療の大半がこのモデルに該当するとしている。このモデルにおいて，医師は患者に対して指示を出す。そして，患者はその指示を受け入れ，医師の行動に協力する，という形をとる。最後の「相互・参加モデル」は慢性疾患などの場合が該当する。医師は患者の治ろう・治そうとする努力や行動を支える，という役割を持ち，患者は医師の同僚のような立場として医療に参画する。いわば「ビジネスパートナー」的な関係であると言ってよいだろう。

次に，ヴィーチ（Veatch, 1972）のモデルを挙げる。彼は倫理的側面から，医

師 – 患者関係のモデルとして，「技術者モデル」，「聖職者モデル」，「同僚モデル」，「契約者モデル」の4つを挙げている。「技術者モデル」は，医師は技術者であり，意思決定はすべて患者が行うとする。その一方，「聖職者モデル」では意志決定は医師が行うとし，患者は医師の判断に従うものとされる。「同僚モデル」は医師と患者は仲間・友人に近い関係であり，医師は患者の主体性を尊重する。「契約モデル」は，医師と患者は相互の恩恵を期待すると同時に，相手に対する義務を負うという，信頼に基づく契約関係に基づいたモデルである。

このように，いくつかのモデルが提唱される中，エマヌエルとエマヌエル（Emanuel & Emanuel, 1992）は，包括的なモデルを提唱している。彼らは医師 – 患者関係には「パターナリズム（父権的）モデル」，「審議モデル」，「解釈モデル」，「情報提供モデル」の4つがあるとしている（表 9-1）。これらのモデルに対して，額賀（2005）は，

- ・パターナリズムモデルと情報提供モデルは対話が少ない。
- ・審議モデルと解釈モデルはともに対話型のモデルである。
- ・審議モデルはパターナリズムモデルに近く，解釈モデルは情報提供モデルに近い。

と述べている。

また，近年の医療に対する考えの変化（医療の市場化，「サービス」としての医療，等）を踏まえ，市場における競争関係を前提とした「コマーシャルモ

**表 9-1　エマヌエルらの分類**（額賀，2005）

| | パターナリズムモデル | 審議モデル | 解釈モデル | 情報提供モデル |
|---|---|---|---|---|
| 患者の価値観 | 緊急事態などの状況で，医師と患者との価値観の相違はない。 | 患者の価値観は，議論により変化する余地がある。 | 患者の価値観は，未確定で明確にする必要がある。 | 患者の価値観は，確定し自己決定を行える。 |
| 医師の義務 | 医師は，患者の意向に関係なく，患者の福利を増進する。 | 医師が最も奨励する価値観を説明し説得する。 | 医師は，患者の価値観が明確になるよう手伝う。 | 医師は，情報を提供し，患者の選択する治療に従う。 |
| 医師の役割 | 保護者 | 先生（教師）友人 | カウンセラー助言者 | 有能な技術専門家 |

デル」，医師 – 患者間の知識量の不均衡を前提とした「ギルドモデル」，患者の判断を前提とする「エージェントモデル」，医師 – 患者間で価値観のすり合わせを行う「インタラクティブモデル」といった，新たなモデルも提唱している（Ozar, 2003）。

これまで海外における医師 – 患者関係のモデルを概観してきたが，日本における医師 – 患者関係のモデルについても少し触れておきたい。

前田・徳田（2003）は医師 – 患者関係には「パターナリスティック」，「情報支援」，「パートナー」，「患者任せ」の4つがあり，年配の医師は中堅や若手の医師に比べると，自身の患者との関係を「パターナリスティック」なものであると認識している割合が高いこと，そして，そのような医師は，他の医師 – 患者関係（情報支援的関係およびパートナー的関係）が自身と患者との関係であると回答した医師に比べ，患者の満足度を治療上，重要なものとはみなしていないことが明らかにされている（前田・徳田，2003）。また，福井（2002）は医師 – 患者関係を「能動／受動型」，「指導／協力型」，「情報提供者／消費者型」，「解釈型」，「協議型」，「契約型」，「患者中心型」，「家族システム型」，「民族（文化）型」の9つのタイプに分類し，以前は「能動／受動型」や「指導／協力型」の医師 – 患者関係が多く見られたが，現在は「協議型」や「患者中心型」などの医師 – 患者関係へと変化していることを指摘している。

このように，医師 – 患者関係は必ずしもある一つの形に固定化されたものではなく，ある程度の共通性は残しつつ，時代とともに変化している。これは，医療の変化にともない，医師および患者双方の役割が変化していることによる部分が大きい。

急性疾患や感染症の患者が多い時代では，診断を下し，その診断に基づいた処置を行うことが主な医師の役割であった。そして，患者は医師を含む医療従事者の指示に従い，回復に専念することが求められていた。よって，そこでは「パターナリスティックな医師 – 患者関係」が望ましい関係であると医師も患者も考えていたと考えられる。これがいわゆる「お任せ医療」と言われるものである。現在の日本では「お任せ医療」は望ましくない医療のあり方として批判されることが多いが，かつてはそのような医療のあり方が望ましいとされ，そして，現在においても，そのような関係が望ましい場合もあることは理解し

ておく必要がある。

とはいえ，やはり現在の日本の医療においては，「お任せ医療」は歓迎されないものとなっているのも事実である。それは，疾病構造の変化により，医療従事者や患者の役割が変化したからである。

前述したように，以前の医療では，極端な表現をすれば，患者は治療においては「無力な存在」であり，「医療従事者の指示を聞き，その指示を忠実に守る」ことが求められた。そこでは，患者自らが自身の疾患について考え，行動することは求められていなかった。場合によっては，そのようなことは「余計なこと」と医療従事者からは考えられていた。

ところで，近年，「コンプライアンス」という言葉がメディアに取り上げられるようになった。この言葉を辞書で調べると「（法律やルールなどを）守る」といった意味が示されている。医療においてもこの言葉が用いられることがあるが，その場合は「患者が医療従事者の指示を守る」ということを意味している場合が多い。例えば，「あの患者さんは服薬コンプライアンスが悪い」という表現がある。この言葉は「あの患者さんはきちんと指示通りに薬を飲まない」ということを意味している。旧来の医療において患者に求められていた役割はまさに「コンプライアンスを良くする」＝「医療従事者の指示を聞く」というものであった。

しかし，現在の日本では，疾病構造の変化やQOL（生活の質）を重視した医療への変化などにともない，患者の役割も拡大した。患者自身が治療者であるという視点が強調されるようになり，その結果，患者の立場は「医療を受ける」から，「医療を利用する」へと変化した。いわゆる「患者中心の医療」である。その結果，患者には，より能動的に医療に関わる姿勢を持つ必要性が生じることとなった。このような，「患者が積極的に治療方針の決定等に参加し，その決定に従って責任をもって治療に参画する」ことをアドヒアランスと呼ばれるが，現在の医療ではコンプライアンスよりもアドヒアランスが重視されているのは，このような理由からである。

こういった患者側の変化と同時に，医療従事者も，旧来の「医療を施す」側から「医療を提供する」側への変化を求められることとなった。その結果，医療従事者から患者への「一方向的な関係」から，相互のやりとりをともなう，「双

2. 医療におけるコミュニケーション **125**

方向的関係」へと，医師 – 患者関係の変化が生じたと考えられる。

　ところで，どのような医師 – 患者関係であれ，その関係を構築・維持するうえでは医師と患者との間のコミュニケーションが重要となる。そこで，時節では医療におけるコミュニケーションについて説明していくこととする。


## 2. 医療におけるコミュニケーション

### (1) 対人コミュニケーションの目的

　医療に限らず，人間同士が何らかのコミュニケーションをとる場合，そこには必ず何らかの目的が存在する。深田（1998）は人間同士のコミュニケーション（対人コミュニケーション）には①情報・知識の獲得，②娯楽の享受，③情報・知識の伝達，④相手に対する影響力行使，⑤対人関係の形成・発展・維持，⑥課題解決，の6種類があるとしている（表9-2）。これに照らし合わせると，医療におけるコミュニケーションは②以外の目的がすべて含まれていると考えられる。

　まず，①および③の情報・知識の獲得および伝達に関して言えば，医療従事者は患者に様々な質問や問いかけをすることによって，患者の健康状態や治療成果に関する情報を得る。その一方で，患者は治療を受けるにあたって必要な情報や，治療に関して必要な自身の行動などに関する知識を医療従事者から得る。これらの情報や知識は一方が提供することで，他方が獲得する，という関係が成立している。

　次に，④の相手に対する影響力行使であるが，これは医療従事者による説得や，処方された薬を，ジェネリック医薬品に変更可能な場合に，患者が変更を

表 9-2　**対人コミュニケーションの目的**（深田，1998 をもとに作成）

①情報・知識の獲得

②娯楽の享受

③情報・知識の伝達

④相手に対する影響力行使

⑤対人関係の形成・発展・維持

⑥課題解決

医師に依頼する，といったことが挙げられる。幅広い意味での「交渉」がこれに該当すると言ってよいだろう。

⑤に関しては，改めて指摘する必要もないであろう。医療従事者と患者との間に良好な関係が構築されるためには，両者間に密接なコミュニケーションが必要となる。

最後の課題解決であるが，医療の場合は疾患等の治療の際にとられるコミュニケーションがこれに該当するであろう。IC（インフォームドコンセント：説明と同意）もこの中に含まれると考えてよいと思われる。

## （2）対人コミュニケーションのプロセスとコミュニケーション不全

私たちがコミュニケーションを他者と行う場合，そこには必ず前述したいずれかの目的がある。そして，その目的を遂行するためにコミュニケーションを行う。ところが，いくらコミュニケーションを行っても，その目的が達成されない場合がある。いわゆる「コミュニケーション不全」の状態である。コミュニケーション不全は様々な理由から生じるが，ここではコミュニケーションプロセス（図9-1）の観点から，コミュニケーション不全の理由を述べていくこと

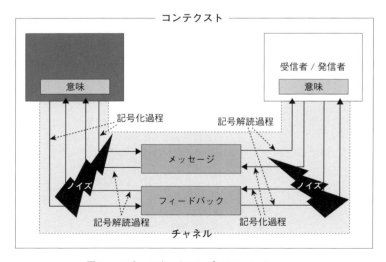

図9-1　コミュニケーションプロセス（杉本，2013）

とする。

　一般的な対人コミュニケーションにおけるプロセスをまとめたのが図 9-1 である。この図から分かるように，普段何気なく行っているコミュニケーションがいくつかのプロセスを経て行われていることに気づく。

　私たちが他者に何かを伝えようとする際，まず考えることは「何を伝えるか」であろう。そこには，「どれだけ詳しく，具体的に伝えるか」といったことも含まれる。

　例えば，医療従事者が患者に検査の結果（高血糖）を伝える場合で考えてみよう。最も単純な内容は「あなたの血糖値は高い」であろう。しかし，この内容では「どのぐらい高いのか」という情報は含まれていない。もし，医療従事者がより詳しく説明したいと思っていれば，そのような情報を含めて，患者に伝えようとするであろう。この時，この情報が患者にとって「聞きたい情報」でなければ，そもそも患者はコミュニケーションをとろうとはしない。もちろん，常にメッセージの受け取り手が興味・関心のあることを伝えるわけではない。時には聞きたくないことを伝えなければならない場合もあるが，メッセージの送り手のみの視点・観点からのメッセージ発信はコミュニケーション不全に陥る可能性があることは留意しておく必要がある。

　伝えたい内容が決まると，次に「どのように伝えるか」ということが問題となる。メッセージの送り手は，送りたい内容を言語的符号（時には非言語的符号）に「変換（記号化）」して，メッセージを送る。この時，この変換には送り手の言語や話し方，コミュニケーション時のルールやマナーに関する知識などが関わってくる。

　医療において特に問題となるのは医学用語などの専門的な知識がないと理解できない言葉である。近年は自身の疾患に関して情報を集め，医療従事者とほぼ同等の知識（あくまでもその疾患に限定された場合であるが）を持つ患者も少なくないが，一般的には患者はそこまでの知識や情報を持っていない。よって，医療従事者がそのことを念頭に置かずにコミュニケーションをとろうとすると，患者にとっては理解できないことを言われることになる。

　そのため，医療従事者には「この用語はどのように説明すれば患者が理解できるか」という意識がなければ，正確に患者に伝えることができない。しかし，

分かりやすさを重視することで，正確な用語の意味を損なうことがある。医療の場合，分かりやすさを重視した結果，正確な意味が伝わらないことで問題が生じることが少なくない（例：比喩を用いた説明など）。この点も考慮する必要がある。

　さらに，送り手が伝えたい内容が正確に記号化されたとしても，「聞き取りずらい声で話す」，「伝えたい内容と合致していない非言語的行動（表情，姿勢など）を示す」など，その伝達に問題があると受け手は正確に伝えたい事項（メッセージ）を適切に受け取ることができない。例えば，満面の笑みで「とても悲しいです」と言われたらどうであろうか。本当に悲しいのか，それとも何かの冗談なのか，判断に苦しむであろう。伝えるメッセージが受け手に適切に受け取られるような方法でメッセージを送ることに送り手は気をつけなければならない。

　以上は，メッセージの送り手におけるコミュニケーション不全が生じる要因であるが，受け手側にもコミュニケーション不全が生じる要因がある。具体的にはメッセージの解読（記号解読）の部分である。具体例としては，異文化コミュニケーションにおける問題が挙げられるだろう。

　例えば，手を広げた状態から親指と人差し指で丸を作る仕草（いわゆる OK サイン）は多くの日本人は「OK」あるいは「お金」と解釈する。しかし，海外ではこのサインは送られた相手を侮蔑する意味を持つことがある。このような場合，相手は「自分は侮辱された」と判断してしまう。このような非言語的行動に限らず，言語そのものでもこれは見られる。例えば，若者言葉の１つである「ヤバい」は本来の意味である「危機的状況」を意味することもあれば，「かっこいい・すごい」という意味で使われることもある。この時，送り手がどのような意図でこの言葉を使ったのかを受け手が適切に解読できない場合，誤解が生じる。

　この他にも，コミュニケーション不全を起こす要因として，「ノイズ」がある。ノイズは物理的ノイズ，心理的ノイズ，意味的ノイズの３種類がある（深田，1998）。物理的ノイズは騒音や，話し手の小さい声，といったものが含まれる。心理的ノイズには送り手や受け手の先入観やバイアス，偏見といったものが含まれる。意味的ノイズは受け手が理解できない用語（外国語，専門用語，

略語，俗語など）などがある。

　これらのノイズは明確に認識されることもあるが，ノイズの存在に気づかないままコミュニケーションが行われてしまうことがある。よって，円滑，かつ，互いにとって満足が得られるコミュニケーションがなされるためには，必要に応じて，相手の言わんとしている内容に対する自分の理解が適切であるかを確認する作業が必要となる。

### （3）医療におけるコミュニケーションの改善：ポライトネス理論に基づいたアプローチ

　医療従事者と患者との関係が，パターナリスティック的要素が強いなど，一種の主従関係的側面が強い関係が中心であった時代では，医療従事者のコミュニケーション能力は今ほどには問題にはされなかったと考えられる。しかし，現代の医療において，医療従事者のコミュニケーション能力は非常に重要な意味を持つ。例えば，医師のコミュニケーション能力は診断の成否や助言の有効性，処置（侵襲性を伴う検査，手術など）によって生じる苦痛の緩和と関連していることが知られている（Sanson-Fisher et al., 1981）。また，医療訴訟や紛争の原因となることも指摘されている（吉岡・辛，2010）。

　近年，医療従事者−患者間のコミュニケーションに関して，ポライトネス理論（Brown & Levinson, 1987）が注目を集めている。そこで，次にポライトネス理論に基づいた医療従事者−患者間コミュニケーションを取り上げる。

　ポライトネス理論は対人コミュニケーション理論の1つであり，他者と円滑なコミュニケーションを図り，調和のとれた良好な人間関係を築くうえでの，相手の望みや期待への配慮の仕方やその伝達に関する理論である（吉岡ら，2010）。

　例えば，待合室で長時間待たされた後に診察室に入ってきた患者に対して，医師などが「お待たせしてすみませんでしたね」と言った場合と，そのような言葉がけがなく，すぐに「はい，今日はどうされましたか？」と聞かれるのでは，患者の気持ちは異なるであろう。この場合，「待合室で長時間待たされた」という患者の不満に対して，（たとえ医療従事者側に落ち度がなかったとしても）長時間待たされたことに対して配慮の言葉をかけることで，患者との良好

な関係を構築することができる。ポライトネス理論はこのような、「配慮」にフォーカスを当てた対人コミュニケーション理論であると言ってよいだろう。

　ポライトネス理論では他者との関わりにおける基本的欲求として「ポジティブフェイス（他者から肯定的感情・評価を得たいという欲求）」と「ネガティブフェイス（他者からの関わり・介入を避けたいという欲求）」の 2 つがあるとされる。そして、それぞれの欲求に対応したコミュニケーション方略として、「ポジティブポライトネスストラテジー（親近方略）」と「ネガティブポライトネスストラテジー（不可侵方略）」の 2 種類がある（吉岡ら、2008）。吉岡・辛（2010）は外来診療場面での医師と患者とのコミュニケーションを記録し、その内容から両方略を抽出した結果、16 の親近方略と 7 の不可侵方略が抽出されたことを報告している（表 9-3, 9-4）。これらの方略は、医療従事者・患者の双方ともに、常に明確な意識づけのもとで用いているわけではない。しかし、コミュニケーションの言語的側面に関して言えば、医療従事者と患者との間に良好な関係が構築・維持されているその土台には、このような配慮が医療従事者・患者の双方に生じており、その配慮を両者が（無自覚的にではあっても）受け取っている、という事実がある。逆に言えば、両者の関係がぎくしゃくとしていたり、表面上はスムーズな会話に見えても、どこかよそよそしさが漂うような関係に見える場合には、これらの方略に基づいた相手のへの配慮が欠けている、あるいはその配慮が相手に伝わっていないことが考えられる。特に、医療従事者は多くの患者を相手にするが故に、本来、ユニークな存在である個々の患者を「○○病の患者さん」ととらえ、「前に見た○○病の患者さんにはこういう対応でうまくいったから……」と、同じ疾患でも別の患者に対して同じ対応をとってしまうことがある。しかし、同じ疾患を抱えていたとしても、個々の患者によって、患者が抱えている心理・社会的背景は異なる。背景が異なれば、そこで求められる配慮も異なる。

　例えば、近年の医療における望ましい医療従事者と患者の関係は協働的関係に移行していると言ってよい。その一方で、高齢の患者などでは、「どういう治療がいいか、それを決めるのは患者さん自身ですよ」と言われると、「自分は見放された」と感じてしまうケースが見られる。これは、高齢者の場合、旧来型の医療従事者 - 患者関係を是としてきたが故に、「細かく説明するのは良いか

2. 医療におけるコミュニケーション　　131

表 9-3　医療コミュニケーションにおける**親近方略**（吉岡・辛，2010 を修正）

①過剰な敬語の使用を控えて，患者との心的距離を近づけるように話す。

②患者の興味・望み・要求・利益に注目し，耳を傾ける。

③患者に対する関心・賛同・共感を強調する。

④患者への関心を高める。

⑤仲間内アイデンティティ・マーカーを使う。

　　例：患者が使う方言をそのまま使って会話する。

⑥患者と医療者の同意点を探る。

⑦不一致を避ける。

⑧協力関係を提案する。

⑨患者の緊張を和らげる発言や応答をする。

⑩患者の要求に対して医療従事者の知る限りを明言・推定する。

　　例：「今の時点では検査結果に異常は見られません」とはっきり言う。

⑪提案・約束をする。

⑫楽観的に言う。

⑬患者を医療チームの一員に加える。

⑭言い訳する機会を与える，（詰問・尋問にならないように）理由を尋ねる。

⑮患者と医療従事者の相互利益を想定・主張する。

⑯有益な情報を提供する。

表 9-4　医療コミュニケーションにおける**不可侵方略**（吉岡・辛，2010 を修正）

①患者に敬意を示す。

②緩衝的・間接的表現や婉曲表現を用いる。

③患者の負担を軽減するように言う。

④感謝の言葉を述べる。

⑤患者をねぎらう。

⑥断り，お詫び，前置きを言う。

⑦羞恥心・精神的侵襲をともなう可能性がある問診や診療行為について，それが一般的ルールであることを説明する。

　　例：性行為感染症が疑われる患者に対して，「診断上必要なのでお聞きしないといけないのですが……」という前置きをしたうえで，性行為経験について尋ねる。

ら，（医療従事者を信頼するから）良いと思う治療をやってほしい」という考え
で医療を受けてきたことによる部分が大きい。故に，このような場合には，あ
えて旧来型のパターナリスティックな関係を構築するほうが適切である。これ
を「いや，今の医療は患者さんが治療を受けてどうなりたいのか，そのために
はどういう治療を受けたいのかを考えて選択する時代ですから……」と説得す
るのは，両者の関係を損ねるリスクがある。このように，医療では常に「個別
性」を念頭に置いた対応が求められることを理解しておかねばならない。

## 3. ま と め

　本章では医療従事者と患者との関係とそれを支えるコミュニケーションにつ
いて概観した。医療従事者と患者との間に良好な関係を構築することの重要性
はかなり以前から指摘されてはいたものの，その関係性の具体的ありようの変
化や関係性を構築するためのコミュニケーションに関しては十分に検討されて
こなかったと思われる。医療従事者養成に携わる立場の人間（教員など）の中
には，コミュニケーションに関して，明確に「学ぶ」という意識を持ってコミュ
ニケーションスキルなどを学んだ，という経験がないために，「教育で変わるも
のではない」という認識を持っている者が少なくない。しかし，吉岡（2010）
のように，教育によってコミュニケーション能力の向上が可能であることも示
されている。
　医療には「サイエンス（科学）」と「アート（卓越した技）」の両面がある。
医療従事者（特に医師や薬剤師など）は前者に重きを置く傾向がある。しかし，
患者は前者に加えて，後者も求めている。医療コミュニケーションはまさに後
者に密接に関わるものであり，診断や治療技術の習得のみでは，良い医療従事
者にはなれないことを理解しておく必要がある。そして，「アート」と言われる
が故に，一種の才能論で片付けられてしまうコミュニケーション能力も教育に
よって向上が可能であることも理解しておく必要があろう。

## 引用文献

Brown, P., & Levinson, S. (1987). *Politeness: Some universals in language usage.* Cambridge University Press.

Egbert, L. D., Battit, G. E., Welch, C. E., & Bartlett, M. K. (1964). Reduction of postoperative pain by encouragement and instruction of patients: A study of doctor-patient rapport. *The New England Journal of Medicine, 270*, 825–827.

Emanuel, E. J., & Emanuel, L. L. (1992). Four models of the physician-patient relationship. *Journal of American Medical Association, 167* (16), 2221–2226.

Evans, B. J., Kiellerup. F. D., Stanley, R. O., Burrows, G. D., & Sweet, B. (1987). A communication skills programme for increasing patients' satisfaction with general practice consultations. *The British Journal of Medical Psychology, 60*, 373–378.

Fedem, B. (2012). *Behavioral science in medicine* (2nd ed.). Philadelphia, PA: Lippincott Williams & Wilkins.

深田直己 (1998). インターパーソナルコミュニケーション―対人コミュニケーションの心理学　北大路書房

福井次矢 (監修) (2002). メディカル・インタビューマニュアル―医師の本領を生かすコミュニケーション技法　インターメディカ

Headache Study Group of The University of Western Ontario (1986). Predictors of outcome in headache patients presenting to family physicians: A one year prospective study. *Headache, 26*, 285–294.

前田　泉・徳田茂二 (2003). 患者満足度―コミュニケーションと受療行動のダイナミズム―　日本評論社

額賀淑郎 (2005). 医療従事者・患者関係　赤林　朗 (編)　入門・医療倫理 I (pp. 123–139)　勁草書房

Orth, J. E., Stiles, W. B., Scherwitz, L., Hennrikus, D., & Vallbona, C. (1987). Patient exposition and provider explanation in routine interviews and hypertensive patients' blood pressure control. *Health Psychology, 6*, 29–42.

Ozar, D. T. (2003). Profession and professional ethics. In S. G. Post (Ed.), *Encyclopedia of bioethics* (3rd ed., pp. 2158–2169). New York: Macmillan.

斎藤清二 (2000). 初めての医療面接―コミュニケーション技法とその学び方　医学書院

Sanson-Fisher, R., Fairbairn, S., & Maguire P. (1981). Teaching skills in communication to medical students: A critical review of the methodology. *Medical Education, 15*, 33–37.

Szasz, T. S., & Hollender, M. H. (1956). A contribution to the philosophy of medicine: The basic models of the doctor-patient relationship. *AMA Archives of Internal Medicine, 97*, 585–592.

杉本なおみ (2013). 改訂　医療者のためのコミュニケーション入門　精神看護出版

Tamblyn, R., Abrahamowicz, M., Dauphinee, D., Wenghofer, E., Jacques, A., Klass, D., Smee, S., Blackmore, D., Winslade, N., Girard, N., Du Berger, R., Bartman, I., Buckeridge, D. L., & Hanley, J. A. (2007). Physician scores on a national clinical skills examination as predictors of complaints to medical regulatory authorities. *The Journal of the American Medical Association, 298*, 993–1001.

Veach, R. M. (1972). Models for ethical medicine in a revolutionary age. *Hastings Center Report, 2*, 5–7.

吉岡泰夫 (2010). 医療コミュニケーションについての新しい考え方―ポライトネス・ストラテジーについて　人間の医学, *45*, 73–82.

吉岡泰夫・早野恵子・徳田安春・三浦純一・本村和久・相澤正夫・田中牧郎・宇佐美まゆみ (2008). 良好な患者医師関係を築くコミュニケーションに効果的なポライトネス・ストラテジー　医学教育, *39*, 251–257.

吉岡泰夫・辛　昭静 (2010). 患者−医療者間コミュニケーション適切化のための医療ポライトネス・ストラテジー（＜特集＞日本社会の変容と言語問題）　社会言語科学, *13*, 35–47.

# 第10章

# 医療安全・チーム医療

中原るり子

　近年医療現場では患者の疾患をより専門的に見る細分化が進展すると同時に，全人的医療が求められ，多職種が協働し患者のケアに当たるチーム医療が主流になりつつある。

　そうした背景を受けて，医療領域における心理職のあり方も様変わりしている。従来の医療領域において心理職は，医師からの指示を受けて，インテーク面接を経て，面接室での心理援助を行うという外来での面接が主流であった。また，心理職はこれまで一人職場であることが多く，チームを組んで課題の解決に当たる経験が少なかったが，今日では入院患者や家族の心のケアも求められるようになり，臨床心理士もチーム医療の一員として活動することが期待されている。

　三谷・永田（2015）は「医療現場は相談室内の心理臨床とはまったく異なった価値観や時間の観念，対人関係の利用が入り乱れる異文化の環境であるため，相談室に閉じこもるのではなく，その環境に出て行くことが必要になってくる。医療現場に自ら出向き，自分流義のやり方が通用しない環境の中で患者・家族のニーズ，医療スタッフのニーズにどのように応えるかが問われている」と，医療領域における心理職のあり方に一つの示唆を与えている。

　このような最近の動向を踏まえると，医療領域において心理職が活動するためには，他職種の理解や協働への理解を深めるとともに，独自の専門性をどのように発揮するのかといった課題にも向きあわなければならない。また，チーム医療は医療の質向上の切り札でもあるが，複数の職種が関わることにより，連携の隙間をぬってミスが生じ，医療の安全を脅かす要因にもなりかねない。チーム医療に携わるものには医療事故を防止する義務があり，医療の質と安全を向上させるためにはチーム医療の光と影を熟知しておく必要があるだろう。

以上を踏まえ，本章では，Ⅰ．医療現場が細心の注意をはらう「医療安全」というテーマにおいてチーム医療の役割や留意点についても触れる。Ⅱ．チーム医療における臨床心理士の動向を概観し，Ⅲ．病院におけるチーム医療の一員としての心理職の役割を整理する。

## 1. 医療安全

かつて，ナイチンゲール（Florence Nightingale）は，著書『病院覚え書』の冒頭で，「病院の最も重要な必要条件が病者に被害を与えてはならないという原則であると申し上げるのは奇妙に聞こえることかもしれません（Nightingale, 1863）」と書いた。このことは，今の医療にも言えることである。遠い昔から医療には高いリスクが付きまとうということを忘れてはならない。

人はエラーや判断の誤りを起こす存在である。エラーによって生じた損害の補填は謝罪や弁償で済む場合もあるが，医療や航空などのハイリスク産業の分野では，1つのエラーが利用者に甚大な被害をもたらす結果になりかねない。その被害が大きければ大きいほど，関与した医療者の責任は厳しく問われることになる。たとえエラーの原因が医療システムの問題であったにせよ，多くの人はエラーを起こした個人を糾弾したくなるものである。しかし，医療者個人を犯罪者と同じように扱うことはできない。医療者は，全くミスを犯さないことが期待されるが，医療の領域でも避けられないエラーはある。関与した医療者もエラーの重大性を誰よりも認識しており，患者が被害を被った場合や訴訟が伴う場合には，自分を責め心的外傷に至るケースもある。いうなれば，関与した医療者が第2の犠牲者と言えるケースも含まれているのである。エラーを起こした医療者が最も効果的な支援者と答えたのは，チームメンバーや精神科医であったことが分かってきた。エラーを起こした医療者が厳しい局面に立たされた時，周囲の医療者はその人を理解し，建設的な支援をすることが求められている。チームの一員である臨床心理士のケアの対象は患者や家族にとどまらず，時には医療者も対象となる。医療安全の分野において，臨床心理士は医療者のメンタルヘルスを支える存在としても期待されているのである。

## （1）エラーや悲惨な出来事への対応

　エラーはつねに発生するものであり，人は失敗から学ぶことができるという側面を理解することもまた重要である。医療チームは過去のエラーに対して向き合い，その可能性を低減することに今も力を注ぎ続けている。ヴィンセント（Vincent, 2006）は，医療者が行うべき建設的な対策として次の具体策を挙げている。

　①医療者になる前段階で，エラーを前提とした安全教育を受け，医療安全に関わる法律について学び，準備状態を作ること

　②エラーを起こしてしまった場合，隠し立てすることなくインシデントレポートなど情報共有に協力すること

　③有害事象のあとに患者やその家族とコミュニケーションをとるという困難な課題に対応できるよう，コミュニケーション能力を高めるトレーニングを受けること

　④必要なサポートは受け入れ，必要があれば匿名性が保証されたカウンセリングにアクセスすること

　⑤重大なインシデント後に関与したスタッフへのサポートを提供すること

　近年では医療事故は正面からとらえられ，ほかの産業界も巻きこんで建設的なアプローチがなされるようになった。医療事故研究の多くは，医療事故は組織事故であり，医療事故を個人の失敗のみに帰することなく，組織事故としてとらえるのが最近の動向である。

## （2）チームエラー

　サソウとリーズン（Sasou & Reason, 1999）は，チームとして行動する過程で，個人もしくは複数の人間が犯したエラーでチームの残りのメンバーによって修復されないものを「チームエラー」と呼んでいる。チームは個人と同様に安全性を高めることもあるが，安全性を損ねることもある。人間の集団ではしばしば，誤った伝達をし，物事を失敗に導く危険を多くはらんでいる。具体的にはコミュニケーションのタイミングが合わなかったり，間違った相手に伝えてしまったり，伝えられた相手は自分の良いように解釈してしまったり，そもそも伝えるのをあきらめてしまったりする。最近の研究では，このコミュニケ

138　第10章　医療安全・チーム医療

ーションの不具合こそが医療事故・インシデントの重要な原因であることが明らかになっている。

### (3) チームのコミュニケーションを阻害する要素

　正確なコミュニケーションが厳しく求められる状況において，必要性があるにもかかわらず，コミュニケーションが行われない原因としては，コミュニケーションの送り手側の問題だけでなく，コミュニケーション不足を助長する環境側の問題も挙げられている。明日（2003）は，送り手の動機づけを下げる動因とそれを助長する誘因に分けて実証研究を行った。結果，送り手の動機づけを下げる動因には，送り手の主観的確信（リスク認知の低下），ストレス（時間的切迫感や過重労働）があり，それを助長する誘因には，認知的コスト（システム，ルール，手順のまずさ），社会的コスト（共有感覚がない）がある可能性が示された。これらの知見は医療に従事した経験のある者にしてみれば納得する結果と言えよう。

　このうち社会的コストとの一部と言える「権威勾配」（第3節（7）参照）に着目した研究がある。チーム医療を実践していく中で，他者の間違いに気付くことはしばしばあるが，正直なところそのことを面と向かって指摘するにはいささか抵抗を感じてしまう。島田ら（2003）は，医療者が相手のエラーを指摘する際に感じる抵抗感は，経歴の違いや職種の違いによって，どの程度影響を及ぼされるのか検討した。まずは，相手が後輩・同期・先輩であった場合，抵抗感にどの程度違いがあるのかを調べた。表10-1に示したように，看護師は他の職種に比べて全体的にエラーの指摘にためらいを感じやすく，後輩よりも先輩に対する遠慮が強いことが分かる。

　では，職種間ではエラーへの指摘に違いがでるのだろうか。表10-2は相手が異なる職種であった場合のエラー指摘への抵抗感を示したものである。この結果を見ると，看護師は医師のエラーを指摘することに抵抗を感じていることが分かる。まさしく，医療領域には権威勾配があり，それがチームのコミュニケーションの障害になっている可能性を示唆した研究と言える。

1. 医療安全　139

表 10-1　エラー指摘に対する抵抗感：職歴の違いによる影響（島田ら，2003 を一部改変）

| 職種 | 回答カテゴリ | 後輩 | 同期 | 先輩 |
|---|---|---|---|---|
| 医師 | ためらいなく直接指摘 | 102（90%） | 89（78%） | 54（47%） |
| | ためらいつつ直接指摘 | 11（10%） | 20（16%） | 49（43%） |
| | 直接指摘しない | 0 | 5（0.4%） | 11（10%） |
| 看護師 | ためらいなく直接指摘 | 629（82%） | 572（74%） | 291（38%） |
| | ためらいつつ直接指摘 | 137（18%） | 195（25%） | 434（56%） |
| | 直接指摘しない | 2（0.0%） | 3（0.0%） | 46（6%） |
| 薬剤師 | ためらいなく直接指摘 | 66（90%） | 63（86%） | 44（60%） |
| | ためらいつつ直接指摘 | 7（10%） | 10（14%） | 27（37%） |
| | 直接指摘しない | 0 | 0 | 3（4%） |

表 10-2　エラー指摘に対する抵抗感：職種の違いによる影響（島田ら，2003 を一部改変）

| 回答カテゴリ | 医師 vs 看護師 | | 医師 vs 薬剤師 | | 薬剤師 vs 看護師 | |
|---|---|---|---|---|---|---|
| | 医師 | 看護師 | 医師 | 薬剤師 | 薬剤師 | 看護師 |
| ためらいなく直接指摘 | 105（91%） | 363（48%） | 100（88%） | 46（62%） | 55（75%） | 483（63%） |
| ためらいつつ直接指摘 | 10（9%） | 331（43%） | 9（8%） | 24（32%） | 16（22%） | 213（28%） |
| 直接指摘しない | 0（0%） | 70（9%） | 5（4%） | 4（5%） | 2（3%） | 74（10%） |

## （4）チームのエラーを防ぐ

　チームエラーの原因は様々あるが，中でもチーム内のコミュニケーションの問題はエラーの発生に強く影響を及ぼすと言われている。では，どうしたらチームのコミュニケーションを適切なものにできるのだろうか。リッサーら（Risser et al., 1999）はチームエラーを防ぐための戦略を海軍の知見から特定している（表 10-3）。ここで示されている具体的な防御策は，まず，新人や慣れないメンバーでも安全に仕事をするための，手順（マニュアル）の整備に始まる。そして，複数の職務が交差する中で，何を優先すべきかといった共通認識を持つことも重要とされている。また，メンバー同士は対等であり，互いに思っていることを「率直に話す」ことのできる雰囲気を持ち，仕事中に自分の職務だけに没頭するのではなく，ほかのメンバーの仕事にも関心を寄せ，互いの動きに目配り気配りを欠かさず，必要とあらばアサーティブにフィードバックを与え，それを告げられた側も素直に受け入れることも求められる。伝えなければ

## 140　第 10 章　医療安全・チーム医療

表 10-3　チームのエラーを防ぐための戦略 (Risser et al., 1999 を一部改変)

| | |
|---|---|
| ・使用する手順（マニュアル）の確認あるいは作成 | どの手順や計画が用いられるかがチーム全員に明らかにされていなければならない。 |
| ・患者に対する職務に優先順位をつける | チームメンバーは，計画と彼ら個人の職務が全体の仕事にどのように合致するかを理解していなければならない。 |
| ・率直に話す | 医療専門職は患者が危険な状態の場合には，率直に発言しなければならない。チームリーダーはそのような環境を整えなければならない。 |
| ・チーム内の相互監視 | チームメンバーはエラーと問題をお互いに監視するべきである。これは批判としてではなく，他のチームメンバーの支援と，患者のための追加の防御として考えられなければならない。 |
| ・フィードバックを与え，受け入れる | フィードバックはチームリーダーに限定されない。チームメンバー誰もが，他の誰に対してもフィードバックできる。チームメンバーが互いの役割を理解していることがそのための暗黙の前提である。 |
| ・綴じたコミュニケーションの輪 | メッセージやコミュニケーションは応答を確認し，受けた側はそれを復唱する。これらのメッセージの送り手もさらに，復唱してもよい。これは追加的な確認，防衛的手段と言える。 |
| ・他のチームメンバーを支援する | チームメンバーは他のメンバーの行動を知っており，支援，援助する準備ができている。 |

　ならない事柄は，あいまいにではなく，正確に分かりやすく相手に伝え，チームメンバーを支援するという姿勢を伝えてくれている。これらのチームエラーの防御策は言うならば「安全文化」そのものと言ってもよいだろう。

　こうした戦略の前提には，「エラーはいつでも起こりうる」「常に効率的に動ける人などいない」「どのような環境にも常に予期せぬ危険が潜んでいる」ことがあり，こうした戦略は「個々人がエラーを犯さないように努力することは当然のことであるが，チームメンバーが絶えず相互に監視し合い，率直かつ効果的なコミュニケーションをとり，必要時助け合うことができれば安全性を高めることができる」という基本的な考え方に基づいている。こうした考え方に基づいたチームトレーニングプログラムはすでに開発され，日本でも取り入れている病院は多い。しかし同時にトレーニングプログラムで学んだ技能をチーム全体がいかに実践できるかという課題も残されている。

## 2. チーム医療における臨床心理士の動向

### (1) チーム医療における臨床心理士の現状

　日本においては「臨床心理士」を代表とした臨床心理職が様々な領域で活動している。一般社団法人日本臨床心理士会は，会に所属する臨床心理の実態を把握するために，3年ないし4年に1度会員を対象とした動向調査を行っている。一般社団法人日本臨床心理士会 (2016) によれば，2016年の会員数は19,533名であり，その業務内容は，全体を通して臨床心理面接 (86.2%)，臨床心理アセスメント (79.9%)，臨床心理地域援助 (64.0%)，臨床心理研究 (34.0%) であった。

　就業先で最も多かった領域は，保健・医療領域の4,322人 (41.9%)，次いで，教育領域3,712人 (36.0%)，大学研究所領域2,615人 (25.3%)，福祉領域1,929人 (18.8%)，その他389人 (3.8%) の順となった。保健・医療領域は臨床心理士の就職先としてなじみ深い場所と言える。

　保健・医療領域における就業先別の勤務者数 (割合) は，病院・診療所が3,586人 (96.4%)，精神保健福祉センター・保健所等606人 (16.3%)，自治体からの派遣 (HIV カウンセラー) 55人 (1.4%)，リハビリテーションセンター48人 (1.3%)，老人保健施設16人 (0.4%) と，大半が病院や診療所で働いていることがわかる。そこで，本章では病院におけるチーム医療や医療安全について述べることにする。

　医療現場で働く心理職の活動領域はどうなっているのだろうか。津川 (2010) によれば，心理士には「精神科・診療内科以外に，内科，小児科，リハビリテーション科，ICU，遺伝診療部門，救命救急センター，周産期母子医療センターなど多領域にまたがり，それぞれの分野に応じた特有の活動が求められている」。また，向き合う課題は「緩和ケア関連，周産期関連，遺伝医療関連，糖尿病関連，高齢者関連など」多岐にわたっており，今や心理職は医療に欠かせない存在になっている。

　その必要性を裏付けるように，厚生労働省は1998年にチーム医療を推進し，様々なチーム医療のあり方を提案している。臨床心理士の必要性については「がん診療連携拠点病院の整備に関する指針（平成20年3月1日　厚生労働省

健発 0301001）」にも示されている。この指針には，「Ⅱ，地域がん診療連携拠点病院の指定要件として，『緩和ケアチームに協力する薬剤師及び医療心理に携わるものを 1 名以上配置することが望ましい」と明記されている。また，周産期医療領域でも「周産期医療体制整備指針（平成 22 年 1 月 26 日厚生労働省）」が改正され，総合及び地域周産期医療センターにおける職員の規定で「臨床心理士などの臨床心理技術者を配置すること」と明記されている。

　このような変化は，チーム医療におけるきめ細やかな心理的支援が重要視され，心理専門職が医療チームに配置される必要性が医療関係団体からも認められている証とも言える。ただし，実際の医療現場では，心理士がどのような役割を果たすべきか模索が続いているのも事実のようである。

## 3．病院におけるチーム医療の一員としての心理職の役割

### （1）患者・家族が期待する心理職の役割

　昨今の医療領域において，心理職は，これまでの外来中心の関わりとは異なり，自ら入院患者のもとへ足を運び，患者の状態やニーズを考慮しながら心理的介入を行っている。当然のことながら，これまでとは違う役割が求められることになるだろう。

　三谷・永田（2015）は，文献レビューにより，臨床心理士が入院患者に関わった事例を集め，病棟内での患者との関わりを明らかにしたうえで，心理士のあり方（役割，機能，アプローチ）を質的帰納的に分析した。その結果，「安心して話せる場の提供」「聴き手として患者や家族に寄り添う役割」「患者と“病い”や“死”の体験をつなぐ役割」「患者が現実課題に適応していくための調整役」という臨床心理士が担う 4 つの役割を明らかにした。表 10-4 は論文中に示された表の一部を抜粋したものである。

　医師や看護師も患者の心のケアには心を砕いているが，忙しい現場では話を聞く時間も限られている。これに対して心理職は患者のベッドサイド（臨床）で，じっくりと患者の状態やニーズを把握し，他の医療職ができない丁寧な心理的介入を行っており，この取り組みが患者・家族の安心感につながっている可能性がある。日常で構築された信頼を基盤とした援助的関係性が，「寄り添

3. 病院におけるチーム医療の一員としての心理職の役割　　**143**

表 10-4　**患者・家族が期待する心理職の役割**（三谷・永田，2015 を一部改変）

| サブカテゴリ | ラベル |
|---|---|
| 安心して話せる場の提供 | 《様々な思いを十分に語れるような安全の場の提供》<br>《どんな辛く苦しい話もそのまま聞き続け，ゆっくり安心して話ができる場を提供する》 |
| 聴き手として患者や家族に寄り添う役割 | 《病気である辛さに寄り添う》<br>《クライエント本人の根源的なテーマに寄り添う》 |
| 患者と"病い"や"死"の体験をつなぐ役割 | 《病気である辛さに寄り添う》<br>《クライエントの生をつなぐ語りに耳を傾け，死と向き合う作業を共有する存在》 |
| 患者が現実課題に適応していくための調整役 | 《家族に対してクライエントの意思を伝える》<br>《具体的な解決策を提案して一緒に話し合ったり，患児のがんばりを励ますようなかかわり》 |

う」「体験をつなぐ」ことを可能にしており，医療者に言いにくいことでも臨床心理士に打ち明けることができるとともに，患者・家族と他の医療従事者間の調整も可能にしていると考えられる。

## (2) チーム医療における臨床心理士の役割

　また三谷・永田（2015）は，チーム医療における臨床心理士の役割についても同様に質的帰納的分析を試み，「医療スタッフと患者・家族をつなげるための調整的役割」「医療チームや環境を見立て，全体に対する支援的役割」「他の医療スタッフが患者に対して介入しやすくするための間接的役割」「臨床心理士の専門性を生かしたアセスメントを行い伝える役割」と，こちらも 4 つの役割を見出している。表 10-5 は論文中に示された表の一部を抜粋したものである。心理士には患者の心理的問題の性質や原因を把握できる立場からチームの混乱や葛藤を調整する役割も期待されている。しかし，最も期待されているのは患者に対する心理的アセスメントであり，"病"や"死"という体験を患者や家族がどのようにとらえているのか，どう支えればよいのかを理解し，医療者につなぐ重要な役割を担っていると言える。

**表 10-5 チーム医療における臨床心理士の役割の実際**（三谷・永田，2015 を一部改変）

| サブカテゴリ | ラベル |
|---|---|
| 医療スタッフと患者・家族をつなげるための調整的役割 | 《医師 – 患者をつなぐ調整的な機能》<br>《クライエントの治療に対する意思を明確にし，医療スタッフへ伝える》 |
| 医療チームや環境を見立て，全体に対する支援的役割 | 《中立を維持し，医師，看護師，患者を含めたチーム全体を見立て，直接的・間接的援助》<br>《患児の病状に合わせながら医療スタッフと協働して支援にあたる》 |
| 他の医療スタッフが患者に対して介入しやすくするための間接的役割 | 《医療の流れを円滑にすべくサポートする》<br>《医療スタッフへの情報提供やアドバイスなど間接的な支援に力を入れる》 |
| 臨床心理士の専門性を生かしたアセスメントを行い伝える役割 | 《心身医学的な文脈を身体疾患に見出して医療従事者と患者フィードバックする》<br>《クライエントの疾患だけでなく，その人の生きている人生に心を寄せて，クライエントの語りを一つひとつ聞き，医学モデルではなく，心の側面からクライエントに起こっている現象を説明し，医療スタッフとクライエントを丁寧につなぐことが重要》 |

## （3）医師が求める臨床心理士の役割

　長井（2013）は，医師 140 名を対象に調査し，臨床心理士と医師との協働関係について考察している。長井によれば，「医師は臨床心理士を活用し，医療の中に役立てようという認識を高く持っているが，どのような形で活用すればよいのか戸惑いもあると考察している。それを受けて臨床心理士は心理検査やカウンセリングなど具体的に何ができるかを明確にして，医療チームに広く認識してもらった上で，その専門性をどのように活用するかを他職種とともに検討していくことが重要」と述べている。

　また，臨床心理士の職務について，「臨床心理士と関わりの多い小児科・精神科の医師は心理検査が臨床心理士の基本的職務として認識し心理検査結果を日常的に活用しているが，他科の医師は，心理職との関わりが薄く，職務への認識も乏しいためか心理検査で得られた結果の詳細な説明を求めていた」と述べている。日ごろから関わりが少ない，小児科や精神科以外の診療科の医師の潜在的なニーズを拾い上げ，具体的に認識されるような働きかけが重要と言える。

## （4）医療チームが求める臨床心理士の役割

　臨床心理士は医師を含む医療チームからどのような役割を期待されているのだろうか。川崎ら（2013）は，他職種との「協働のバリア」について，「医療現場において心理士が協働して働くにあたり，専門性への知識不足と教育の欠乏」が壁になっていると指摘している。また「国家資格未整備と健康保険適応外」であることによって社会的位置づけがあいまいになり，経済的な拠り所がないことによって，自己主張しづらい環境にあることにも触れている。さらに，「守秘義務意識と情報共有の意識」にも課題があるとして，「国家資格整備と保険適応の制度を推進し，心理士一人ひとりが医学的知識や効率的な情報共有，経済性の観点など協働のためのスキルを身につけることが肝要である」とまとめている。

　他職種が望む心理士の役割については，「心理的側面への介入は心理士の独自性と専門性を発揮する分野である」ことを前提としたうえで，「（心理士には）種々の心理検査に精通し，さらに結果を他職種に分かりやすい言葉で伝えていくことが求められる。また，こうしたチーム内でのコミュニケーションを円滑にするための知識や技能，最低限の医療知識は必須であろう」と心理士も医療分野における基本的知識を身につける重要性を指摘している。

　さらに，「心理士との協働を望む声がある一方で，チームのメンバーが心理士の役割や業務内容を具体的に認識していないという指摘もなされている」として，「心理士自身が自らの専門性や独自性に対する意識や認識が疎く，またチーム内のコミュニケーションを通して自分の専門性とその限界についても十分に提示していないためであると考えられる」という厳しい指摘もしており，チーム医療の中で協働するためには，独自性を明確に打ち出すことは重要と考えられる。

## （5）医療チームとは何か

　ところで，そもそもチームとは何であろうか。一言でチームと言っても，社会に存在するチームは多種多様である。カッツェンバックとスミス（Katzenbach & Smith, 1993）によれば，チームとは「共通の目的，達成目標，アプローチに合意し，その達成を誓い，互いに責任を分担する補完的な技術を

持つ少人数の人たち」とされている。では，そのチームに欠かせない要素とは何であろうか。サラスら（Salas et al., 1992）によると，チームに備わっているべき第1の要素は，チームとして達成すべき目標が明確に存在し，各メンバーがこの目標について，等しい価値観を持っていることとしている。医療領域で言えば，安全で質の高い医療を提供し，患者・家族のQOLを高めるといった目標を皆が共有することが重要な要素となる。第2の要素は，課題達成のためにメンバー間で協力しあうということである。医療チームのメンバーはそれぞれの専門性を理解し，患者の急変や窮地を察すれば持てる力を惜しみなく差し出しながら協働作業を進めている。第3の要素は各メンバーには課題達成のための果たすべき役割が与えられており，そしてメンバー間の関係性やその役割によって強く規定されていることである。第4の要素は，チームのメンバーとそれ以外の人々との弁別性が高く，チームのメンバーが誰であるのか，明確に互いに認識できることである。医療者は法律で規定された守備範囲の中で必要に応じて補完しあっている。医療チームも一般的なチームの構成要素を内在させた集団なのである。

## (6) チーム医療

　厚生労働省は「チーム医療の推進に関する検討会報告書」（2010）において，チーム医療を「医療に従事する多種多様な医療スタッフが，各々の高い専門性を前提に，目的と情報を共有し，業務を分担しつつも互いに連携・補完し合い，患者の状況に的確に対応した医療を提供すること」と定義している。この定義はこれまで述べてきたチームの特徴を包含したもので，取り立てて真新しいものはない。

　しかし，続いて述べられたチーム医療がもたらす効果に関する知見には，独自性が認められる。厚生労働省はチーム医療がもたらす効果として①疾病の早期発見・回復促進・重症化予防など医療・生活の質の向上，②医療の効率性の向上による医療従事者の負担の軽減，③医療の標準化・組織化を通じた医療安全の向上を挙げており，今後，チーム医療を推進するためには，①各医療スタッフの専門性の向上，②各医療スタッフの役割の拡大，③医療スタッフ間の連携・補完の推進，といった方向を基本として，関係者がそれぞれの立場で様々

3. 病院におけるチーム医療の一員としての心理職の役割　147

な取り組みを進め，これを全国に普及させていく必要があるとした。ただし，チーム医療を進めた結果，一部の医療スタッフに負担が集中したり，安全性が損なわれたりすることのないよう，注意が必要となる。

## (7) チーム医療の課題

　荒木・大倉（2011）は，「医療組織は医師を頂点とする組織であり，医療現場は医師法により医師を頂点とする組織で成り立っており，医師もチームの一員として他職種と対等な立場にたって協働し双方向のコミュニケーションをとることが求められるが，他の専門職は医師に対して遠慮するなどの権威勾配による多くの問題を抱えている」と指摘している。だいぶ改善が進んでいるとは思うが，残念ながらこの指摘は当たっている。

　権威勾配（authority gradient）とは，もともとは機長と副操縦士との不適切な関係性を示す時に使われていた用語で（trans-cockpit authority gradient），組織における地位や偏ったリーダーシップのことを指していた。権威勾配はコミュニケーション障害や対人葛藤，あるいは組織的なエラーの潜在的原因とも言われている。医療領域にも権威勾配は存在すると言われる。医療安全の項で説明したように地位の低い医療者が上位者に重要な安全上の問題を切り出すことができないなど，様々な具体的ケースが挙げられる。

　さて，医療分野では診療の対価として診療報酬を受ける仕組みがある。チーム医療にも診療報酬の加算が認められているものがあり，①栄養サポートチーム，②感染制御チーム，③緩和ケアチーム，④口腔ケアチーム，⑤呼吸サポートチーム，⑥摂食嚥下チーム，⑦褥瘡対策チーム，⑧周術期管理チームなどはその一例である。しかしその一方で，診療報酬加算が認められていないものも多い。チーム医療を進めるには診療報酬という経済的基盤も必要と言える。

## 引用文献

荒木登茂子・大倉朱美子（2011）．医療現場におけるチーム医療　日本ヘルスコミュニケーション学会，*2*（1），25-37.

明日　徹（2003）．医療事故予防のためのコミュニケーション要因についての研究―理学療法士を対象とした調査から―　厚生労働科学研究費補助金医療技術評価総合研究事

業　看護業務改善による事故防止に関する学術的研究―エラー防止及び医療チーム研究の導入の効果―　総合研究報告書　(pp. 240–256)

一般社団法人日本臨床心理士会 (2016). 第 7 回「臨床心理士の動向調査」報告書 Retrieved from https://www.jsccp.jp/member/news/pdf/doukoucyousa_vol7.pdf (2017 年 3 月 31 日)

Katzenbach, J. R., & Smith, D. K. (1993). *The wisdom of teams: Creating the high performance organization.* Harvard Business School Press. (カッツェンバック，J. R., & スミス，D. K.　横山禎徳・吉良直人 (訳) (1994). 高業績チームの知恵―企業を革新する自己実現型組織―　ダイヤモンド社)

川崎　隆・能登　睟・砂川芽吹・矢野玲奈・下山晴彦 (2013). 多職種における臨床心理職の役割①―協働に関する論文レビューから―　東京大学大学院教育学研究科臨床心理学コース紀要, *36*, 51–58.

厚生労働省 (2008). がん診療連携拠点病院の整備に関する指針 (2011 年 3 月改変) Retrieved from http://www.mhlw.go.jp/file.jsp?id=148658&name=0000014379.pdf

厚生労働省 (2010a). 周産期医療体制整備指針　Retrieved from http://www.jsog.or.jp/news/pdf/20100126_mhlw-2.pdf (2017 年 3 月 31 日)

厚生労働省 (2010b). チーム医療の推進について―「チーム医療の推進に関する検討会」報告書― Retrieved from http://www.mhlw.go.jp/shingi/2010/03/dl/s0319-9a.pdf (2017 年 3 月 31 日)

三谷真優・永田雅子 (2015). 医療領域における臨床心理士のあり方に関する研究展望―入院患者とのかかわり事例論文を中心に―　名古屋大学大学院教育発達科学研究科紀要心理発達科学, *62*, 107–115.

長井直子 (2013). 医療領域における臨床心理士の役割に関する研究　平成 25 年度武庫川女子大学大学院博士学位論文要旨

Nightingale, F. (1863). *Notes on hospitals.* Third edition, enlarged and for the most part rewritten. London: Longman, Green. (ナイチンゲール，F.　薄井坦子 (訳) (1974). ナイチンゲール著作集 (第 2 巻)　病院覚え書　現代社)

Risser, D. T., Rice, M. M., Salisbury, M. L., Simon, R., Jay, G. D., & Berns, S. D. (1999). The potential for improved teamwork to reduce medical errors in the emergency department. *Annal of Emergency Medicine, 34*, 373–383.

Salas, E., Dicknson, T. L., Convers, S. A., & Tannernbaum, S. I. (1992). Toward an understanding of team performance and training. In R. W. Awezey, & E. Salas (Eds.), *Teams: Their training and performance* (pp. 3–29). Norwood, NJ: Ablex Publishing Corpration.

Sasou, K., & Reason, J. (1999). Team errors: Definition and taxonomy. *Reliability Engineering and System Safety, 65*, 1–9.

島田康弘・大坪庸介・森永今日子・三沢　良 (2003). 医療チームにおけるエラー指摘に関

する実態調査　厚生労働科学研究費補助金医療技術評価総合研究事業　看護業務改善による事故防止に関する学術的研究―エラー防止及び医療チーム研究の導入の効果―　総合研究報告書（pp. 79–98）

津川律子（2010）．厚生労働省第3回「チーム医療推進方策検討WG」提出資料　チーム医療における臨床心理職　Retrieved from http://www.mhlw.go.jp/stf/shingi/2r9852000000yq5c-att/2r9852000000yq9k.pdf（2017年3月31日）

Vincent, C.（2006）．*Patient Safety.* Churchill Livingstone.（ヴィンセント，C.　池田俊也（監訳）（2007）．患者安全学入門　エルゼビア・ジャパン）

# IV

## 保健医療における健康心理学の
## 展開

# 第11章

# 性 行 動

飯田敏晴

　健康心理学の主要な目的として，マタラッツォ（Matarazzo, 1980）は，次のように述べている。すなわち，①健康を増進し維持すること，②疾患を予防すること，また治療すること，③疾病の原因を研究すること，④ヘルスケアシステムと健康政策を改善すること，である（Matarazzo, 1980，ただし，訳は山蔦，2015による）。本章はこの観点に基づいて論じる。

## 1.　健康心理学と性行動

### （1）概念定義

　「性行動」は，大辞林によれば「性的欲求による行動」である。「性的欲求」という用語について，広辞苑第六版を調べてみると，「性的：男女の両性に関すること，性欲に関すること」「性欲：男女両性間における肉体的な欲」「欲求：①ほしがり求めること，欲望を満たすために要求すること，②（心）行動に駆り立てるもととなる緊張状態。心理的・身体的・社会的なものがある」という記載がある。どうやら「性行動」という用語は「男女両性間における肉体的な欲」に基づいた行動として用いられることが多いようだ。一方で，このような理解は，健康心理学における「健康」と結びつけて考えると不十分であると言わざるを得ない。なぜならば，「性」に関して，世界的な基準での「性の健康」とは，性の多様性，すなわち「セクシュアリティ」に基づいて定義されているからである。

### 1）性の健康とは

　「性の健康」とは，世界保健機関（WHO）によれば，「セクシュアリティに関する，身体的，情緒的，精神的，社会的に良好な状態（ウェルビーイング）に

ある。それは，単に疾病，機能不全又は虚弱ではないということだけではない。性の健康には，セクシュアリティや性的関係への肯定的かつ敬意あるアプローチと同時に，強要・差別・暴力を被ることなく，楽しく，安全な性的経験をする可能性を持つことが求められる。性の健康を増進し維持するためには，全ての性の権利が尊重され，保護され，満たされなければならない」としている（WHO, 2006）。

このように，世界保健機関（WHO）では「性の健康」の定義として，冒頭に「セクシュアリティに関する」と明確に定義している。まず「性行動」について理解する前に，「セクシュアリティ」について理解する必要がある。なぜならば，セクシュアリティへの理解なくして，性行動について，「健康心理学」的な理解を深めたり，その理解に基づいた介入や健康教育を行っていたりすることは，受益者である国民の「性の権利」を脅かすことになるからである。

**2）セクシュアリティ**

近年，「セクシュアル・マイノリティ」という用語を，マスメディア等を通じて目にすることが多くなってきた。電通ダイバーシティ・ラボ（2015）のニュースリリースによれば，人口の7.6%がLGBTであるという。このセクシュアリティを理解するにあたって，①性のカテゴリの視点と②性の構成要素の視点の2つがある（佐々木，2016）。

**①性のカテゴリの視点**

いわゆる「LGBT」という用語があるように，欧米社会を中心に，当事者が自分自身を自己定義するための用語として使用されているものである。LGBTとはLesbian（レズビアン：同性愛女性），Gay（ゲイ：同性愛男性），Bisexual（バイセクシュアル：両性愛者），Transgender（トランスジェンダー：割り当てられた性別とは異なる性別に帰属する者）の各単語の頭文字をとって作られた造語である。近年では，Asexual（エイセクシュアル：無性愛者），Pansexual（パンセクシュアル：全性愛者。性別二分法的性的魅力を感じるわけではない点で，同性愛者とは異なる）といった用語がある（佐々木，2016）。いわゆる「類型論，特性論」の観点に立つと，類型論に相当する。したがって，利点として，当事者のセクシュアリティに関する全体的な個人像を掴みやすくするという利点があるが，すでにあるタイプに当てはまらないタイプが存在しやすくな

ること，ステレオタイプ的な見方に陥りやすいなどの短所もある。

**②性の構成要素の視点**

性の構成要素の視点とは，各構成の強弱や濃淡によって理解することで，個人のセクシュアリティの実際に迫ろうとするものである（佐々木，2016）。各構成要素については諸説あるが，大きく，①身体的性別，②性同一性，③性役割，④性的指向，がある。①は，性染色体，生殖腺，ホルモン，内性器，外性器などの性的特徴を指す。②は「人が持つ，ある性別に対するアイデンティティ」「性自認の省察の連続体」のことを指す（佐々木，2016）。③は，「男女の性別学的性を一つの社会的地位と考えた場合，その地位に付随した社会的役割として存在する性格特性や態度，行動様式など」のことをいう（土肥，1999）。④は，一般的には，「異性愛，同性愛，両性愛の別を指す sexual orientation（法務省，2001）」のことを指す。ただし，佐々木（2016）によれば，「対象となる性別には，男性や女性だけではなく，トランスジェンダーや X ジェンダー（規定されない性別）なども挙げられ，また，どの性別も対象とはなり得ないというパターンもある」ことから，多様性のある概念としてとらえる必要がある。

心理学においては，性行動とは「人間および動物にみられる，性に関連した行動の総称。性行動には生殖を直接の目的とした異性間の性交だけではなく，より広範囲の多様な行動が含まれる（中略）人間の場合には社会・文化的影響も大きい（長田，1999）」と定義される。この定義が書かれたのは，20 世紀後半である。そして，「性行動」という概念の意味合いに 21 世紀前後から変化が生じていたのを表すものである。茨木（2002）も指摘するように，かつては，性行動は身体的性別に基づいた「生殖行為」としてとらえられていたが，次第に，「性的かかわり行為」をも含んだものとしてとらえられていった。すなわち，「性自認」，社会・文化的に形成される「性役割」「ジェンダー」の視点をも含んでいった。現在では，「性的指向」の視点を含んで論じられることが多くなった。すなわち，包括的な概念である「セクシュアリティ」に関わるものとして，論じられるようになったのである。

## 2.「性の健康」と「性行動」

### (1) 青少年の性行動

　2011 年の調査で第 7 回目となる調査報告となったのは,「青少年の性行動全国調査」である。この調査は, 1974 年から 2011 年までではほぼ 6 年間隔で続けられてきたものである。とりわけ, 第 3 回目（1987 年）以降, 大学生, 高校生に, 中学生, その後, 大学・短大進学者以外の調査対象者を加え, 日本の「青少年の性行動」の実態を知る上では貴重なデータが集積されている。片瀬（2013）は, 近年での大きな変化として, 青少年の「日常化」と「分極化」という現象を指摘している。「日常化」とは,「性的関心や性行動の経験率の低下と同時に, 経験者の経験年齢が低年齢化」を示しており, その背景として,「性が『特別なものではなくなった』から関心も低下する」と指摘する。一方で,「分極化」とは,「携帯メールを頻繁に使うといった対人的コミュニケーションが活発な層では, 性行動は活発化しているが, コミュニケーションが不活発で携帯メールをそれほど利用しない層では, むしろ性行動の経験率が低下している可能性が高い」のだという。実際に, 古島（2015）は, 高校生 400 人を対象とした質問紙調査の結果から, 性行動と携帯電話使用が関連していることを実証的に示している。なお, インターネット使用と性行動との関連については, 例えば, 宋ら（2011a, 2011b, 2013）の研究成果によれば, インターネット上の性情報への接触は, 青少年の性行動に対して好ましくない影響を及ぼす可能性が示されている。

### (2) 成人の性行動

　成人を対象とした調査報告では, 日本家族計画協会による「【ジェックス】ジャパンセックスサーベイ」の 2013 年の報告がある。調査対象者の生物学的性別の内訳は, 男性 2,513 人, 女性 2,516 人の計 5,029 人である。ここでは, 日本人成人男女における「異性との SEX の回数, 人数, 時間」「避妊方法」「オーガズム（絶頂感）」「マスターベーション」「性交時のトラブル」「セックスレス」の実態を報告している。前述の「青少年の性行動全国調査」とは異なり, 現代日本人の性行動の特徴について述べることは難しい。しかしながら, 実態を知るうえでは参考となろう。

## （3）望まない妊娠と人口妊娠中絶

　人工妊娠中絶の件数は，2014 年度で，181,905 件である（厚生労働省，2015）。これは届け出られた数値であって実数は定かではない。一方で，妊娠を望みながらも継続できなかった人を除いて考えたとしても，多くの者が「望まない妊娠」をしていることがうかがえる（なお，人工妊娠中絶とは，刑法上「堕胎」であり，刑法によって「堕胎の罪」として定義されている。実際には，母体保護法によって，1）妊娠の継続又は分娩が身体的又は経済的理由により母体の健康を著しく害するおそれのあるもの，2）暴行若しくは強迫によって又は抵抗もしくは拒絶することのできない間に姦淫されて妊娠したものである，という条件を満たす場合に，人工妊娠中絶が行われている）。このような「望まない妊娠」を防ぐための方法として，第一に考えられるのは「避妊法」である。

　日本家族計画協会（2013）は，日本人の避妊方法として，男女ともに「コンドーム」を選択する者が，女性で 88.2%，男性 94.6%，「膣外射精（精液を外に出すこと）」を選択する者が，女性で 13.5%，男性で 17.8%，と報告している。すなわち，「避妊」という意味では，男性が主導権を握りやすい現状にあることが分かる。このことは，毎日新聞社の『超少子化時代の家族意識：第 1 回人口・家族・世代世論調査報告』においても，ほぼ同様の傾向が示されている（毎日新聞社人口問題調査会，2005）。いずれにしても，「望まない妊娠」を防ぐための「方法」として，コンドーム使用に偏っているという現状を考慮すべきである。

　上記の現状は，身体的性別として「女性」である者にとっては，「性の権利」が侵害され，「性の健康」を減退・打破されやすい状況にあることを示す。なお，こうした状況は，世界各地で，その土地の文化・社会の影響に強く影響を受けながら事実として存在する。こうした事実から，1968 年後半，テヘランで開催された第 1 回国際人権会議では，生殖の問題で女性が選択する権利があることが国際的に明確に承認された。その後，メキシコ市での国際人口会議においても，その権利は確認されてきた。そして，教育や情報が十分でないことで，女性が自分の意思として選択できない，という現状が存在することから，1994 年のカイロで開催された国際人口・開発会議において，「リプロダクティブ・ヘルス／ライツ（性と生殖に関する健康・権利）」という言葉が提唱され，現在に

至っている。ここから分かるように，人が「性の健康」を増進・維持するためには，自ら主体的に，性行動に関わる様々な問題について適切な情報を得ること，そして，対処策を検討することが必要である。さらに，社会は，個人が主体性を発揮できるよう取り組んでいかなければならないのである。

　厚生労働省が，「人工妊娠中絶」問題の改善を目的とした取り組みの1つとして，性教育，とりわけ「思春期保健」の主要課題としたことは記憶に久しい。2015（平成27）年の厚生省労働省の報告によれば，2014年度の全年齢層でとらえた人工妊娠中絶件数は，前年比2.3%（4,348件）低下を示し，40歳代を除いた年齢層のすべてで低下している。一方，種部（2016）によれば，この10年余り，15歳以下の人工妊娠中絶件数は，同年齢層での性行動経験率は大きな変化がないにもかかわらず，変化していないのだという。数は少ないものの看過できない，と考えられる。この減少傾向を維持しつつ，検討すべき課題に取り組んでいくことが求められよう。

　以上から，「望まない妊娠」と「人工妊娠中絶」を両輪として，それらを減ずる策を講じるには，予防的取り組みが不可欠である。とりわけ，「コンドーム使用」が現状の日本において，避妊方法として多く選択されやすいことを踏まえると，この使用を促進する試みは極めて重要である。その際，女性がどのようにして主体的に，リプロダクティブ・ヘルス／ライツを維持・増進していくかについて，具体的な検討を重ねていく必要がある。

## （4）性的暴力と性の健康

　ここでは，「性の健康」を脅かす「性的暴力」について論じる。性的暴力とは，心理学においては，深澤ら（2003）や，越智ら（2014, 2015）を参考にすると，「避妊に協力しない」「脅しや暴力によって，あなたの意に反して性的な行為を強要する」や，相手が嫌がっているのに，性的な接触をはかったり，それを話題にしたり，あるいは裸や見られたくない写真を撮ったり，撮ろうとする，あるいは，強引に体を触ったりすること，といった暴力の総称を指すようだ。このように性的暴力は，その被害者の健康に長期間にわたって否定的な影響を及ぼす（Breiding et al., 2014）。そして，このことは，性自認，性的指向を問わず，共通して生じる（Stults et al., 2015; Siguvinsdottir & Ullman, 2016）。

158　第 11 章　性行動

　本邦において，性的暴力はどの程度発生しているのであろうか。このことを知るうえで，内閣府男女共同参画局（2015）が 20 歳以上の男女を対象として行った調査結果が参考になる。これによれば，配偶者からの性的暴力（強要）の発生頻度は，男女 2,673 名中 4.5%である。そして，女性のみ（1,401 人）ではこの頻度は 7.1%である。さらに，未婚者を含めた女性全体（1,811 人）では，「異性から無理やりに性交された経験」を持つ者は 6.5%である。つまり，女性の約 15 人に 1 人が性的暴力の被害経験を有することになる。高校生を対象とした調査報告では，女性 5.3%，男性の 1.5%が望まない性交を強要された経験を持ち，女性への加害者は，多くは顔見知りである（恋人：35.9%，知り合い：34.6%，友人：29.5%，見知らぬ人：11.5%）（野坂ら，2005）。なお，本調査は「異性」を対象としたものであって，セクシュアリティ別に見た性的暴力の発生頻度は，著者の知る限り不明である。しかし，既出の LGBT を対象とした海外での調査結果を見る限りは，相当数は存在するはずである。

　なお，性的暴力には二次被害が存在する。例えば，レイプ神話（Burt, 1980）による被害である。これは，女性は「暴力的性を好む」とか「女性は潜在的にレイプされることを望んでいる」という誤った女性性の信念である（大渕，1991）。この神話が社会に広まることで，被害の原因が被害者側に帰属されたり，被害の程度が小さく見積もられたりする事態が生じる。いわば，社会が被害者を生む性的暴力である。さらに，セクシュアリティという観点に立つと，性的暴力は広範囲に及ぶ。例えば，日高とオペラリオ（Hidaka & Operario, 2006）は，日本に暮らすゲイ・バイセクシュアル男性 1,025 名のうち，セクシュアリティを理由として，いじめを受けた経験がある者が 83%，嫌がらせの経験がある者が 60%存在していると報告している。そして，同調査対象者の 15.1%が自殺未遂を図った経験があるのだという。

### （5）性感染症と性の健康

　近年では，性感染症に関わる問題も深刻化している。例えば，2014 年に報告された梅毒の新規感染者数は過去 10 年間で最も多い。2004 年の感染者数は536 例であるが，2012 年は 875 例，2013 年は 1,228 例，2014 年は 1,671 例の報告である。中山・大西（2015）によれば，梅毒感染者の数は，1948 年までと

比べると大きく減少しているが，2010年以降増加傾向にあるという。この増加の理由は定かではないが，性の健康を考えていくうえで憂慮すべき事態である。性感染症とは，Sexually transmitted infection の頭文字から STI と呼ばれ，性行動によって人から人に感染が拡大していく感染症の総称である。すなわち，梅毒，淋菌感染症，クラミジア，ウイルス感染症等が含まれる。一般的には，性行動が日常化し，対人コミュニケーションが活発となっている層で拡大しているととらえられやすいが，そうではない層でも感染しうる。なぜならば，多くの性感染症が，無症候性，軽度の症状を呈し，気付かれにくい，という特徴を持ち，対人コミュニケーションが限定されている層であっても感染可能性があるからである。

　ところで，「性の健康」に関わる公衆衛生学的課題に，「セクシュアリティ」が主題として位置づけられるようになったのは，1980年代である。このきっかけは，1983年にフランスのパスツール研究所にて，リュック・モンタニエ（Luc Montagnier）とフランソワーズ・バレ＝シヌシ（Francoise Barre-Sinoussi）が発見した「ヒト免疫不全ウイルス（HIV）」である。斎藤（2007）は，セクシュアルヘルスプロモーションに関する展望論文の中で次のように述べている。「ヒト免疫不全ウイルスおよび後天性免疫不全症候群（以下，HIV/AIDS）の世界的流行（Mann, Tarantola, 1996;1999）は，セクシュアリティが公衆衛生の主題として位置づけられ，セクシュアリティの「医療化」「科学化」を促進する一方で，そのことが同時にゲイなどのセクシュアルマイノリティに対する国際的理解と支援の起点として役割を果たしていく結果となった」。この時期を境に，公衆衛生学，社会学，文化人類学等の学術分野では，セクシュアリティに関する報告が増えていった。例えば，新ヶ江（2006）は文化人類学的な見地から，「アメリカから伝えられてきたエイズをめぐる科学的な最新情報，WHO の発表した世界のエイズ流行と疫学データ，あるいは，エイズを発症した者のカポジ肉腫の写真や死にゆく人々の声，これら全てが不安を掻き立て，日本に住んでいた「男性同性愛者」たちは些細な身体的変化の中にエイズを読み込もうとしたのであった」と述べている。

　HIV 感染症の主な感染経路は性的接触である。HIV が発見されて以来，世界各国において，その感染拡大を防ぐための方策が検討されてきた。そして，

世界的には，現時点での年次の比較によれば減少傾向にある（UNAIDS, 2016）。
しかしながら，日本での現状はそうではない。厚生労働省エイズ動向委員会の
報告によれば，2015年の新規のHIV感染報告は1,006件であって，これは横ば
いの傾向である（厚生労働省エイズ動向委員会，2015）。なお，新規報告者のう
ち，性的接触による感染は887件（88.2%）であって，異性間割合は22.1%（前
年18.5%），同性間割合は77.9%（昨年81.5%）である。年齢別では，どの年齢層
においても同性間性的接触の割合が最も高いものの，年齢が上がるにつれ，異
性間性的接触の割合が高い，という（厚生労働省エイズ動向委員会，2015）。

　日高・嶋根（2014）は，厚生労働科学研究費補助金エイズ対策研究事業の一
環として，「REACH Online 2013」調査の結果を報告している。本調査の対象
者は，ゲイ・バイセクシュアル男性である。日高らは，調査対象者11,599名に
「今後，HIV検査を受けようと考えていますか？」と尋ねた。その結果，「いつ
かは受ける」と回答した者が39.1%，「今後6ヶ月以内に受ける」と回答した者
が31.2%，「今後1ヶ月以内に受ける」と回答した者が12.6%，「受ける意思な
し」と回答した者が8.3%，「HIV陽性であることが確認済み」と回答した者が
7.6%であった。すなわち，ゲイ・バイセクシュアル男性の約4割が，HIV検査
を「受ける」意思を明確に有していた。一方で，飯田ら（2012）による関東・中
部・近畿地方の大学生（男性26名，女性58名）を対象とした調査では，対象
者のほとんどがHIV検査を受ける意思を有していなかった（現在のエイズ相
談・検査利用の意思：男性は5点中1.5点（$SD=.73$），女性は1.8点（$SD=.77$））。
この2つの調査は設問形式が異なるため，結果を一概には比較できない。しか
しながら，ヘテロセクシュアルが多く含まれると考えられる調査サンプルに
おいて，ゲイ・バイセクシュアル男性と比べてもHIV検査受検意思が明らか
に低いことは留意すべきであろう。なぜならば，日本においてHIV感染は同
性間だけの問題ではなく，異性間の性的接触においても生じているからである。
そして，①世界的にはHIV感染の新規報告件数は減少傾向にもあるにもかか
わらず，日本は横ばいの傾向を辿っていること，②日本人の成人男性のHIV検
査受検率は海外と比べても低いこと（金子ら，2012）を踏まえるならば，国民の
HIV検査の受検促進は喫緊の課題なのである（飯田・佐柳，2014; 飯田，2015）。

　その他，「性の健康」の増進・維持のための性行動に関わる問題として，性機

能不全，加齢，売買春，飲酒など様々なものがあるが，ここでは紙幅の都合上割愛する。

## 3. 「性の健康」の増進・維持：性行動の観点から

　第1節では，「性行動」について健康心理学の観点から論じるには，「性の健康」の増進・維持を目的とした検討が不可欠であった。そして，「性の健康」は，セクシュアリティに関わることであると述べた。第2節では，「性の健康」を減退させるいくつかの問題について論じた。本節では，このような問題に対して予防的視座に基づいて論じる。

### (1) 「性教育」と「教育現場」をめぐって

　日本における「性教育」という用語は，1910年代（大正期）頃から使われるようになった用語であり，100年ほどしか使用されていない言葉である（茂木，2012）。茂木によれば，戦後の純潔教育政策期，1970年代の性教育政策，1980年代後半のエイズ教育政策期，を経て，現在への制度へとつながっていったという。なお，すでに述べたように，セクシュアリティという概念が「性の健康」の主題となっていたのは1980年代であるから，エイズという問題が非常に大きな影響を与えていることはいうまでもない。近年での大きな変化としては，2003年の性同一性障害の性別の特例に関する法律（特例法）を皮切りとして，様々な制度や関心が高まった。性同一性障害を持つ児童・生徒の支援について，2010年，文部科学省は各関係部署に「児童生徒の抱える問題に対しての教育相談の徹底について」を通知し，「性同一性障害に係る児童生徒については，その心情に十分に配慮した対応」を要請した。さらには，2012年，自殺総合対策大綱に「性的マイノリティ等」の一文が加えられた。そして，2015年に，文部科学省は，上記要請での，悩みや不安を受け止める必要性は，性同一性障害に係る児童生徒だけでなく，いわゆる「性的マイノリティ」とされる児童生徒全般に共通するものであることを示した。近年での教育現場における変化は，性教育のあり方をめぐって，今後ますます大きな課題となっていくであろう。

## （2）コンドームの使用

　性教育において，性行動がもたらす負の結果を強調することは，その行動変容を促進していく上では，不十分であることは言うまでもない。なぜならば，すでに述べたように，性行動は，文化や社会からの影響を強く受けるものであって，個人にのみその行動実行の責任を求めることには限界があるからである。それでは，これまで論じてきたような「望まない妊娠と人工妊娠中絶」「性的暴力」「性感染症」をはじめとした様々な問題を未然に防ぐためには，どのようなアプローチが考えられるだろうか。第一に考えられるのは，コンドームの使用促進である。この命題に応える研究報告の１つ，樋口・中村（2010）がある。この研究では，「コンドーム使用意図」という変数だけではなく，「パートナーへの使用の働きかけ（コンドーム使用交渉意図）」の規定要因について検討している。性的パートナーのどちらかが主導権を握るのではなく，お互いの性の健康を維持していくためには，互いの主体性が発揮できるようにする取り組みを推進することは不可欠である。樋口と中村は，日本の中国および関東地方の大学生 186 名（男性 89 名，女性 85 名，不明 12 名）を対象としたアンケート調査を行い，羞恥感情が，コンドームの使用行動及び，パートナーへの使用交渉意図に与える影響について検証している。性別の多母集団同時分析の結果，羞恥感情がこれらの行動を強く抑制している，という結果を見出した（男性：$\beta$ = -.41，女性：$\beta$ = -.80）。一方で，この羞恥感情の形成因には男女で違いがあった。具体的には，男性では「社会的評価懸念（他者からの好ましくない社会的評価）」が，女性では「相互作用混乱（その場面におけるふるまい方がわからず混乱すること）」，羞恥感情の形成に大きな影響があったのである。このことを，コンドーム使用に関する第２節での議論にあてはめて考えるならば，性行動に至る前の交渉時に，その「ふるまい方」を具体的に身につけることはきわめて重要であると言える。また，コンドームは，もはや「避妊」を目的としたツールとしてだけではなく，性感染症の予防に不可欠なものであることを，性教育や健康教育時に伝えていくことは必要であろう。実際，そのような観点から，性行動に，コンドーム使用をはじめとしたセーファーセックスを「性感染症の予防行動」と位置づけ検討した報告もある（尼崎ら，2011）。

## （3）性的暴力を防ぐために

　コンドーム使用を促進する一方で，「性的暴力」を起こさせないための取り組みもまた必要であろう。性的暴力は，その多くが顔見知りの間柄で起きる。このことを考えるうえで，参考となるのが，北風による一連の調査報告（北風，2011；北風ら，2011）である。北風らは，デートをしている間柄において，性行動のパートナーが，言葉や態度といった戦術を駆使することによって生じた性交が，性的暴力としてみなされるかどうかを検討している。その結果，言葉や態度によって強要された性行動は，性的暴力として判断されにくく，さらには，被害者に原因が帰属されやすいことを示している。コンドーム使用交渉時に女性の「ふるまい方」の重要性について述べたが，「性的暴力」という観点からも，相手が言葉や態度で強要してくる性行動に対してどのように応じるか，という具体的なスキル獲得が必要である。また，「加害者」となることを未然に防ぐためにも，何をもって「性的暴力」となるかについては，性教育において具体的な情報を提供している必要があるだろう。

## （4）偏見や差別を低減すること

　性教育，あるいは，性の健康に関わる健康教育を行ううえで，留意すべき点がある。それは，「性行動」は価値中立的な概念であって，社会・文化的に強く影響を受けるものである，ということである。すなわち，性行動において，本来はこうした性行動を行うべき，という議論は，その本来の定義からしてそぐわないのである。例えば，性行動時にコンドーム使用を促進し，その公的な規範意識を形成したとする。その結果生じるのは，規範から逸脱した存在が，偏見や差別の対象となりやすくなるということである。実際，HIV 予防に必要となる科学的な知識に対して，適切な理解を持っている反面で，HIV に感染した当事者への偏見・差別が強くなるという報告がある（飯田ら，2010）。また，性的暴力に関する項で紹介したレイプ神話に見られるように，人の性行動によって，万が一被害者が生じた場合，その被害者責めが生じる状況を形成することは，してはならないのである。なぜならば，「性の健康」は，すべての人が備えている「性の権利」であるからである。実践家や研究者は，このことを念頭において取り組む必要があると考えられる。

## 4．効果的な介入法とその成果，将来の課題

　本節では，これまでの議論を包括し，今後の日本において，「性の健康」を増進・維持するために，健康心理学の視点から「性行動」に対してどのような取り組みができるかについて論じる。

### (1) 効果的な介入法
　前述した「性の健康」を脅かす様々な問題を改善するために，近年，多くの研究者・実践家が，性行動に関する介入効果を論じるようになってきた（例えば，大学生（冨田，2015；小川・引田，2016），高校生（土方，2013）を対象とした研究）。前節で論じた「ふるまい方」という意味では，古谷野ら（2014）の研究がある。古谷野ら（2014）は，MSM（Man who have Sex with Man）を対象として，HIV 感染のハイリスクとなる性行動を自分に許容する「セルフトーク」に焦点づけて，個別認知行動面接の効果を，シングルデザイン法によって検討している。23 名の MSM を対象とした介入面接を行った結果，個別での認知行動面接後に「リスクあり群」10 名において，コンドーム不使用でのアナルセックス（Unprotected anal intercourse）の回数が減少し，コンドーム使用率が上昇した。さらに，この面接後 2 ヶ月以内にセックスがあった参加者のうち8 割が，この体験を想起したと回答していた。この介入法は，日高ら（2010）によるインターネットを介したプログラムが基本となっており，予防に方向づけたセルフトーク（その瞬間頭の中を行き交ういろいろな言葉や考え）や，その根底にある信念の変容を目指したものを個別面接に応用したものである。なお，この介入法は，日高ら（2010）が，MSM を対象にして，ランダム化比較試験により行動変容の効果を検証した「認知行動理論に依拠したオンライン介入プログラム」を応用した方法である。このように，性行動に関する介入策として，効果が検証されている方法を用いた報告は増えつつある。しかしながら，いまだ少なく，今後の進展が期待される研究領域，と考えられる。

### (2) 相談の求めやすいヘルスケアシステムの構築
　また，性の健康を増進・維持していくためには，利用者の意識・態度に応じ

たヘルスケアシステムの構築が不可欠である。なぜならば，性に関わる問題の多くは，医療機関等の専門家への援助を求めづらいためである。例えば，性的暴力を受けた経験がある者の多くが，他者にそのことを相談できずにいる（内閣府男女共同参画局，2015）。あるいは，自身の性行動に関する問題を危惧した者が専門家からの援助を求めたとしても，専門家から性行動に関するプライベートなことを聞かれることを恐れたり，それを恥ずかしいととらえたりすることで，対処行動が抑制される恐れがあることが，十分に予測されるからである（飯田・佐柳，2014；飯田，2015）。

## (3) さいごに

　以上をまとめると，健康心理学の観点から，性行動に焦点を当て，国民の「性の健康」を増進・維持していくためには，個人の対処スキルの形成を促すようなアプローチが不可欠である。さらに，間接的ではあるが，増進・維持に貢献する風土・規範の形成（例えば，医療従事者や教育現場における教員を対象とした研修を行う），あるいは，自身では解決困難な問題に直面した際，それを信頼できる相手に相談できるようなヘルスシステムを構築していくことが不可欠と考えられる。

### 引用文献

尼崎光洋・森　和代・清水安夫（2011）. 性感染症の予防行動意図尺度の開発　日本健康教育学会誌, *19*（1）, 3-14.

Breiding, M. J., Smith, S. G., Basile, K. C., Walters, M. L., Chen, J., & Merrick, M. T. (2014). Prevalence and characteristics of sexual violence, stalking, and intimate partner violence victimization: National intimate partner and sexual violence survey, United States, 2011. *MMWR Surveillance Summaries, 63*（8）, 1-18.

Burt, M. R. (1980). Cultural myths and supports for rape. *Journal of Personality and Social Psychology, 38*, 217-230.

電通ダイバーシティ・ラボ（2015）. 電通ダイバーシティ・ラボが「LGBT 調査 2015」を実施―LGBT 市場規模を約 5.9 兆円と算出―　Dentsu NEWS RELESE　2015 年 4 月 23 日　Retrieved from http://www. dentsu. co. jp/news/release/pdf-cms/2015041-0423. pdf（2016 年 6 月 30 日）

土肥伊都子（1999）. 性役割　中島義明・安藤清志・子安増生・坂野雄二・繁桝算男・立

花政夫・箱田裕司（編）　心理学辞典（p. 504）　有斐閣

深澤優子・西田公昭・浦　光博（2003）. 親密な他者における暴力の分類と促進要因の検討　対人社会心理学研究, 3, 85-91.

Hidaka, K., & Operario, D. (2006). Attempted suicide, psychological health and exposure to harassment among the Japanese homosexual, bisexual or other men questioning their sexual orientation recruited via the internet. *Journal of Epidemiogy and Community Health, 60*, 962-967.

日高庸晴・古谷野淳子・橋本充代・本間隆之・品川由佳・横山葉子・山崎浩司・木村博和（2010）. 行動科学手法によるインターネット利用層への予防介入研究（REACH Online 2009）　厚生労働科学研究費補助金エイズ対策研究事業　インターネット利用層への行動科学的HIV 予防介入とモニタリングに関する研究　平成21 年度総括・分担報告書（pp. 9-54）

日高庸晴・嶋根卓也（2014）. HIV 感染予防対策の個別施策層を対象にしたインターネットによるモニタリング調査・認知行動理論による予防介入と多職種対人援助職による支援体制構築に関する研究（平成23 年度-平成25 年度総合研究報告書：厚生労働科学研究費補助金エイズ対策研究事業）

樋口匡貴・中村菜々子（2010）. コンドーム使用・使用行動意図に及ぼす羞恥感情およびその発生因の影響　社会心理学研究, 26, 151-157.

土方伸子（2013）. 保健「性への関心・欲求と性行動の選択」―教材化の試み―　お茶の水女子大学附属高等学校研究紀要, 58, 17-26.

法務省人権擁護委員会（2001）. 人権救済制度の在り方について（答申）　Retrieved from http://www.moj.go.jp/content/000104545.pdf（2017 年7 月25 日）

茨木俊夫（2002）. 健康行動と疾病予防　日本健康心理学会（編）　健康心理学概論（pp. 89-109）　実務教育出版

飯田敏晴（2015）. エイズ相談・検査利用の「利益性」「障がい性」認知の概念化の試み―受検経験による違い―　山梨英和大学紀要, 14, 63-77.

飯田敏晴・いとうたけひこ・井上孝代（2010）. 日本の大学生におけるHIV 感染経路に関する知識と偏見との関連―性差に焦点を当てて―　応用心理学研究, 35, 81-89.

飯田敏晴・いとうたけひこ・井上孝代（2012）. HIV 自己イメージ尺度（HIVSIS）の信頼性と妥当性の検討―予防的介入プログラムの開発に役立つ尺度の作成―　コミュニティ心理学研究, 16 (1), 39-54.

飯田敏晴・佐柳信男（2014）. エイズ相談利用の利益性と障害性認知に関する質的分析―自由記述式調査による探索的検討―　山梨英和大学紀要, 13, 45-62.

金子典代・塩野徳史・コーナージェーン・新ヶ江章友・市川誠一（2012）. 日本人男性における生涯でのHIV 検査受検経験と関連要因　日本エイズ学会誌, 14, 99-105.

片瀬一男（2013）. 第7 回「青少年の性行動全国調査」の概要　日本性教育協会（編）「若者の性」白書―第7 回青少年の性行動全国調査報告―（pp. 9-24）　小学館

北風菜穂子（2011）．レイプ支持態度がデートレイプの判断に及ぼす影響—強要戦術，被害者の心情との関連— 明治学院大学大学院心理学研究科心理学専攻紀要, *16*, 13–29.

北風菜穂子・いとうたけひこ・井上孝代（2011）．順序構造分析によるデートレイプ判断の性差の検討 応用心理学研究, *37*（1），40–41.

古島大資（2015）．高校生の性行動と携帯電話使用との関連について 日本健康教育学会誌, *24*（2），130–137.

厚生労働省（2015）．平成26年度衛生行政報告例の概況 Retrieved from http://www.mhlw.go.jp/toukei/saikin/hw/eisei_houkoku/14/dl/gaikyo.pdf（2016年6月30日）

厚生労働省エイズ動向委員会（2015）．平成26年エイズ発生動向年報 Retrieved from http://api-net.jfap.or.jp/status/index.html（2016年6月30日）

古谷野淳子・松高由佳・桑野真澄・早津正博・西川歩美・星野慎二・後藤大輔・町登志雄・日高庸晴（2014）．「その瞬間」に届く予防介入の試み—MSM対象のPCBC（個別認知行動面接）の検討— 日本エイズ学会誌, *16*, 92–100.

毎日新聞社人口問題調査会（2005）．超少子化時代の家族意識—第1回人口・家族・世代世論調査報告書— 毎日新聞社

Matarazzo, J. D. (1980). Behavioral health and behavioral medicine: Frontiers for new health psychology. *American Psychologist, 35*, 807–817.

茂木輝順（2012）．性教育の歴史 荒堀憲二・松浦賢長（編） 性教育学（pp. 1–7） 朝倉書店

内閣府男女共同参画局（2015）．男女間における暴力に関する調査（平成26年度調査）報告書

中山周一・大西 真（2015）．〈特集〉梅毒2008年〜2014年 病原微生物検出情報（月報）, *36*（2），1–6.

日本家族計画協会（2013）．ジャパンセックスサーベイ Retrieved from http://www.jex-inc.co.jp/learn/pdf/sexusurvey2013.pdf（2016年6月30日）

野坂祐子・吉田博美・笹川真紀子・内海千種・角谷詩織（2005）．高校生の性暴力被害と精神的健康との関係 トラウマティック・ストレス, *3*, 67–75.

大渕憲一（1991）．暴力的ポルノグラフィ—女性に対する暴力，レイプ傾向，レイプ神話及び性的反応との関係— 社会心理学研究, *6*（2），119–129.

越智啓太・喜入 暁・佐山七生・甲斐恵利奈・長沼里見（2015）．改訂版デートバイオレンス・ハラスメント尺度の作成と分析（1）—被害に焦点を当てた分析— 法政大学文学部紀要, *71*, 135–147.

越智啓太・長沼里見・甲斐恵利奈（2014）．大学生に対するデートバイオレンス・ハラスメント尺度の作成 法政大学文学部紀要, *69*, 63–74.

小川真由子・引田郁美（2016）．大学における性教育についての一考察—短期大学生における性意識と性行動の調査から— 鈴鹿大学短期大学部紀要, *36*, 75–85.

長田久雄（1999）．性行動 中島義明・安藤清志・子安増生・坂野雄二・繁桝算男・立花政

夫・箱田裕司（編）　心理学辞典（p. 484）　有斐閣

斎藤真緒 (2007). セクシュアルヘルスプロモーションの射程―新しいアジェンダとしての若者のセクシュアルヘルスを中心に―　立命館人間科学研究, *14*, 167–181.

佐々木掌子 (2016). セクシュアル・マイノリティに関する諸概念（特集セクシュアルマイノリティ（LGBT への理解と支援））　精神療法, *42* (1), 9–14.

新ヶ江章友 (2006). HIV 感染不安の身体―日本における「男性同性愛者」の主体化の批判的検討―　論叢現代文化・公共政策, *3*, 203–226.

Sigurvinsdottir, R., & Ullman, S. E. (2016). Sexual assalut in bisexual and hetrosexual surviorvors. *Journal of Bisexuality, 16* (2), 163–180.

宋　昇勲・川畑徹朗・菱田一哉・今出友紀子・中村晴信・辻本悟史・李　美錦・境　千紘・菅野　瑤・三島枝里子 (2011a). インターネット上の性に関する情報への接触と中学生の性に対する態度及び行動との関係　学校保健研究, *53*, 288–298.

宋　昇勲・川畑徹朗・今出友紀子・李　美錦・菱田一哉・境　千紘・辻本悟史・中村晴信・陳　曦 (2011b). インターネット上の性情報への接触が青少年の性行動に及ぼす影響に関する予備的研究　学校保健研究, *54*, 152–161.

宋　昇勲・川畑徹朗・李　美錦・菱田一哉・境　千紘・辻本悟史・中村晴信・今出友紀子 (2013). インターネット上の性情報への接触が中学生の性行動に及ぼす影響に関する縦断研究　学校保健研究, *55*, 197–206.

Stults, C. B., Javdani, S., Greenbaum, C. A., Kapadia, F., & Halktis, P. N. (2015). Intimate partner violence and sex among young men who have sex with men. *The Journal of Adolescent Health, 58* (2), 215–222.

種部恭子 (2016). 若年妊娠とその背景　現代性教育研究ジャーナル, *60*, 1–5.

冨田道子 (2015). 女子学生の性意識・性行動に着目して―大学における「セクソロジー」の授業の効果―　健康科学と人間形成, *1* (1), 29–39.

UNAIDS (2016). ファクトシート 2016 年　Retrieved from http://api-net.jfap.or.jp/status/pdf/UNAIDS_FACT_SHEET_2016_J. pdf（2016 年 6 月 30 日）

WHO (2006). Defining sexual health: Report of a technical consultation on sexual health, 28–31 January 2002. Geneva, World Health Organization.

山蔦圭輔 (2015). ベーシック健康心理学―臨床への招待―　ナカニシヤ出版

# 第12章

# アレルギー疾患

清野純子

　アレルギー疾患は，医療従事者でなくても，気管支喘息，アトピー性皮膚炎，食物アレルギー，花粉症などの疾患名が次々に挙げられるほど，社会一般に広く知られている。現在，先進国を中心にアレルギー疾患は急激に増加し，国際保健機関（World Health Organization: WHO）では，全世界におけるアレルギー性鼻炎患者は数億人，地域によっては青少年の半数弱がアレルギー性鼻炎や結膜炎に罹患していると報告されている。日本においてもアレルギー性鼻炎，喘息，アトピー性皮膚炎の患者は小児から成人まで幅広く，その数は年々増加している（千葉，2016）。今日の我が国においては，住居環境の変化や食品成分の多様化に伴い様々なアレルゲンの出現が，アレルギー疾患患者数の増加の背景にあると言える。そして，アレルギー疾患を抱えながら生活をする者は，今後も増え続けるであろう。

　アレルギー疾患は，一度体内で免疫反応が成立してしまうと，日常生活において抗原を受け続ける限り長い期間にわたり反応が引き起こされることから，慢性的な疾患と言える。アレルギー疾患の発症に至る原因は，単に免疫反応だけが関与しているわけではなく，たとえば，ストレスや生活環境など，多くの要因が複雑に影響し多面的なメカニズムで発症していることが明らかになりつつある（大矢・吉田，2005）。今後，さらにアレルギー疾患の病態や原因の解明が進み，新たな治療法が開発されると同時に医療支援の方法も変化し続けていくことが予測される。

　本章では，まずアレルギー疾患とその症状および特徴について述べ，健康心理学的視点からアレルギー疾患に対する介入などについて述べていく。

## 1. 我が国のアレルギー疾患の現状

　現在，我が国でアレルギー疾患に罹患しているものは約2人に1人と言われており，その主なアレルギー疾患は気管支喘息，花粉症，アトピー性皮膚炎，などである（患者数は，気管支喘息では1,177千人，花粉症を含むアレルギー性鼻炎は663千人，アトピー性皮膚炎は456千人）（厚生労働省，2016a）。そして，これらの疾患に罹患している患者数は増加傾向にあり，国民のアレルギー疾患に対する予防や対処法に関する関心は高く，その対策が急務とされている。アレルギー疾患推計患者の年次推移を図12-1に示したように，アレルギー疾患により医療機関を受診する患者数は増加している。しかし，地域により医療体制の不十分さや，情報の不足から適切な医療機関を選択できないこと，さらに誤った民間療法で症状が悪化する場合も少なくない。このような状況に鑑み，総合的なアレルギー疾患対策を推進するため，2015年12月より「アレルギー疾患対策基本法」が施行された。このアレルギー疾患対策基本法は，アレルギー疾患を有する者が多数存在すること，アレルギー疾患には急激な症状の悪化を繰り返し生じさせるものがあること，アレルギー疾患を有する者の生活の質が著しく損なわれる場合が多いこと等，アレルギー疾患が国民生活に多大な影響を及ぼしている現状，およびアレルギー疾患が生活環境に係る多様かつ複合

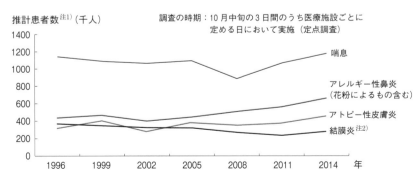

注1）推計患者数：患者調査において，調査日現在，継続的に医療を受けている者（調査日には医療施設を受療していない者も含む。）の数を，算式により推計したもの。
注2）結膜炎：非アレルギー性の結膜炎患者を含む。

**図12-1　アレルギー疾患推計患者の年次推移**（厚生労働省，2016a）

表 12-1　アレルギー疾患対策基本法の「基本理念」（厚生労働省，2015）

1. アレルギー疾患が生活環境に係る多様かつ複合的な要因によって発生し，かつ，重症化することに鑑み，アレルギー疾患の重症化の予防及び症状の軽減に資するため，第2の3に定める基本的施策その他のアレルギー疾患対策に関する施策の総合的な実施により生活環境の改善を図ること。

2. アレルギー疾患を有する者が，その居住する地域にかかわらず等しく科学的知見に基づく適切なアレルギー疾患に係る医療を受けることができるようにすること。

3. 国民がアレルギー疾患に関し，適切な情報を入手することができるとともに，アレルギー疾患にかかった場合には，その状態及びおかれている環境に応じ，生活の質の維持向上のための支援を受けることができるよう体制の整備がなされること。

4. アレルギー疾患に関する専門的，学際的又は総合的な研究を推進するとともに，アレルギー疾患の重症化の予防，診断，治療等に係る技術の向上その他の研究等の成果を普及し，活用し，及び発展させること。

的な要因によって発生し，かつ重症化することに鑑み，アレルギー疾患対策の一層の充実を図るために定められたものである。そして，基本理念として4つが挙げられている（表12-1）。このことから，アレルギー疾患を有する者がどこの居住地であっても症状に対する知識や治療を得ることができ，アレルギーに伴う不快な症状が改善でき，生活の質（Quality of Life: 以下，QOL）の維持向上を果たせるような取り組みが必要であると言えるだろう。

　2015年アレルギー疾患対策に対する具体的な取り組みについての実態を明らかにするために，アレルギー疾患対策に関する状況の調査が実施された（厚生労働省，2016b）。この調査では都道府県を通じて調査用紙が配布され，全市区町村を対象に行われた（$n$=1,741）。その結果（全国1,741市区町村のうち回答された1,199市町村（68.9％）を分析），アレルギー対策実施自治体数は1988年以前は40であったが年々増加し，アレルギー対策基本法に定められている6疾患（気管支喘息，アレルギー性鼻炎，アレルギー性結膜炎，アトピー性皮膚炎，花粉症，食物アレルギー）に対し，何らかの対策を講じている自治体数は747（62.3％）にまで増加していた。このうち65％が1疾患のみの対策で，対象疾患は食物アレルギーが最も多かった。

　現在，先進国を中心に食物アレルギーは世界的に大きな問題となっている。日本では，2012年12月東京都調布市の小学校で給食後児童の体調が悪くなり，救急搬送されたが，食物アレルギーによるアナフィラキシーショックにより死

亡するという事故が生じている。その他に食物アレルギーに対する緊急対応によりアナフィラキシーショックによる死亡が回避されたケースもある。このようなことからも保育園や学校では食物アレルギーへの関心が高まり，「学校のアレルギー疾患に対する取り組みガイドライン」（日本学校保健会，2008）や「保育所におけるアレルギー対応ガイドライン」（厚生労働省，2011）が出されている。以上のようにアレルギー疾患による症状は様々ではあるが，安心で快適な生活が過ごせるためにアレルギー疾患に対する対応は今後も重要な課題と言える。

## 2．アレルギー疾患とは

　通常，生体内に抗原が侵入すると，免疫反応（細胞性免疫反応，液性免疫反応）により抗原の排除が行われ生体が保護され，この場合生体は特異的な症状を示さない。一方，無害である非自己の抗原に対して過剰に反応することによって生体の傷害を生じるものをアレルギー疾患と呼ぶ。アレルギー疾患対策基本法においては，「アレルギー疾患とは，気管支喘息，アトピー性皮膚炎，アレルギー性鼻炎，アレルギー性結膜炎，花粉症，食物アレルギーその他アレルゲンに起因する免疫反応による人の生体に有害な局所的又は全身的反応に係る疾患であって政令で定めるものであること」としている（厚生労働省，2015）。アレルギー疾患の症状（表12-2）は，軽度なものから生命の危機に至るような重篤なものまで多岐にわたる。
　アレルギー疾患の代表的なものとしては，気管支喘息や花粉症，食物アレルギー，アトピー性皮膚炎，接触性皮膚炎などがある。20世紀初頭ではアレルギー疾患は稀な疾患と認識されていたが（千葉，2016），現在では，花粉症対策の薬剤やマスク，メガネ・ゴーグルなども発売されており，これらに罹患している人は少なくなく，身近なものとしてとらえられている。

## 3．アレルギー疾患を持つ患者の特徴

　アレルギー疾患は，症状が多種多様であり，さらに慢性的に経過するため

3. アレルギー疾患を持つ患者の特徴　**173**

治療が長期化する場合が多い。加えて患者は，アレルギー症状の悪化予防や出現防止のために長期間にわたり日常生活に関して摂生を求められることになる。そのため，アレルギー症状によるわずらわしさや苦痛などの身体的な問題を持つだけでなく，心理的・社会的にも問題を抱えている場合が少なくない。以下，身体的および心理的・社会的な側面における諸問題について述べる。

### （1）身体的な問題

　アレルギー反応は発熱や発疹，時にはショックなどの病的現象を引き起こす。障害される臓器によっていろいろなアレルギー疾患が発症する。

　アレルギー疾患の症状は，皮膚症状・呼吸器症状・消化器症状などから，アナフィラキシーショックのような急激で重篤な過敏反応に至るまで多種多様である。さらに，いくつもの症状が組み合わさって出現することが多く，発症の時期・部位・出現の仕方なども一様ではない。このように，発現する諸症状が身体的に主要な問題となっている（表 12-2）。

**表 12-2　アレルギー症状によって各臓器に見られる症状**（川口，2016）

| 各臓器 | 症状 |
|---|---|
| 呼吸器 | くしゃみ，鼻汁，鼻閉，喉頭狭窄感，嗄声，咳嗽，喀痰，喘鳴，呼吸困難，チアノーゼ |
| 循環器 | 心悸亢進，胸内苦悶，血圧低下，脈拍微弱，頻脈，チアノーゼ |
| 皮膚・粘膜 | 掻痒感，口腔粘膜浮腫，紅潮，皮膚蒼白，蕁麻疹，紅斑，湿潤性紅斑，丘疹，湿疹，鱗屑，痂皮，痒疹，紫斑，皮下出血 |
| 眼 | 目の痒み，流涙，眼球結膜の充血，結膜炎，眼瞼浮腫 |
| 消化器 | 吐き気，嘔吐，下痢，腹痛，腹鳴，血便 |
| 神経 | 口唇，四肢のしびれ感，冷感，めまい |

### （2）心理・社会的な問題

　アレルギー疾患は長期的な経過をたどるため，患者にとっては煩わしさ・不快感・不安感などが長期間にわたって続くことになる。また，患者には食事・運動・住環境など日常生活において様々な摂生が求められる。それに伴って心理・社会的な抑制を受けることも余儀なくされることが大きな問題となってい

174　第12章　アレルギー疾患

る。

　また，患者によっては，疾患の発症に伴う症状の出現が要因となり，外出や人と会うことがおっくうになり，次第に行動範囲が狭まり，社会的交流が乏しくなることがある。そのため，孤独感・疎外感を通じ，抑うつ的な心理状態に陥ってしまうことも多い。学校や職場においても，症状が出現しているために（例えば，鼻閉や鼻汁・皮膚の掻痒感），集中力や判断力が低下し，学習や職務遂行の効率が悪くなり未達成感や不満足感などを感じるなどの問題が生じている。

## 4．アレルギー疾患に対する健康心理学的介入の意義

　アレルギー疾患の症状は，煩わしさを感じるだけのものから，生命の危機を生じる重篤なものまで幅広い。症状は一般に慢性の経過をたどり，その治療は長期にわたることが多く，アレルギー疾患患者への対応で重要なのは，患者の苦悩・苦痛を最小限にし，QOLを改善すること，自己管理能力を高めること，セルフケアを継続していくための支援をすることである。これらの支援は，健康心理学的視点からのアプローチによって，より適切に提供できるものになると言えよう。健康心理学とは，「健康の維持・増進，疾病の予防・治療，健康・疾病・機能不全に関する原因・診断の究明，およびヘルスケア・システム（健康管理組織）・健康政策策定の分析と改善等に対する心理学領域の特定の教育的・化学的・専門的貢献の全てをいう」（日本健康心理学会，2002）。つまり，健康心理学では，個人のみならず社会も含め健康問題や健康に関わる行動を変容のための介入を行っていくことで，well-being な状態にしていくことが可能となる。このような特徴からもアレルギー疾患に対する健康心理学的視点からのアプローチが必要であると言えるだろう。

　特に小児期のアレルギー疾患を持つ患者とその家族への関わりが重要となってくる。小児では乳児期に食物アレルギーを発症した児が，その後の成長とともに食物アレルギーは軽快したがアトピー性皮膚炎が顕著に現れた，喘息を発症したなどというケースによく出会う。このようにアレルギー体質を有する個体が，年齢経過とともに原因と発現臓器を変えながら，いくつかのアレルギー

4. アレルギー疾患に対する健康心理学的介入の意義　175

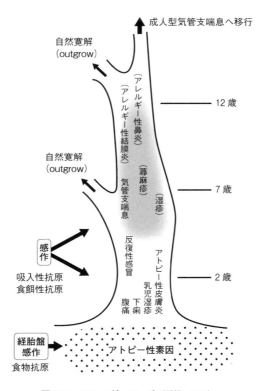

図 12-2　アレルギーマーチ（馬場, 1998）

疾患を発症していくことを，あたかもアレルギーを渡り歩いていくような様子からアレルギーマーチ（アレルギーの行進）という（白石, 2011）（図 12-2）。

　現状のアレルギーマーチは，アレルギーは世代の連鎖状況を形成することでもあり，子ども自身のアレルギーの歩みでもあることを示している（山元, 2011）。このような環境の中でもアレルギーの専門的で，適正なケアを受けることにより，子ども自身の持つ免疫力と回復力を活かして，セルフケア能力を高め，アレルギー疾患の知識，回復の意欲，ケアを継続させる精神力の向上が可能である。そのために必要なのが健康心理学的アプローチである。

176　第12章　アレルギー疾患

## 5．アレルギー疾患に対する健康心理学的介入の方法

　アレルギー疾患には，心理的要因が強く影響していることが指摘されている（久保・千田，2005）。本項では，アレルギー疾患を持つ患者への健康心理学的介入としてストレスへの対応および生活習慣の変容について述べていく。さらに，アレルギー疾患に関連した心理的評価について述べる。

### （1）ストレスへの対応

　アレルギー疾患を持つ患者が疾患を抱えながらも，その人らしく，より良い生活を送るための支援を健康心理学的介入によって行うには，種々のストレスへの対応が挙げられる。従来，ストレス刺激は，アレルギー反応を含む免疫反応全般に対し抑制的に作用するとされていた。しかし，これまでの研究結果によると一部の免疫反応はストレスにより促進される場合があることが明らかにされてきている（久保・千田，2005）。

　これらのことから，アレルギー疾患とストレスを関連させて適切な対応を考えていくには心身相関についての理解が重要である。久保・千田（2005）は，アレルギー疾患とストレスに関連した心身相関は3つのカテゴリーに分類されると述べている。以下，1）〜3）に分けて示す。

### 1）ストレスによりアレルギー疾患が発症，再燃，悪化，持続する症例（狭義の心身症）

　心理社会的ストレスが喘息の悪化因子あるいは発症因子の1つとなっている場合である。この場合，生活上のライフイベントの変化（出産，結婚，離婚，転居，就職，転職，進学，近親者の病気や死など）や日常生活のストレス（家庭，職場，学校での対人関係の問題，仕事の負担など）がアレルギー疾患の発症や再燃に先行して見られる。また心理状態（不安，緊張，怒り，抑うつなど）と症状の増減との間にも密接な相関が認められる。

### 2）アレルギー疾患に起因する不適応を引き起こしている症例

　喘息やアトピー性皮膚炎のようなアレルギー疾患では，慢性再発性に経過し改善の見通しが立ちにくく，しばしば治療にかかる肉体的，精神的，時間的，経済的負担が大きい。それらによって，患者に著しい心理的苦痛や社会的，職業

5. アレルギー疾患に対する健康心理学的介入の方法　**177**

的機能の障害が生じ，それが大きなストレス因子となる。ストレスの症状として，睡眠障害，対人関係障害，社会的状況の回避や引きこもり，学業や仕事の業績の低下，抑うつ気分，不安などが見られる。

### 3）アレルギー疾患の治療・管理への不適応を引き起こしている症例

心理社会的要因によって医師の処方や指導の遵守不良などが引き起こされ，喘息に対する適切な身体的治療や管理を行うことが妨げられることによって生じるストレスが，治療や経過に著しい影響を与えている。症状として，ステロイド治療をはじめとした薬物や処置に対する不合理な不安・恐怖，症状のコントロールに対しての無力感，医療あるいは医療従事者に対する強い不信感などを認める。

以上，3つの症例に基づき分類して示してきたが，これら3つのカテゴリーは相互に無関係でなく，関連し合っているとも言われている（久保・千田，2005）。

これらのアレルギー疾患とストレスとの関連，つまり心身相関に対する健康心理学的アプローチとして，最も基本になるのはカウンセリングである。受容，共感，支持によるカウンセリングによって感情の発散，心身相関の気づき，問題点の明確化がなされよう。次に重要なのがストレスマネジメントである。健康心理学の視点で行われるストレスマネジメントには，環境に働きかけてストレッサーを取り除いたり，ストレスを大きくしないような考え方や対処の方法を工夫したり，ストレッサーによって引き起こされた緊張状態やストレス反応を緩和させるなどがあり（井上・清野，2012），アレルギー疾患の予防や症状のコントロールに有効であると言えよう。

さらに，広義的な心理的アプローチに目を向けると，自律訓練法，認知行動療法，家族療法，内観療法など各種心理的アプローチがなされている。

## （2）生活習慣の変容

前述したアレルギー疾患とストレスとの関連を踏まえると，睡眠不足や不規則な生活習慣などでストレス耐性が低下している中で生活する人たちが増えることは，アレルギー疾患を増やすことにつながる。よって，アレルギー疾患を悪化させたり，またアレルギー症状を出現させるような好ましくない生活習慣

を変容させる介入が重要となる。しかし，一度身につけた生活習慣は，医療機関等で指導・注意されても，なかなか変容しないという難しい現状がある。そこで，行動理論，認知理論，動機づけ，パーソナリティ，ソーシャルサポートなどの領域から得られた様々な心理学的知見を応用することで，アレルギー疾患を持つ患者の生活習慣の変容を効果的に支援することができると言われている（神庭，2012）。

### (3) 心理的評価

　心理的要因は，ある程度患者の背景について知らないと評価は難しい。よって，アレルギー疾患を持つ患者と関わるにあたっては，はじめから身体面だけでなく心理社会面からも情報を得るようにすることが大切である。アレルギー疾患の発症と経過を心身両面から詳細に検討していくと，発症前より様々な心理社会要因により生ずる身体的変化の関与が明らかになる場合が多い。ストレスをストレスとして認知せず，あたかも何事もなかったかのようにふるまい，ストレスに対して適切に対処していないものに重症化・難治化が見られることが多い（久保・千田，2005）。

　心理的側面の評価にあたっては，患者の心理社会的背景を把握する必要があるが，心身医学の専門家でなくても，喘息やアトピー性皮膚炎に対して開発された調査票もあり，これらを活用することで心理社会的背景の情報を把握できるようになってきている。これらの調査表を用いれば，例えば一般臨床医でも成人喘息の心身症診断が可能になり，かつ発症と経過に関しての理解が深まり，各症例に合った包括的治療を選択できる（久保・千田，2005）。

　しかしながら，アレルギー疾患の心理的側面において大切なのは，症状の始まりやその変化を治療者が納得いくまで傾聴することであり，これにより，患者との治療関係が構築される。これまで示してきたような心身相関を認めずとも，心理的側面がアレルギー疾患の発症や経過に影響している心身症的な症例も多いので患者の心理状態に十分配慮する必要があろう。

## 6. さいごに

　これまで，アレルギー疾患を持つ患者とその家族に対する健康心理学的介入について述べてきたが，今後，ますます深刻で複雑になるアレルギー疾患を持つ患者の心理的な問題に対処するためには，全人的な医療支援のためのカウセリング的アプローチやリラクセーションの手法など，幅広い心理的介入に関する見識を深めていくことが求められる。また，患者の自己管理能力向上・維持のためには患者とのパートナーシップが重要であることから，患者と積極的に情報交換を行い，患者の現状に沿った支援を行えるようにするなど，健康心理学をベースにしつつも，同時に多岐にわたる支援が必要となってくる。つまり，臨床での専門的な知識・技術の提供だけにとどまらず，患者団体や支援組織などの活動にも参加・参画し，継続的な支援の一役を担っていくことも必要とされるであろう。

　健康心理学的視点を踏まえて，アレルギー疾患を持つ患者に関わる人たちが多岐にわたる医療支援を行うことで，アレルギー疾患を持つ患者の苦痛や負担が少しでも軽減できるようになることを心から願っている。

### 引用文献

馬場　実（1998）．小児アレルギーのすべて―アレルギーマーチ―　小児科診療, *61*（4），482.

千葉伸太郎（2016）．巻頭言　睡眠医療, *10*（1），7.

井上真弓・清野純子（2012）．健康とストレス　森　和代・石川利江・茂木俊彦（編）よくわかる健康心理学（pp. 24-25）ミネルヴァ書房

神庭直子（2012）．アレルギー疾患　森　和代・石川利江・茂木俊彦（編）よくわかる健康心理学（pp. 82-83）ミネルヴァ書房

川口鎮司（2016）．症状と疾患の理解　岩田健太郎（著者代表）アレルギー　膠原病　感染症（p. 36）医学書院

厚生労働省（2011）．保育所におけるアレルギー対応ガイドライン Retrieved from http://www.mhlw.go.jp/bunya/kodomo/pdf/hoiku03.pdf

厚生労働省（2015）．アレルギー疾患対策基本法の施行について（施行通知）Retrieved from http://www.pref.hokkaido.lg.jp/hf/kth/kak/grp/kansen/allergy-sekoutuuchi.pdf（2017 年 4 月 3 日）

厚生労働省健康局がん・疾病対策課（2016a）．アレルギー疾患の現状等（資料2）
　　Retrieved from http://www.mhlw.go.jp/file/05-Shingikai-10905100-Kenkoukyoku-
　　Ganshippei taisakuka/0000111693.pdf（2017年4月3日）
厚生労働省健康局がん・疾病対策課（2016b）．アレルギー疾患対策に関する状況の
　　調査（結果報告）（資料1）　Retrieved from http://www.mhlw.go.jp/file/05-
　　Shingikai-10905100 -Kenkoukyoku-Ganshippeitaisakuka/201606214.pdf（2017年4月
　　3日）
久保千春・千田要一（2005）．アレルギー疾患の心理的側面の評価と治療　アレルギー, *54*
　　(11), 1254–1259.
日本学校保健会（2008）．学校のアレルギー疾患に対する取り組みガイドライン　Retrieved
　　from http://www.gakkohoken.jp/book/ebook/ebook_1/1.pdf
日本健康心理学会（編）（2002）．健康心理学概論　実務教育出版
大矢幸弘・吉田　桃（2005）．最近の子どものアレルギー事情　子どもと健康, *82*, 31–39.
白石昌久（2011）．小児アレルギーの理解　及川郁子（監修）　山元恵子（編）　小児看護と
　　アレルギー疾患（p. 12）　中山書店
山元恵子（編）（2011）．小児看護とアレルギー疾患　中山書店

# 第13章

# 嗜癖行動

渡邊敦子

## 1. はじめに

　近年，タレントやスポーツ選手等有名人の覚せい剤の所持や使用が報道されることが増えてきた。たいていの人は反省の弁を述べ，いったんは第一線に復帰するが，それでも長い間のうちには再使用をくり返してしまう。その状態を一般の人々は，なぜ懲りないのだろう，本当は反省していないのではないかという怒りを覚え，あるいはなぜやめられないのだろうと不思議に思うだろう。薬物使用はおそらく心理的負担の多い状況にあったために起きたのではないかと考えるかもしれない。パチンコに興じるあまり，わが子を長時間車中に置き去りにし，熱中症で死亡させてしまうような親に対しては，パチンコへ執着せざるを得ない状況は考慮されず，親としての自覚のなさに問題があるとされるのが一般的であろう。一方で，日常生活の支障にはならなくても，禁煙ができないこと，長時間ゲームに熱中してしまうこと，ときどきお酒を飲みすぎてしまうことは，誰にでも身に覚えがあるだろう。たいていの人はそれほど社会生活に支障をきたすことなく過ごせているのである。反対に，健康な人も嗜む煙草やお酒，娯楽などの行動が，病的な状態になってしまう人，問題のある薬物使用や大量飲酒，ギャンブルなどがやめられなくなり，生活が破綻してしまうような人もいる。このとらえどころのない状況を，どのように理解したらよいだろうか。

　本章を進めるにあたり，嗜癖と，それと同義的に使用されている依存について説明をしたい。精神医学の領域では，精神障害の診断基準として広く使用されている DSM-Ⅳ-TR において，「依存（dependence）」としてアルコール，薬物，ニコチンなどの物質に対し限定的に用いられていた。しかし，対象となる

事物に没頭し，社会生活に影響を及ぼし，それに対して精神保健的介入を必要とする問題は，それらの物質にとどまらない。食物，ギャンブル，人間関係，セックス，買い物，インターネット，ゲーム，暴力など，ありとあらゆるものが対象となる。嗜癖対象となるものの多彩さだけでなく，依存という水準に満たないアルコールや薬物の摂取も問題となりうる。2014年に公表されたDSM-5では，それらを包括した概念である「嗜癖」という用語を採用している。本章でも「依存」は文中で必要に応じ用いることがあるが，「嗜癖」に包括された1つの概念として扱うことを初めに確認しておく。また，筆者は薬物依存の当事者が運営する民間社会復帰施設ダルク（詳細は後述）と連携をとっている依存症の専門医療機関で支援を行っている。本章においては読者の現実的な理解のために，適宜当事者の発言を登場させていく。

## 2. 嗜癖とは

### (1) 嗜癖の定義

我が国のこの領域における先駆者である斎藤（1984）は，嗜癖を「もともと合目的で適応的であったひとつの行動が，適切な自己調節機能を欠いたまま積み重ねられ，もはや個体の利益にそぐわなくなっている状態」と定義している。また，自己のコントロールにあったはずの習慣行動から派生して，自己のコントロールをはずれる状態に至ったものであり，さらにその人の信念体系や価値観が覆されそうになる局面において，愛着するという真の欲求が，拒食や過食，アルコール依存，他人への依存（共依存）という行動にすり替えられることであるとも述べている（斎藤，1988）。信田（2000）は，はじめはプラスの効果を得られていた行動が習慣化し，時間の経過とともにマイナス作用が生じるようになってもその制御が困難になるというコントロール喪失とそれに伴う生活破綻であるとしている。いずれも，最初は生きていくうえで都合が良かったその行動が，次第に昂じ，結果や都合の良し悪しに関係なく熱中，没頭してしまい，コントロールができなくなってしまった状態ということである。

嗜癖行動の実態は，多くの研究で言及されている。近年の嗜癖の定義に関する論文レビューでは，①不快や孤独，不安や不全感などの解消といった欲求の

2. 嗜癖とは **183**

表 13-1　嗜癖の概念 (Schaef, 1987 斎藤訳 1993)

| 物質嗜癖<br>substance addiction | 薬物やアルコール，食物など物質の摂取を内容とする。 |
| --- | --- |
| 過程嗜癖<br>process addiction | ギャンブル，仕事，買物，ゲーム，インターネットなど行為の過程を内容とする。 |
| 関係嗜癖<br>relationship addiction | 人間関係の嗜癖。上記 2 点の基礎とも言える。この基本形は共依存。 |

充足のための行動，②その行動への没頭，③一時的な満足感，④コントロールの喪失，⑤行動の結果，身体的苦痛，社会への不適応，経済的損失，自尊心の低下といった否定的な影響を受けることであるとまとめられている（Sussman & Sussman, 2011）。

　長年嗜癖の問題に取り組んできたセラピストのシェフ（Schaef, 1987 斎藤訳 1993）は，臨床学的な嗜癖と社会学的な嗜癖を関連づけて論じ，日本の嗜癖の枠組みにも影響を与えた。シェフは嗜癖行動を 2 つの主要なカテゴリーに分けた。薬物やアルコール，食物など物質の摂取を内容とする物質嗜癖，ギャンブル，仕事，買物，ゲーム，インターネット，心配事など行為の過程を内容とする過程嗜癖である。そして，これら 2 つの嗜癖の基礎になるのが対人関係の嗜癖である関係嗜癖であるとし，根底に対人関係によって生じるストレスがあるから，人は物質やプロセスに嗜癖するとした。さらに，個人にとどまらず，個人が相互作用している環境や社会自体が嗜癖的であり（嗜癖システム），そこには誰でも巻き込まれてしまう可能性があるとして，嗜癖に対する視点を発展させた。

## (2) 嗜癖の本質：防御壁としての嗜癖

　精神科医である岡田（2005）は，十分に育っていない自己対象の機能を肩代わりするのが薬物であると述べている。「自己対象とは，その人の自己愛を慰め，支えてくれる存在」であり，「その起源は，空腹を満たし，濡れたオムツを替え，抱きかかえ，優しく愛撫し，歌を歌い，話しかけてくれる母親の姿である。人は成長するにつれ，そんな母親を自分の中に取り込み，心の中の母親とでもいうべき自己対象を育んでいく。それによって，母親がすぐそばにいなくて

も，見守られていると感じ，安心して他のことに熱中することができる」。しかし，自己対象が十分に育っていないと，その人は自分自身を支えきれず，不快に遭遇すると，自己対象の代償となるものを希求する。それが薬物であり，母親の愛撫や子守歌の代わりとなる。しかも，いつでも望んだ時に手に入る「母の揺りかご」なのである。幼少期の愛着障害がある人は嗜癖行動に陥りやすく，嗜癖対象となっている薬物などを取り上げられたら，その人は自分を支えることができなくなってしまう。絶望し自殺してしまうこともある。嗜癖とは本来，何かを特別に好む性癖のことを意味するが，嗜癖行動の本質から考えると，命がけでその行動に没頭していると思わずにはいられない。

　そもそも，我々の社会は誰かに依存しないと生きていけないような仕組みになっている。しかし，そこではただ頼りあっているのではない。関係性の嗜癖に取り込まれている状態を「共依存」と言い，この関係を維持させている人を共依存者と言う。これは，嗜癖当事者の家族関係だけでなく，支援者との関係性をも複雑にする重要な概念である。共依存者は嗜癖者との関係に束縛されてしまうから，嗜癖行動を促進してしまう。例えばアルコール依存の人が持つ問題（酒を買うためにした借金の返済，飲酒が原因の暴力に対する贖罪など）を本人の代わりに解決してしまうから，本人がいつまでも自分の問題に直面することなく飲酒をやめようとしない，飲酒をやめるよう説教されたり，管理をされたりすることで余計に飲酒がしたくなる，という具合である。この間違った援助や尻拭いをイネーブリングといい，それを提供してしまう人をイネーブラーという。イネーブラーは，嗜癖的な関係性に集中するから視野が狭くなって現実検討が困難になり，他者への配慮ができなくなってしまう。

## （3）嗜癖当事者の対人関係の特徴：否認

　ありのままの自分で健康的に生きている人から見れば，自分に内在する問題が晒されることへの防衛をしている嗜癖当事者の行動，とりわけ対人関係のあり方には不自然さを感じるだろう。それは当事者の周囲の人々だけでなく，支援者においてもストレスとなり，無力感や不全感を生じ，支援への動機づけにも影響を与える。当事者だけでなく，支援者自身の心の健康のためにも当事者の対人関係の特徴を知っておく必要がある。ここでは防衛の中でも代表的な否

認について説明する。

　否認とは，当事者が自らの問題を認めようとしないことである。例えば，家族から飲み過ぎを指摘されても，飲酒量は自分でコントロールしていると言い，自らの問題を受け入れようとしないことを指す。アルコール依存症の治療のために精神科病院に入院していても，「自分は肝臓の病気で入院している」と言う人は少なくない。

　自助グループやダルクでは，当事者から「自分はお酒以外には問題がない」「覚せい剤は腰痛の改善のために使用しているのであって，悪意はない」「人を殺したわけじゃあるまいし，（飲酒や薬物使用によって）誰にも迷惑かけていない」という発言がたびたび聞かれる。「俺はあいつよりひどくない」という，自分とほかの当事者との比較も時折耳にする。これらは「第二の否認」と言われ，自分の問題をアルコールや薬物などの嗜癖対象に押しつけている状態である。ある人は身体的な問題が深刻になっており，またある人は社会生活の問題が大きいなど，当事者個々の状況や重症度は異なっているが，自分に内在する問題を直視することは，当事者にとっては大きな恐怖感をもたらすものである。

## 3.　嗜癖の実態：薬物への依存

### (1)「分かっちゃいるけどやめられない」

　ここで，当事者の声を紹介する。当事者からは，断薬の維持の困難さが口々に語られた。

　「薬物（使用）をしながら死ぬ一歩手前までね，ハイリスクを背負いながらトライチャレンジしているわけだから。リスクを背負いながら（薬物を）買いに行く……身体にもすごい負担がかかる，それでもなおかつ地獄の階段を上る」。

　また，身内や他人から指摘されてもやめられなかった。

　「（薬物を使用している時は）記憶がないっていうよりね，もう薬の依存の方が強すぎて，子どもになんて思われようが。だから皆，親や兄弟が止めようがやめないでしょう」。

　人によっては複数回の服役をしてもやめられなかったことを話していた。

　「（刑務所暮らしは）対人関係が大変，（受刑者どうしでは）薬の話ばかりで嫌

だからもうやめようと思ったけど，全部で（服役が）8回」。

比較的高年齢の人は，薬物を使用し始めてから今までの時間が長いだけに，様々な体験をし，失敗を繰り返している。

「シャバで生活している時間の方が短い。少年院から合わせると20年以上（刑務所に）入っているからね。今思うとずいぶん無駄だったかもしれない。勉強ができたかもしれないし，技術を身につけられたかもしれない」。

仕事や趣味などに打ち込むことで断薬を試みたが，努力が報われず，仕事によるストレス，収入によって薬物を購入できるような金銭的な余裕が生じたことが薬物使用につながってしまったことも示された。

「薬をやめるために山小屋にも勤めたんですよ。健康はすごい早くに戻って……あれは特効薬みたいだと思った。でも一時的ですね」。

「薬がほしいから働くのではなくて，まっとうに社会に戻りたいから一生懸命働くんですよ。遅刻や注意されることが嫌だから，一生懸命やって結構認められて仕事もらえるんだけど，結構お金たまるとまた薬」。

### (2) なぜ嗜癖をやめ続けることは困難を極めるのか：圧倒的な薬物の力

当事者の話の中には，薬物を使用したことのない者には理解しがたい状況があった。それは，何か見えない力が働いて自分の思いが覆されているような，再使用や状態の悪化の根底にあるものは分からないというものである。

「生活態度が改まればコントロールできると考えていたけど，もっと根深いものがあったんでしょうね。自分でもよく分からないけど，何か根底にあってスリップしちゃった」。

薬物の作用によってなんとか生活してきた，あるいは薬物の作用なしでは行動できなかったという思いも語られていた。

「最初は苦しくないんだよね，でもすぐに，新鮮じゃない……一番最後に使った最悪な状況になるんですよ。薬やっても全然快楽ではなくなってきて，でも動けないから強迫的にやり続けてましたね」。

「（覚せい剤を）使うと疲れがとれる。身体が楽になっちゃう。切れるともう話もできない。ずっとやってたから，毎日。打たないと動けなくなっちゃう」。

腰痛など身体の痛みの解消のために覚せい剤を利用してから改善し，仕事を

続けるために覚せい剤が手放せなくなったといった類の話は当事者からたびたび語られている。

　当事者は，社会生活を円滑にするために，常時ではなくてもかなり多くの時間嗜癖行動をやめたいと思い，考えつくことはいろいろと実行しているにもかかわらず，結局はまた嗜癖に陥っていってしまうことを口々に語っていた。依存や嗜癖は「意志の病」「否認の病」と言われてきたが，その実態からは，当事者の意志や認識とは異なるところに原因があるように思える。

　そのことは脳の仕組みを考えれば理解がしやすい。脳には報酬系というシステムがあり，種や個体の生存に利益がある時には報酬系の神経端末からドーパミンなどの脳内伝達物質が放出され，喜びや快感を引き起こす。覚せい剤の摂取によって増えるドーパミンは通常の10〜100倍以上となり，神経細胞内での再取り込みも阻害される。ある当事者は，覚せい剤を使用し始めたころの感覚を，次のように語っていた。

　「覚せい剤を打った時の快感はすごくて，どうして皆はこんないいものを使わないの，ばかじゃないのと思っていた」。

　では，なぜ覚せい剤などの違法薬物は人の行動をコントロール不能にするほど強力なのだろうか。支配され，依存に陥った脳には2つの問題が生じる。まず薬物への渇望である。もう1つは，度重なる乱用によって脳が依存状態に陥った後に現れる離脱症状である。離脱症状は，薬物がもたらす作用とは反対に，ひどい落ち込みを感じさせる。それは当事者にとっては大変な恐怖である。その緩和にはより多くの薬物の摂取が必要となり，薬物の再使用の引き金となる。

　薬物の脳に対する効果は強力でも，それが長期間持続するとは限らない。当事者の多くは，多大な快感をもたらした覚せい剤も，しばらくすると効果がなくなり空虚感に苛まれたと話していた。しかし，薬物依存は当事者が話している通り，かなりの長期間に及んでいる。その理由は脳画像技術を利用した研究によって説明がなされている。薬物の継続使用が脳内の物質代謝や脳機能に対し，長期的に持続した変化をもたらすことが明らかになっている。一度依存状態になってしまった状態では，薬物の使用をやめても，脳機能の低下の回復はかなり遅い。100日間コカインを使用していない人の脳画像は，10日間使用していない人のそれよりは通常のレベルに近くなってはいるが，通常のレベルに

ははるか遠い状態であることが明らかになっている。つまり，薬物の慢性的な使用により，脳の報酬系の異常が不可逆となり，前頭葉皮質に変質をきたす。このような脳の状況を，薬物使用にまつわる場所や人物，注射器，さらには医療用のアルコール綿などの引き金になるものからの誘惑に勝てない「薬物脳」と言い，自分は薬物が室内に存在していることで身体が反応してしまう「麻薬犬」のようだと説明している当事者もいた。当事者のたとえからは，覚せい剤の使用は自分ではどうにもコントロールできない状況であることがよく分かる。薬物使用を回避しようと固く決心している時は，薬物の存在する環境に近づかないことができるが，強烈な渇望や離脱症状に襲われたり，覚せい剤を購入するだけの金銭が手に入れば，即座に再使用につながってしまうのである。

## 4．当事者による当事者への支援

　当事者による支援（ピアサポート）としては，薬物依存では NA（ナルコティクスアノニマス）などの自助グループや，ダルクなどの入寮施設，アルコール依存の場合は断酒会，AA（アルコホーリクス・アノニマス）などの自助グループがある。

### （1）12 ステッププログラムと自助グループ

　薬物依存症の当事者で，ダルクの創始者である近藤（2000）は，自らの経験から，「薬物依存症は他人から断薬をするように言われたり非難されたりしても意味がなく，自分で断薬したい，回復したいという内発的な願いを持ち続けないと変われない」と述べている。このように，他者の力だけでは回復することができないため，支援においてもほかの疾患のような治療的関係にはなじまず，アルコール依存症の自助グループであるアルコホーリクス・アノニマス（AA）の 12 ステッププログラムのような活動によって回復が可能となる（村上，2010）ことも，有識者の間では次第に知られてきている。医療機関による治療プログラムは，非常に端的に述べると，当事者に乱用物質の摂取や嗜癖行動を「やめさせる」ことが目標とされている。しかし，前述のように当事者は「やめる」あるいは「やめ続ける」ことが容易ではない。医療機関にいったん受

診してもやめられないことと，やめられないことを理解されない苦しみからドロップアウトしてしまう当事者は非常に多い。

　このプログラムは，どんなに努力しても薬物使用をやめられなかった当事者が，自分の持つ様々な問題に対し，問題を見極め，そして自分にはその解決ができないことを認め，無力を受け入れるというステップ1から始まる。ステップ1は降伏するということである。問題は神（自分を超えた大きな力）が解決すると信じ，その結果も神にゆだねることで，人の意見が聞けるようになり，問題に向きあうことができるようになる。アノニマス（匿名）というのは，利用者は本名とは異なる「アノニマスネーム」を称し，これまでの問題を抱えた自分と決別し，新しい自分として生き始めるという意味が込められている。12ステップの12番目にたどりつける人はほとんどいないと言われているが，自助グループ内のあらゆる活動や私的な交流によって当事者が相互に影響しあいながら，飲酒や薬物を使用しない生き方について学習し続けている。

　薬物依存症の当事者の自助グループはナルコティクスアノニマス（NA：Narcotics Anonymous）であり，1953年にアメリカで誕生し，日本では1980年

表13-2　12ステッププログラム（Alcoholics Anonymous World Services, 1981）

---

1. 私たちはアルコールに対し無力であり，思い通りに生きていけなくなっていたことを認めた
2. 自分を超えた大きな力が，私たちを健康な心に戻してくれると信じるようになった
3. 私たちの意志と生き方を，自分なりに理解した神の配慮にゆだねる決心をした
4. 恐れずに，徹底して，自分自身の棚卸しを行い，それを表に作った
5. 神に対し，自分に対し，そしてもう一人の人に対して，自分の過ちの本質をありのままに認めた
6. こうした性格上の欠点全部を，神に取り除いてもらう準備がすべて整った
7. 私たちの短所を取り除いて下さいと，謙虚に神に求めた
8. 私たちが傷つけたすべての人の表を作り，その人たち全員に進んで埋め合わせをしようとする気持ちになった
9. その人たちやほかの人を傷つけない限り，機会あるたびに，その人たちに直接埋め合わせをした
10. 自分自身の棚卸しを続け，間違ったときは直ちにそれを認めた
11. 祈りと黙想を通して，自分なりに理解した神との意識的な触れ合いを深め，神の意志を知ることと，それを実践する力だけを求めた
12. これらのステップを経た結果，私たちは霊的に目覚め，このメッセージをアルコホーリクに伝え，そして私たちのすべてのことにこの原理を実行しようと努力した

に始まった。1978年には3ヶ国，登録されたグループ数は200に満たなかったが，年々増大し，2005年には116ヶ国で21,500グループ，日本では166グループに及ぶグループが，毎週ミーティングを行っている。12ステッププログラムを実践し，「今日一日（は薬物使用をしない）」というスローガンを掲げ，それを毎日続けることによって回復の持続を目指している（NA World Services, 2006）。

## （2）ダルク（DARC：Drug Addiction Rehabilitation Center）

司法的な薬物政策や医療機関による治療とは距離を置きながら，薬物をやめたいと願う当事者から自然発生した非公式，セルフヘルプ形式の民間社会復帰施設である。1985年，薬物依存症の当事者である近藤恒夫氏が，アルコホーリクス・アノニマスによる12ステップで回復した自身の経験をもとに，それを取り入れた「回復の場」が必要であると考えて始められた。DARCではAAの12ステップに基づいたナルコティクスアノニマス（NA：薬物依存症の当事者の自助グループ）の12ステップによって新しい生き方への方向づけをし，地域のNAやAA等の自助グループと連携している。回復していくための場，時間，当事者による回復者モデルの提供，1日3回のグループミーティングを主な活動とし，その後刑務所や精神科病院と，家庭や地域をつなぐ中間施設（ハーフウェイハウス）としての役割を担うようになった（日本ダルク本部）。現在では全国に約60施設に拡大し，各所で当事者スタッフの志に沿った運営がなされ，マリンスポーツや農作業など，独自のプログラムも展開されている。

どこのダルクも，薬物の問題で困っていたら相談に乗るからいつでも訪ねてほしい，といったウェルカムな雰囲気を漂わせている。これまでの紆余曲折を経て，やっと12ステップの端緒についた新参者が，施設で居づらい思いをしないよう親切に接する。同じ問題を持つ仲間を助けたい，という思いからである。ここではある1つのダルクの活動を紹介する。薬物依存の当事者に共同生活の場を提供し，薬物を使わない生き方を目指したプログラムの実践によって回復を支援することを目的としている。当事者のスタッフ2名で入寮者9名に対し支援を行っている。

### 1）ナイトケア事業

病院あるいは刑務所からただちに社会生活に戻った場合に薬物を再使用する

割合が高く，社会復帰に困難を伴うため，それに対する支援を行う中間施設としての役割。個別相談，生活指導，金銭管理，健康管理，就労支援を実施している。

### 2）相談事業

当事者本人や家族からの相談を受け，問題を整理する。本人に対しては，回復の動機づけをしながら医療機関やダルク，自助グループへの窓口となる。家族に対しては，当事者との関わりを見つめ直してもらい，適切な援助機関への窓口となる。

### 3）プログラム

ミーティングを中心にスポーツ，レクリエーション，自助グループのセミナー，他のダルクとの合同合宿セミナー等。

### 4）費　　用

入寮費は1ヶ月につき16万円（利用料10万円，生活費6万円）。


## 5.　専門家ができる支援とは

当事者が自分で回復したいと思い続けることがなければ意味がないという嗜癖に対し，専門職者，支援者はまったく無力であるようにも思える。しかし，嗜癖の本質から考えれば，当事者のみの自己決定だけでは危ういことも容易に予測できる。また，嗜癖行動に没頭してセルフケアがおろそかになっているうえに，元来ストレス耐性が低い傾向にあるため，心身の不安定な状態や不眠に陥りやすい。当事者は身体へのケアには抵抗が少なく，「眠れないのだけはどうにもできないから，先生に薬を出してもらっている」「看護師には気分の浮き沈みの把握をしてほしい」と言い，進んで専門家に救いの手を求めてくる。それ以外にも，専門家が手を差し延べられるところはいくつもある。ここでは薬物依存の当事者の場合を中心にして考えていく。


### （1）安全の確保

嗜癖の当事者において，安全の確保はどのように考えたらよいだろうか。統合失調症やうつ病などの人への支援の場合，疾患を持ちながらも症状の増悪を

できる限り予防し，機能を維持向上させていくことで，あらゆる支援はそれに向かって取り組まれている。依存症の場合は，精神科関連の医療機関や施設に勤務する専門職者においてでさえ，依存物質をやめること自体が回復であるととらえていることが多い。しかし，先に述べた当事者の言葉にあるように，実際に薬物をやめるためにいろんなことを試みたがやめられず，治療や回復支援施設，自助グループにつながるまでに多くの時間を費やしてしまうのが現状である。回復への意欲がないのではなく，やめたくてもやめられないという葛藤に苦しんでいるのである。ある対象者は，刑務所に収監されている間は薬物使用をせず，規則正しい生活を送ることで体調を取り戻すことができたが，その時期がなければ覚せい剤の連続使用の影響で身体がボロボロになり，とっくに死んでいたと語った。薬物依存症の当事者であり，日本ダルク代表の近藤は，「薬物依存症の狂気」として「刑務所に入ると薬物は手に入りません。そこに収監された者は薬物からいったん離れることもできますし，強制的に長期間にわたり離れていられます。しかし，結果はいつも同じです。その後，クスリを一度でも使うと，遅かれ早かれ，また薬物依存の悪循環のサイクルにもどってしまいます（APARI, 2000）」と表現している。

　悪循環と分かっていてもやめられないのは，やめることが自分の生命の危機となるからである（西村, 2010）。しらふのままで生活上の煩瑣な現実に立ち向かうことは，薬物依存症の当事者に大きなストレスを与え，薬物の再使用にもつながりやすい。薬物使用をやめられても，その後に残る精神症状，元来持っている不安定な精神的傾向によって生じる苦痛については，上岡・大嶋（2011）が「その後の不自由」として，多くの薬物依存症の当事者を代表して述べている。薬物をやめることも回復であるが，やめた後，やめ続けて生きていくことも回復なのである。支援者が当事者のこのような実態を理解せずに，当事者にとっての安全とは，依存物質の使用をやめていることであると考えていると，支援を受ける側と提供する側の思惑にズレが生じてしまう。そのため，一生懸命支援を提供し続けても，お互いの相手に対する期待や要求はほぼ永久的に平行線をたどることになる。また，長期的な依存物質の使用によってもたらされる脳の委縮などによる脳機能の変化は，支援者の側で見落とされやすい。多くの当事者が，自分の知らないうちにいつの間にか飲酒，薬物使用を行っていた，

という話をしているが，それは意志の減弱というよりも，依存物質使用による悪影響も背景となっている。ただ単に依存物質の使用をやめなさい，というだけでは，当事者の安全を脅かすどころか，安全を脅かされたことによるストレスによって，さらに良くない状況をもたらす危険がある。

## (2) 発達段階の視点

AA（Alcoholics Anonymous World Services, 1981）では，依存症の支援において，生の3つの基本的本能を支えることが重要であるとしている。その3つの基本的本能は，どこかの集団に所属してほかの人々と関係を築いていく共存本能，物質的や感情的な安定を保つための安全の本能，性の本能からなり，これらが一体となって人間の意志は作りあげられている（McQ, 2009）。また，薬物依存症の当事者は，基本的信頼が育まれるという体験に乏しいために他者への信頼感が持てず，些細なことで不安感を自覚する「安全基地の体験」の不足（日本ダルク・サンライズレジデンス，2011）があることを，当事者自らが述べている。薬物依存症の当事者は，若年からの薬物使用による教育の中断や就労困難，反社会集団との関係，離婚，他の精神障害の合併などの理由でその基本的本能が十分に備わっていないことが，国内外の調査で明らかになっている（Rush & Koegl, 2008; 山野，2002）。ダルクの利用者111名を対象とした調査（近藤ら，2004）によると，対象者の薬物使用開始平均年齢は16歳で，60％以上が14〜16歳で薬物使用を開始していた。この年齢での発達課題は，アイデンティティの確立である。この年齢に至る前に，親や教師など，身近で信頼できる大人との間で信頼感を育み葛藤を解決するといった技能を体得する。親などから教わってきた技能により，今度はそれに代わって同年代の仲間との良好な関係を築くこと，すなわち親と心理的に分離して社会人としての役割を獲得していくアイデンティティの確立（Erikson, 1980 西平・中島訳 2012）が課題となる。ところがこのような発達課題にまつわる葛藤を薬物に依存することで回避し，薬物使用で孤立または反社会集団に準拠してしまった人たちは，社会性や対人関係技術などの発達が阻害され，学歴が低く，職歴も乏しいことが問題となる，アイデンティティ拡散の状態になってしまう。西川（2011）は，このような事実から，薬物依存症の当事者やその家族には断薬を維持しながら社

会人としての成熟の達成を目指すという困難な課題が長期にわたって存在するため，回復とは単なる断薬では不十分であるとしている。そして，生活するうえで必要な社会集団に属し，その中で他者との関係性を発展させていくという社会性を持つことが必要であると指摘している。

## 6. さいごに

　筆者が支援している当事者の中には，訪問看護を受けている人がいる。その多くは，「薬を使う人としか交流がなく，本当の友達がいないから家にまで上がってきてくれる訪問看護はありがたい」「訪問看護では，一緒にお茶を飲んだりテレビを見たりして，家族や友人と同じように過ごしたい」などと話す。年配者だけでなく，40歳にもならないのに，「人知れず自宅で急死した時には訪問看護が見つけてくれる」と言う人もいる。人間の最大の敵は孤独なのだと実感させられる。当事者は実際に，孤独になった時に精神的に落ち込み，不安定になるから嗜癖行動にのめり込み，引きこもり，嗜癖行動を隠そうとして外部との接点がなくなることでまた孤独になる。その負のスパイラルから抜けだせなくなると，食事もとれず，睡眠障害に陥り，心身ともに疲弊してしまう。

　人は，そもそも生誕した時から依存なしでは生きていけないようになっており，周囲に依存しながら成長し，様々な人や組織，事物に対して相互に依存しながら社会生活を営んでいく。当事者となってしまった人たちのような問題がなくても，我々も自分の内面に依存的，嗜癖の側面を必ず持っている。嗜癖の当事者と支援者の生活は共通の地盤を持ち，程度の差こそあれ似たような体験をしているから，自分がいつ嗜癖の当事者になるかも分からない。また，共通の地盤を持つゆえに専門家は支援する側として高いところに立ちづらい。嗜癖行動を繰り返されると，支援者とはいえある程度の共通理解ができるから忌避感情が沸いてきてしまう。そのような状況において支援を行うには，当事者側に一歩踏み出すこと，当事者の持つ問題へ巻き込まれることが不可欠である。当事者の状況が良い時も悪い時も，その状況に引き寄せられ，そこに共に身を置くことが求められる。

## 引用文献

Alcoholics Anonymous World Services（1981）. *Twelve steps and twelve traditions*. New York: Alcoholics Anonymous World Services.（AA ゼネラルサービス（訳）（2015）. 12 のステップと 12 の伝統　AA ゼネラルサービス）

APARI（アジア太平洋地域アディクション研究所）（編）（2000）. Born again—薬物依存からの再生・回復者達の声—　APARI

Erikson, E. H.（1980）. *Identity and the life cycle*. New York: Norton.（エリクソン, E. H. 西平　直・中島由恵（訳）（2012）. アイデンティティとライフサイクル　誠信書房）

上岡陽江・大嶋栄子（2011）. その後の不自由—「嵐」のあとを生きる人たち—　医学書院

近藤千春・幸田　実・柴田興彦・和田　清（2004）. 薬物依存症者の回復におけるダルク利用の有効性　日本アルコール・薬物医学会雑誌, *39*（2）, 118–135.

近藤恒夫（2000）. 薬物依存を越えて—回復と再生へのプログラム—　海拓舎

McQ, J.（2008）. *The steps we took one step at a time, and helps us understand how it works*. Atlanta: August house.（マキュー, J.　依存症からの回復研究会（訳）（2009）. 回復の「ステップ」—依存症から回復する 12 ステップ・ガイド—　依存症からの回復研究会）

村上友一（2010）. 薬物依存症に対して社会は何ができるか　現代思想, *38*（14）, 218–230.

NA World Services（ナルコティクスアノニマス日本公式サイト）Retrieved from http://najapan.org/

西川京子（2011）. 薬物問題をもつ家族への援助研究—心理教育に基づく実験援助モデル開発とその評価—　相川書房

日本ダルク本部 Retrieved from http://www.darc-dmc.info/

日本ダルク・サンライズレジデンス（2011）. 平成 22 年度厚生労働省障害者総合福祉推進事業　依存症におけるピアサポートの人材育成と雇用管理等の体制整備のあり方に関する調査とガイドラインの作成

西村直之（2010）. 薬物依存とは何か？—回復支援の限界を超えるために—　龍谷大学矯正・保護総合センター研究年報, *7*, 76–86.

信田さよ子（2000）. 依存症　文藝春秋

岡田尊司（2005）. 子どもの「心の病」を知る—児童期・青年期とどう向き合うか—　PHP 研究所

Rush, B. J., & Koegl, C.（2008）. Prevalence and profile of people with co-occurring mental and substance use disorders within a comprehensive mental health system. *Canadian Journal of Psychiatry*, *53*, 810–821.

斎藤　学（1984）. 嗜癖行動と家族—過食症・アルコール依存症からの回復—　有斐閣

斎藤　学（1988）. 嗜癖　土居健郎（編）異常心理学講座　第 5 巻　神経症と精神病 2（pp. 73–129）　みすず書房

Schaef, A, W.（1987）. *When society becomes an addict*. New York: Harper & Row.（斎藤

学（監訳）（1993）. 嗜癖する社会　誠信書房）

Sussman, S., & Sussman, A. N.（2011）. Considering the definition of addiction. *International Journal of Environmental Research and Public Health*, *8*, 4025–4038.

山野尚美（2002）. 薬物関連問題に対するソーシャルワークに関する研究　厚生労働科学研究費補助金 薬物依存・中毒者の予防，医療およびアフターケアのモデル化に関する研究　総合研究報告書

# 第14章
# 自殺予防

宮城真樹

## 1. 自殺予防の現状

### (1) 自殺の統計

2015年の自殺者数は24,025人（男性16,681人，女性7,344人），前年に比べ1,402人（約5.5%）減少し，1997年以来18年ぶりに25,000人を下回った。2015年の自殺死亡率（人口10万人あたりの自殺者数）で見ると，全体で18.9（男性27.0，女性11.3）であり，同じく18年ぶりに20.0を下回った。

年齢別では，6年連続で減少しているものの50歳代の自殺死亡率が最も高く（人口10万人あたりの自殺者数25.6人），また，19歳以下の自殺死亡率は年齢階級別で唯一前年に比べわずかながら増加した（人口10万人あたりの自殺者

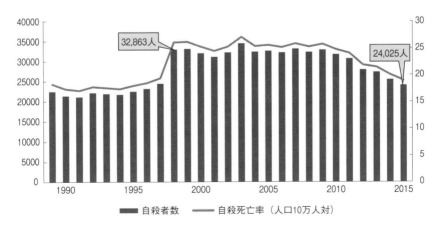

図14-1 自殺者数と自殺死亡率の推移
（内閣府自殺対策推進室・警察庁生活安全局生活安全企画課，2016をもとに作成）

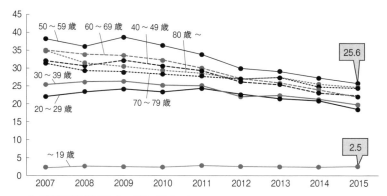

**図 14-2　年齢階級別自殺死亡率の推移**（警察庁自殺統計原票データ，総務省「人口推計」をもとに作成）

数 2.5 人）。19 歳以下の自殺死亡率は，総数が減少する中，ほぼ横ばい状態が続いている。WHO（2014）の報告書においても，15 歳から 29 歳の若者の間では，自殺は世界の死因の第 2 位に位置していると報告されている。

　主な自殺の原因・動機については，最も多いのは「健康問題」，次いで「経済・生活問題」「家庭問題」の順であり，これらが全体の約 65％を占めている。「健康問題」「経済・生活問題」ともにここ数年減少しているが，自殺者数が年間 3 万人を超えた 1998 年には「経済・生活問題」を原因・動機とした自殺は，前年の 3,556 人から 6,058 人に急増している。また，リーマンショック後の 2009 年には前年まで減少傾向にあった同自殺者数が再び増加に転じ 8,377 人となるなど，経済状況の低迷が自殺者数増加の大きな要因となっている。

## （2）自殺対策のあゆみ

　1998 年の自殺死亡数 3 万人超を受けて，2002 年に自殺防止対策有識者懇談会から「自殺予防に向けての提言」が報告された。さらに，2005 年には政府によって自殺予防に向けての総合的な対策が取りまとめられ，翌 2006 年自殺対策基本法が成立，施行された。そして，10 月には国立精神・神経センター内に自殺予防総合対策センター（現自殺総合対策推進センター）が設置されている。法制定を受けて，2007 年自殺総合対策大綱が策定され，国，地方公共団体，医療機関，民間団体等が連携を図りながら自殺対策を推進することとされた。こ

1. 自殺予防の現状　**199**

の自殺総合対策大綱は，2012 年に改定され，地域レベルでの実践的な取り組みを中心とする自殺対策への転換を図ることが示された。この政策転換は，①2010 年から市区町村単位で毎月の自殺実態が把握できるようになったこと，②先駆的な取り組みがモデル化され市区町村単位でも取り組みやすくなったこと，③地域自殺対策緊急強化基金が 2009 年度に造成され，財源が逼迫している市区町村でも補助金によって必要な事業が実施できるようになったことが背景となっている。そして，2016 年 4 月に自殺対策基本法が改正され，①都道府県・市町村に地域自殺対策の策定の義務づけ，②自殺総合対策推進センターを設置し，地域の自殺対策の支援機能を強化，③地域自殺対策予算の恒久財源化が盛り込まれ，今後の対策をさらに推進することとなった。

　また，自殺対策に関連の深い法律が自殺対策基本法に連動するように制定されている。自殺死亡者数が急増した 1997 年から 1998 年にかけては，財政構造改革，消費税率アップが行われ，失業者が大幅に増えた。この時の自殺の原因・動機は，「健康問題」に加え，返済困難な負債，つまり「経済・生活問題」が急増している。そこで，多重債務問題を解決するため，2006 年に貸金業法が改正された。

表 14-1　自殺対策に関連する法整備の概要

| | |
|---|---|
| 1998（平成 10）年 | 自殺死亡者数が年間 3 万人を超える |
| 2002（平成 14）年 | 自殺防止対策有識者懇談会「自殺予防に向けての提言」報告 |
| 2004（平成 16）年 | 児童虐待防止法　制定 |
| 2005（平成 17）年 | 第 1 回「自殺対策関係省庁連絡会議」開催 |
| 2006（平成 18）年 | 自殺対策基本法　施行<br>自殺予防総合対策センター　設置<br>貸金業法　改正 |
| 2007（平成 19）年 | 自殺総合対策大綱　策定 |
| 2012（平成 24）年 | 自殺総合対策大綱　改定 |
| 2013（平成 25）年 | アルコール健康障害対策基本法　制定<br>生活困窮者自立支援法　制定<br>いじめ防止対策推進法　制定 |
| 2014（平成 26）年 | 過労死等防止対策推進法　制定 |
| 2016（平成 28）年 | 自殺対策基本法　改正 |

200　第14章　自殺予防

　2013 年には，アルコール健康障害対策基本法，生活困窮者自立支援法が制定
されている。自殺の心理学的剖検研究（松本ら，2014）によると，返済困難な
負債を抱えた中高年男性の自殺事例は，自営業者，離婚経験者，不眠への対処
としてアルコールを用いているものが多かったと報告されている。加えて，ア
ルコール問題を抱えていることは，自殺に大きく影響していることが明らかと
なり，うつ病対策とともにアルコール問題への対策が不可欠である可能性が示
されている。

　続いて 2014 年には過労死等防止対策推進法が制定され，過労死等防止のた
めの対策を推進することとなった。以前から指摘のあった過重労働に起因する
脳血管疾患，心臓疾患による死亡に加え，業務における強い心理的負荷による
精神障害を原因とする自殺による死亡または精神障害も過労死等として定義さ
れた。

　若年層に向けた自殺対策に関連の深い法律としては，2004 年制定の児童虐待
の防止等に関する法律（児童虐待防止法），2013 年制定のいじめ防止対策推進
法が挙げられる。先の松本ら（2014）の研究における青少年自殺事例の背景要
因の分析において，いじめ被害経験に該当するものが 4 ～ 6 割に認められ，さ
らに，幼少期の被虐待暦も自殺リスクと関係していることが明らかとなってい
る。しかし，若年層の自殺危険因子は複雑で，発達的要素も関与していること
が明らかになってきており，より一層の対策が求められている。


## (3)　自殺予防対策の基本的考え方

　自殺総合対策大綱（厚生労働省，2012）の中で，自殺対策の基本認識として
〈自殺は，その多くが追い込まれた末の死〉〈自殺は，その多くが防ぐことがで
きる社会的な問題〉〈自殺を考えている人は何らかのサインを発していること
が多い〉の 3 点を挙げている。

　そして，自殺は社会的要因を含む様々な要因と個人的な要因が複雑に関係し
ているため，これまでの精神疾患を背景としたメンタルヘルス対策としての取
り組みにとどまらず，社会と個人と両面から総合的に取り組むことが必要であ
ることや予防，早期介入，事後対応の段階ごと，また，対集団，対個人という
対象ごとの対策を効果的に組み合わせていく必要があることなど 8 つの基本的

**表 14-2　自殺総合対策の基本的考え方**（厚生労働省, 2012）

1. 社会的要因も踏まえ総合的に取り組む
2. 国民一人ひとりが自殺予防の主役となるよう取り組む
3. 段階ごと, 対象ごとの対策を効果的に組み合わせる
4. 関係者の連携による包括的な生きる支援を強化する
5. 自殺の実態に即した施策を推進する
6. 施策の検証・評価を行いながら, 中長期的視点に立って継続的に進める
7. 政策対象となる集団ごとの実態を踏まえた対策を推進する
8. 国, 地方公共団体, 関係団体, 民間団体, 企業及び国民の役割を明確化し, その連携・協働を推進する

**表 14-3　自殺総合対策における当面の重点施策**（厚生労働省, 2012）

1. 自殺の実態を明らかにする
2. 国民一人ひとりの気づきと見守りを促す
3. 早期対応の中心的役割を果たす人材を養成する
4. 心の健康づくりを進める
5. 適切な精神科医療を受けられるようにする
6. 社会的な取り組みで自殺を防ぐ
7. 自殺未遂者の再度の自殺企図を防ぐ
8. 遺された人への支援を充実する
9. 民間団体との連携を強化する

考え方, 当面の重点施策を示している。

## 2. 中高年向け自殺予防対策

### (1) 中高年の自殺の背景

　自殺の心理学的剖検研究によると, 中高年自殺既遂者の9割以上に精神障害への罹患が認められ, 加えてアルコールに関する問題を抱えていることが特徴であると報告されている（松本ら, 2014）。不眠の解消やストレス発散のために飲酒を選択するケースが多く, 結果として抑うつ状態の悪化, 攻撃性, 衝動性の高まりで自殺行動につながっている。

### (2) 企業における自殺予防対策

　1988年労働安全衛生法の改正によって, 労働者の健康保持増進措置（Total Health promotion Plan: THP）を行うことが事業者の努力義務とされ, 労働衛生行政において初めてメンタルヘルス対策が法令の中に位置づけられた。これ

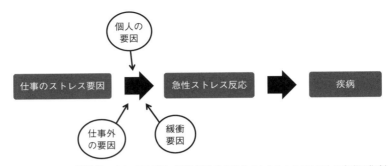

**図 14-3　NIOSH 職業性ストレスモデル**（厚生労働省「15 分でわかるセルフケア」を参考に作成）

を受けて事業場では，本人からの申し出に加え，健康診断の結果，メンタルヘルスケアを受けた方が良いと判断された場合，カウンセリングやリラクセーションなどの措置を講じることが求められ，それらの企画，研修等が行われるようになった。この際には NIOSH[1]（米国労働安全研究所）職業性ストレスモデルを参考に対策を検討することが有用であるとされた。

しかし，景気の影響もあり 1998 年自殺死亡者数は 3 万人を超え，2000 年 8 月，労働省（現厚生労働省）によって「事業場における労働者の心の健康づくりのための指針」（メンタルヘルス指針）が策定され，4 つのケア（セルフケア，ラインケア，事業場内産業保健スタッフ等によるケア，事業場外資源によるケア）による対策が示された。2004 年には「過重労働・メンタルヘルス対策の在り方に関する検討会報告書」が公表され，自殺を予防するためには，①うつ状態に早期に対応する必要があること，②家族によるケアも重要なため，家族が相談できる窓口を明確にすること，③衛生委員会等を活用し，労使の自主的な取り組みが重要であることが報告され，適切な業務管理とメンタルヘルスに関する情報の提供，相談窓口へつなぐことが管理監督者の役割として明確化された。

2006 年 4 月，改正労働安全衛生法が施行となり，労働者の時間外・休日労働が月 100 時間を超え，かつ，疲労の蓄積が認められた場合，医師による面接指導の実施が義務化された（月 80 時間を超えた場合は，努力義務）。さらに，厚

---

[1] National Institute of Occupational Safety and Health: NIOSH

生労働省は「事業場における労働者の心の健康づくりのための指針」を「労働者の心の健康の保持増進のための指針」に改定し，事業者がメンタルヘルスケアを推進するに当たっては，①心の健康問題の特性，②労働者の個人情報の保護への配慮，③人事労務管理との関係，④家庭・個人生活等の職場以外の問題に留意し，前述した「4つのケア」が継続的かつ計画的に行われるよう①関係者に対する教育研修・情報提供，②職場環境等の改善，③メンタルヘルス不調への対応，④休業者の職場復帰のための支援等が円滑に行われる必要があるとされた。これにより，メンタルヘルス対策に取り組む企業が増加した。また，

表14-4 事業場における労働者の心の健康づくりのための指針 4つのケア
(中央労働災害防止協会, 2010)

| 1. セルフケア | 労働者によるストレスへの気付きとストレスへの対処 |
|---|---|
| 2. ラインによるケア | 管理監督者による職場環境等の改善と個別の指導・相談等 |
| 3. 事業場内産業保健スタッフ等によるケア | 産業医，衛生管理者等による職場の実態の把握，個別の指導・相談等ラインによるケアへの支援，管理監督者への教育・研修 |
| 4. 事業場外資源によるケア | 事業場外資源による直接サービスの提供，支援サービスの提供，ネットワークへの参加 |

注：「労働者の心の健康の保持増進のための指針」でも同様である。

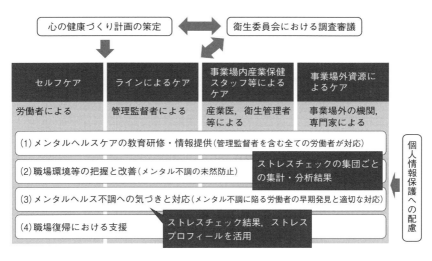

図14-4 労働者の心の健康の保持増進のための指針 概念図 (労働者健康福祉機構, 2014)

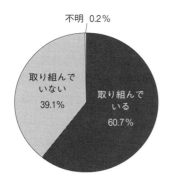

図 14-5 メンタルヘルス対策に
取り組んでいる事業場の割合
（厚生労働省，2014）

産業保健スタッフの中からメンタルヘルス推進担当者を選任することも定められた。これを後押しするように各都道府県にメンタルヘルス対策支援センター（現産業保健総合センター）が設置され，産業保健スタッフに対し相談，研修，情報提供等の支援が行われている。

しかし，依然として取り組みが遅れている企業も多く，さらなる総合的なメンタルヘルス対策の推進が必要とされた結果，2014年労働安全衛生法は再び改正され，ストレスチェック制度が創設された。ストレスチェック制度は，定期的に労働者のストレス状況について検査を行い，本人にその結果を通知して自らのストレス状況についての気付きを促し，メンタルヘルス不調のリスクを低減させるとともに，検査結果を集団的に分析し，職場環境の改善につなげる取り組みである。2016年度より従業員50人以上の事業場においては，医師，保健師などによるストレスチェックの実施が事業者に義務付けられ，事業者はその結果を通知された労働者の希望に応じて医師による面接指導を実施し，その結果，医師の意見を踏まえ，必要な場合には適切な業務上の措置を講じることが定められた（従業員50人未満の事業場は，努力義務）。

### (3) 自営業（中小企業経営者）の自殺予防対策

被雇用者の対策は法整備も含めて進んできている一方で，自営業者（中小企業経営者）に対する対策は遅れている。産業保健の対象にならないため，主に地域保健の枠組みの中で対策が行われているが，広く地域住民を対象とした対策では不十分であり，自営業者（中小企業経営者）向けの体制整備を早急に進める必要がある。

中小企業の研究者であるオリビエ・トレスは，中小企業では経営者と雇用者が近しい関係になることが多く，経営危機に関して人員整理をする場合などにおいて，計り知れない苦悩を伴うと指摘している。また，過重労働になりやすく，多くのストレス，不安感，孤独感を抱えやすいことも指摘しており，中小

企業経営者の精神的危機状態に着目すべきであると述べている（金子ら，2011）。

　自営業者（中小企業経営者）は，社会・経済状況の影響を受けやすく，さらに，家族経営であることがほとんどであるため，家族の問題も同時に抱えるリスクが高い。今後，産業保健の対象に含まれない自営業者（中小企業経営者）に対する具体的なメンタルヘルス対策の早急な整備が重要である。

## 3. 若者向け自殺予防対策

### (1) 若年者の自殺の背景

　自殺対策白書（厚生労働省，2016）によると，15 〜 39 歳の各年代の死因の第 1 位は自殺となっており，特に 20 〜 24 歳では死因の 50.8％を占めている。先進 7 カ国（アメリカ，イギリス，フランス，ドイツ，イタリア，カナダ，日本）の中で若年層の死因トップが自殺であるのは日本のみで，死亡率も他国に比べ高くなっている。また，年齢別自殺死亡率では，近年，各年代ともに減少してきているにもかかわらず，19 歳以下の年齢層は横ばいであり，「健やか親子 21」最終評価報告書（厚生労働省，2013）においても，10 代の自殺率については改善が認められなかったと報告されている。

表 14-5　先進 7 カ国の年齢階級別死亡者数および死亡率（15〜34 歳，死因の上位 3 位）
（厚生労働省，2016）

| | 日本 2013 | | | フランス 2011 | | | ドイツ 2013 | | | カナダ 2011 | | |
|---|---|---|---|---|---|---|---|---|---|---|---|---|
| | 死因 | 死亡数 | 死亡率 | 死因 | 死亡数 | 死亡率 | 死因 | 死亡数 | 死亡率 | 死因 | 死亡数 | 死亡率 |
| 第 1 位 | 自殺 | 4,731 | 18.1 | 事故 | 2,377 | 15.4 | 事故 | 1,598 | 8.5 | 事故 | 1,558 | 17.9 |
| 第 2 位 | 事故 | 1,533 | 5.9 | 自殺 | 1,440 | 9.3 | 自殺 | 1,428 | 7.6 | 自殺 | 1,043 | 12.0 |
| 第 3 位 | 悪性新生物 | 1,262 | 4.8 | 悪性新生物 | 1,004 | 6.5 | 悪性新生物 | 1,027 | 5.5 | 悪性新生物 | 502 | 5.8 |

| | アメリカ 2012 | | | イギリス 2013 | | | イタリア 2012 | | | 韓国（参考） 2013 | | |
|---|---|---|---|---|---|---|---|---|---|---|---|---|
| | 死因 | 死亡数 | 死亡率 | 死因 | 死亡数 | 死亡率 | 死因 | 死亡数 | 死亡率 | 死因 | 死亡数 | 死亡率 |
| 第 1 位 | 事故 | 27,586 | 32.0 | 事故 | 2,038 | 12.1 | 事故 | 1,589 | 12.3 | 自殺 | 2,580 | 18.3 |
| 第 2 位 | 自殺 | 11,068 | 12.8 | 自殺 | 1,120 | 6.6 | 悪性新生物 | 889 | 6.9 | 事故 | 1,225 | 8.7 |
| 第 3 位 | 殺人 | 8,885 | 10.3 | 悪性新生物 | 1,070 | 6.3 | 自殺 | 620 | 4.8 | 悪性新生物 | 874 | 6.2 |

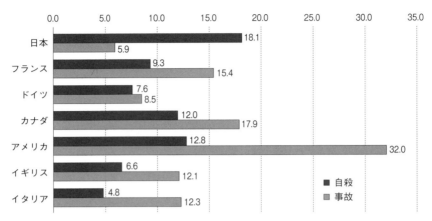

図 14-6　先進7カ国の15〜34歳　自殺・事故による死亡率 (厚生労働省, 2016)

　青少年における自殺危険因子としては，精神障害とともに，過去の自殺関連行動の経験，親との離別，精神障害の家族歴，不登校経験やいじめの被害経験など学校生活上の問題が挙げられている（松本ら，2014）。特にいじめを背景とした自殺の報道は後を絶たない。さらに，就職失敗に起因する自殺が近年急増しているのも特徴である。「若年者の自殺対策のあり方に関する報告書」（2015）では，発達段階が自殺行動にも影響を及ぼしていると推定されている。

## (2) 学校における自殺予防対策

　文部科学省では，自殺対策基本法の成立等を受けて，2006年「児童生徒の自殺予防に向けた取り組みに関する検討会」を設置し，翌年3月「子どもの自殺予防のための取り組みに向けて（第1次報告）」を取りまとめた。今後，子どもを対象にただちに実施すべき自殺予防対策として，①子どもの自殺の実態把握，②不幸にして自殺が起きてしまった後に，遺された他の子どもたちや家族に対する心理的ケア，③子どもの自殺予防に関する教師を対象とした教育，④文部科学省のウェブサイトに自殺予防の基礎知識を掲載すること等を提言している。そして，2009年に「教師が知っておきたい子どもの自殺予防」，2010年に「子どもの自殺が起きたときの緊急対応の手引き」を発行し，教職員向けの研修等

を実施してきた。2012年に改定された自殺総合対策大綱においても，青少年の心の健康の保持・増進や良好な人格形成，生活上の困難・ストレスに直面したときの対処方法を身につけることへの支援を行うことが示されている。

2013年にはいじめ防止対策推進法が制定され，いじめに対し学校が組織的に対応することや重大事態への対処についても規定された。学校はいじめを背景とした自殺を含め，重大事態の発生を未然に防ぐべく，積極的な対策の推進が求められるようになった。これらを踏まえ，2014年には「子供に伝えたい自殺予防（学校における自殺予防教育導入の手引き）」が作成された。「子供に伝えたい自殺予防（学校における自殺予防教育導入の手引き）」では，子どもを直接対象とする自殺予防教育の必要性やそれを実施するうえでの前提条件（関係者の合意形成，適切な教育内容，ハイリスク生徒のフォローアップ体制作り）が示されている。今後は実践を推し進めていく段階であり，実践内容の効果検証も含め，自殺予防教育が推進されることが期待されている。

## (3) 地域における自殺予防対策

1990年代半ば，バブル崩壊後の景気の低迷から，1996年労働者派遣法の改正により，企業の終身雇用制度が崩れ，非正規雇用が増加した。若年層は就職氷河期といわれる就職困難の時代を迎え，無業者（いわゆるニート）となり，ひきこもりが社会問題となった。また，同時期に不登校者も増加し，現在不登校状態にある児童生徒数は，小・中・高等学校合わせて17万人を超えている。非正規雇用や無業者の自殺リスクは高いものの，企業にも学校にも属さない彼らは，産業保健の対象にも，学校保健の対象にもならず，地域保健の枠組みで対策が行われるべきであるが，地域における自殺予防対策は非常に遅れており，このことが今日まで若年の自殺率が高い大きな要因となっている。内閣府も地域における自殺対策力の強化のため，都道府県に地域自殺対策緊急強化基金を造成し，力を入れ続けているが，地域により格差がみられている。

2010年子ども・若者育成支援推進法が施行され，子ども・若者育成支援施策を総合的に推進するための枠組みの整備，社会生活を円滑に営むうえでの困難を有する子ども・若者を地域において支援するためのネットワーク整備が進められることとなった。子ども・若者支援地域協議会が中心となり，各関係機関

**表 14-6　若年者の「自殺予防」に向けての提言**

（科学的根拠に基づく自殺予防総合対策推進コンソーシアム準備会　若年者の自殺対策のあり方に関する
ワーキンググループ，2015）

1. 学校における自殺予防教育とハイリスクな若年者に対する早期支援につながる仕組みづくり
2. 学校と地域保健機関をつなげる仕組みづくり
3. 学校中退者・無職者等のための交流の場作り，インターネットやアウトリーチでつながる仕
   組みづくり
4. 背景にあるメンタルヘルス問題を看過せず，適切な治療・援助につなげる仕組みづくり
5. 自殺リスクの高い親に早期介入する仕組みづくり

が連携して，子どもや若者の自殺を含む様々な問題に対応できる体制を目指し
ているが，進んでいないのが現状である。

　そもそもひきこもり状態にある者は，自ら相談機関等に出向いていくことが
困難なことから，アウトリーチ（訪問支援）が有効であるとされ，人材養成研
修も行われているが，実施の実情は明らかにされていない。今後，ネットワー
ク作りの推進とともに，アウトリーチ（訪問支援）から就労支援，その後の定
着まで見据えた包括的な支援が行われることで，若年者に対する自殺予防につ
ながることが期待されている。


## 引用文献

中央労働災害防止協会労働者の自殺予防マニュアル作成検討委員会 (2010). 職場における
　　自殺の予防と対応　第 5 版　中央労働災害防止協会
科学的根拠に基づく自殺予防総合対策推進コンソーシアム準備会 若年者の自殺対策のあ
　　り方に関するワーキンググループ (2015). 若年者の自殺対策のあり方に関する報告書
　　国立精神・神経医療研究センター精神保健研究所　自殺予防総合対策センター
金子信也・尾久裕紀・オリビエ トレス・亀井克之 (2011). リスクマネジメントの観点か
　　ら見た中小企業経営者・個人事業主のメンタルヘルス　社会安全学研究, 1, 85–96.
厚生労働省　15 分でわかるセルフケア―こころの耳 Retrieved from http://kokoro.mhlw.
　　go.jp/selfcare/assets/pdf/elearning.pdf
厚生労働省　ストレスチェック等の職場におけるメンタルヘルス対策・過重労働対策等
　　Retrieved from http://www.mhlw.go.jp/bunya/roudoukijun/anzeneisei12/
厚生労働省 (2012). 自殺総合対策大綱―誰も自殺に追い込まれることのない社会の実現を
　　目指して― Retrieved from http://www.mhlw.go.jp/file/06-Seisakujouhou-12200000-
　　Shakaiengokyokushougaihokenfukushibu/honbun.pdf

厚生労働省（2013）.「健やか親子21」最終評価報告書 Retrieved from http://www.mhlw.
　　go.jp/file/05-Shingikai-11901000-Koyoukintoujidoukateikyoku-Soumuka/0000030082.
　　pdf
厚生労働省（2014）. 平成25年労働安全衛生調査
厚生労働省（2016）. 平成28年版自殺対策白書（pp. 7–13）　日経印刷
松本俊彦・小高真美・山内貴史・川野健治・藤森麻衣子・勝又陽太郎・赤澤正人・廣川
　　聖子・亀山晶子・白川教人・竹島　正（2014）. 心理学的剖検研究と今後の方向　精神
　　保健研究, 60, 89–96.
文部科学省　児童生徒の自殺予防に関する調査研究協力者会議（2014）. 子供に伝えたい
　　自殺予防—学校における自殺予防教育導入の手引き—　Retrieved from http://www.
　　mext.go.jp/component/b_menu/shingi/toushin/__icsFiles/afieldfile/2014/09/10/135
　　1886_02.pdf
文部科学省　児童生徒の自殺予防に向けた取り組みに関する検討会（2007）. 子どもの
　　自殺予防のための取り組みに向けて（第1次報告）　Retrieved from http://www.
　　mhlw.go.jp/file/06-Seisakujouhou-12200000-Shakaiengokyokushougaihokenfukushib
　　u/001_1.pdf
内閣府自殺対策推進室・警察庁生活安全局生活安全企画課（2016）. 平成27年中における
　　自殺の状況
労働者健康福祉機構（2014）. 職場における心の健康づくり—労働者の心の健康の保持増進
　　のための指針—
総務省統計局（2016）. 年齢別人口推計　Retrieved from http://www.stat.go.jp/data/
　　jinsui/2.htm
World Health Organization（2014）. *Preventing suicide: A global imperative*. WHO.（世界
　　保健機関　自殺予防総合対策センター（訳）（2014）. 自殺を予防する—世界の優先課
　　題—）

# 第15章

# 高齢者支援

藤野秀美

　日本における高齢化率は 2007 年に 21.5％となり，超高齢社会に入った。人口の高齢化に伴い，医療，介護，福祉などに対するニーズが増え，様々な場で高齢者と関わる機会が増している。高齢者支援においては，単なる成人の延長ではない高齢者の特徴への理解を深め，高齢者が生きてきた時代や社会を知るとともに，個人差が大きく多様な個人の背景を理解しながら，対象となる人のQOL を維持できるよう支援することが求められる。

　本章では，高齢者の特徴である加齢に伴う身体的，心理的，社会的変化について取り上げ，健康心理学的立場から高齢者支援を考える一助としたい。

## 1. 日本における高齢者の区分と高齢化

### (1) 高齢者の区分

　世界保健機関（WHO）では，65 歳以上を高齢者とし，日本もその区分を取り入れている。65 ～ 74 歳を前期高齢者（young old），75 ～ 84 歳を後期高齢者（older old），85 歳以上を超高齢者（oldest old）という区分もある。

### (2) 人口動態から見た高齢者

　20 世紀半ばより，日本における高齢化は比類ない速度で進んでおり，2014 年における高齢化率（総人口に占める高齢者の割合）は 26.0％に及び，2040 年頃まで増加すると予測されている（図 15-1, 15-2）。一方，総人口は減少の一途をたどり，これらの高齢者を支える 15 歳以上 65 歳未満の生産年齢人口も減少し続け，2060 年には 1.3 人で一人の高齢者を支える状況になると予測されている。1984 年に世界保健機関（WHO）は，「高齢者の健康水準は，死亡や疾患の有無

1. 日本における高齢者の区分と高齢化　211

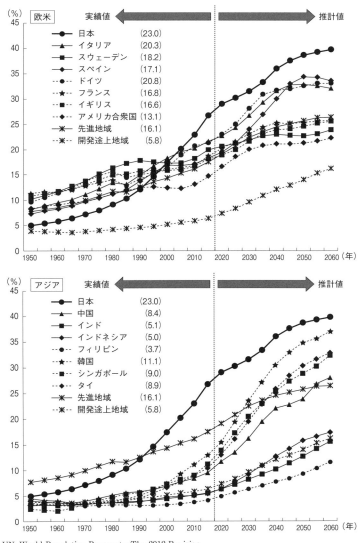

資料：UN, World Population Prospects: The 2012 Revision
ただし日本は，2010年までは総務省「国勢調査」，2015年以降は国立社会保障・人口問題研究所「日本の将来推計人口（平成24年1月推計）」の出生中位・死亡中位仮定による推計結果による。
(注) 先進地域とは，北部アメリカ，日本，ヨーロッパ，オーストラリアおよびニュージーランドからなる地域を言う。開発途上地域とは，アフリカ，アジア（日本を除く），中南米，メラネシア，ミクロネシアおよびポリネシアからなる地域を言う。

図15-1　世界の高齢化率の推移（内閣府，2015）

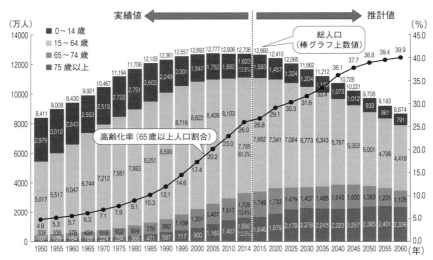

図 15-2　高齢化の推移と将来推計（内閣府，2015）

に基づく保健指標に代えて，日常の生活を営む上で必要とされる生活機能が自立しているかどうかを健康指標に用いること」を提唱し，日常的に介護を必要とせず自立した生活ができる期間を意味する健康寿命を定義した。健康心理学の立場においても，単に寿命が長いということではない，自分らしく生きるといった生活の質（QOL）を考慮した，健康寿命の延伸への働きかけが求められる。

## 2．高齢者の特徴

### (1) 生理機能の変化と疾患

　成熟期以降，加齢とともに生じる生理機能の変化や低下は老化と表現される。加齢に伴い誰にでも起こる生理的な機能低下を生理的老化，誰にでも起こるわ

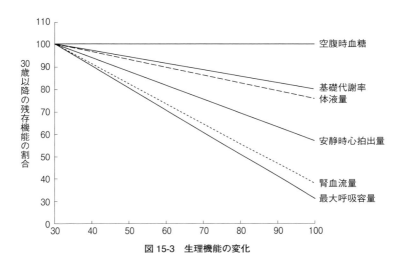

図 15-3 生理機能の変化

表 15-1 加齢変化と起こりうる状態

| 身体諸器官 | 加齢変化 | 起こりうる症状・病態 |
|---|---|---|
| 循環器系 | 心拍出量低下<br>血管の動脈硬化 | 運動時の動悸・息切れ<br>高血圧，心筋梗塞，脳血管障害 |
| 呼吸器系 | 喉頭蓋の筋力低下<br>気道クリアランスの低下 | 誤嚥<br>肺炎 |
| 消化器系 | 咀嚼・嚥下運動の低下<br>唾液や消化酵素の分泌低下<br>食道や腸の蠕動運動の低下<br>食道括約筋の弱まり | 食事摂取の偏り，低栄養状態<br>ドライマウス，歯周病<br>便秘<br>逆流性食道炎 |
| 腎・泌尿器系 | 尿の生成機能低下<br>膀胱容量の低下<br>尿道括約筋の機能低下 | 薬剤の排泄が不十分<br>尿排泄回数増加<br>尿失禁 |
| 内分泌系 | 成長ホルモン分泌低下<br>インスリン分泌低下<br>女性ホルモン分泌低下<br>副甲状腺ホルモン分泌低下<br>糖質コルチコイド分泌低下 | 筋肉量の低下<br>血糖が上昇しやすい<br>更年期障害<br>骨粗鬆症<br>ストレスをコントロールしにくい，うつ状態 |
| 血液・リンパ<br>体液・電解質 | 血液の新陳代謝の低下<br>リンパ液の流れの停滞<br>体液の恒常性保持機能低下 | 貧血，白血病，悪性リンパ腫<br><br>脱水，電解質異常 |
| 免疫系 | 免疫機能の低下 | 感染症にかかりやすく治りにくい |

けではない病的状態を引き起こす病的老化がある。老化の過程には，加齢変化に加え，遺伝的要因や環境要因が関与するため，多様な個人差を生じる。

図15-3は加齢に伴う生理機能の変化を示している。これらの変化に加え，表15-1に示すような変化があり，病的状態を引き起こしやすくなる。ただし，これらの状態は一律に生じるわけではなく，個人により生じ方や状態は様々であることを考慮する必要がある。

### 1）感覚機能の変化と疾患

「話を聞きとれる」「食べ物の匂いが分かる」「ものが見える」といった感覚機能は，人を危険から守り，人間らしい生活の質（QOL）に直結する重要な機能である。しかし，高齢者は，本人に明確な自覚がないままこれらの機能が低下した状態で生活していることが少なくない。これらの変化を理解し，個人の状態を把握して関わることは，高齢者の尊厳を守り，QOLを維持するための支援に必要不可欠である。

#### ①聴　　覚

高齢者では，高音部の閾値が高まるため，高音が聞き取りにくくなるとともに，子音も聞き取りにくくなる。聞き違いや聞き返し，あいまいな返事が増えると難聴が疑われるが，一方で機能的な問題ではなく耳垢により聞こえにくくなっている場合も少なくない。難聴は他者との交流を減らす可能性があるので難聴の程度により補聴器を使用するなど，なんらかの対応を考慮する。大きな声で話すと声が共鳴してますます聞き取れないことがあるため，目を合わせてはっきりゆっくりと話すことが効果的である。また，内耳にある三半規管の機能が低下すると平衡感覚が鈍り，めまいやふらつきを起こすことがある。

#### ②視　　覚

水晶体の弾力低下，毛様体筋の調節力低下により近距離で焦点を合わせにくくなる老眼が生じる。また，暗順応が鈍くなり，視野が狭窄するため，高齢者の生活環境における照度や物の配置には配慮が必要である。涙腺の老化によりドライアイを起こしやすくなることもある。水晶体の混濁により視力低下をきたす白内障や，視野の中心が歪んだように見える加齢黄斑変性症，眼圧が上昇し視野狭窄などの症状がある緑内障などの疾患も少なくないため注意が必要である。

### ③味　　覚

視覚や聴覚ほどの変化はないが，舌の味蕾が減少することで，味覚の閾値が高まり，味付けが濃くなりやすいとされている。また，更年期の女性では，女性ホルモンの低下により唾液の分泌が減少し，ドライマウスを生じやすくなる。このほか，治療のために薬剤を投与している場合や，偏食，口腔内の環境，入れ歯など様々な要因で味覚の障害が生じる可能性がある。味覚の低下は食欲の低下や栄養バランスを崩す要因ともなるため，楽しく食事ができる環境を整えることが重要である。

### ④嗅　　覚

嗅覚は感覚器の中でも老化の影響を受けにくく，なんらかの疾患により障害されている可能性があり，その場合は原因疾患の治療が必要となる。アルツハイマー病の初期に何か匂うけれど何のにおいか分からない嗅覚障害が起こることがある。嗅覚が鈍ると，食事の味が分からず QOL を低下させ，危険なものの察知ができず回避が遅れる可能性があることを考慮して支援する必要がある。

### 2）運動機能の変化と疾患

運動機能には，骨，関節，筋肉，それに指令を出す脳および神経が関与している。これらの老化は歩行障害や転倒の原因となり，高齢者の活動性を低下させる要因となる。高齢者に生じる多くの症状，徴候の中で，加齢に伴う様々な機能変化や生理的予備能力の全般的低下により健康障害を招きやすい状態として，フレイル（frailty；虚弱）という概念が注目されている。また，フレイルを引き起こす要因としてサルコペニア（筋肉量減少症）が指摘されている。運動機能は高齢者における frailty（虚弱）を評価する際の主な指標となる機能でもあり，筋力低下，体重減少，歩行速度の低下，栄養状態，活動度低下など様々な指標が示されている。運動機能の低下，虚弱の進行は，QOL の低下にとどまらず，要介護状態や寝たきりの要因ともなるため，進行を予防する様々な取り組みが行われている。高齢者が集団で取り組めるプログラムも必要であるが，個々の高齢者の状態を把握し，心理行動的側面をとらえながら，アプローチする方法も考慮する必要がある。

骨では，骨形成と骨吸収がバランスよく営まれて形態が維持されているが，加齢に伴う内分泌系の変化などでこれらのバランスが崩れると，骨量が減少す

**表 15-2　7つのロコチェック**（日本整形外科学会，2010）

1　片脚立ちで靴下がはけない
2　家の中で躓いたり滑ったりする
3　階段を上るのに手すりが必要である
4　横断歩道を青信号で渡りきれない
5　15分くらい続けて歩けない
6　2kg程度の買い物（1リットルの牛乳パック2個程度）をして持ち帰るのが困難である
7　家の中のやや重い仕事（掃除機の使用，布団の上げ下ろしなど）が困難である

る。特に閉経後の女性は減少速度が加速され，骨粗鬆症を発症し骨折しやすくなる。また，関節軟骨の変性が進行すると，クッション機能が減少し，変形性関節症，老人性円背，脊柱管狭窄症，椎間板ヘルニアなどを起こしやすくなる。

　筋肉は，30歳をピークに徐々に減少し，60歳以降は急速に低下する。筋肉量減少や筋繊維の萎縮により起こるサルコペニアは，虚弱や要介護状態の要因とされ，その予防対策が重視されてきている。

　運動器の障害による要介護状態や要介護のリスクを持つ状態を示すロコモティブシンドローム（運動器症候群）という概念が，2007年に日本整形外科学会により提唱された。サルコペニアやロコモティブシンドロームについては，高齢化に伴う要介護者の増加に鑑み，運動器の障害の予防あるいは早期発見早期対処を目的とし，運動機能向上のためのプログラムが考案され提供されてきている。

## （2）認知機能の変化と疾患

　加齢に伴い，神経細胞などの形態の変化，脳の委縮などで，神経伝達に関わる機能低下などが生じる。脳・神経の機能には，感覚・運動を司る機能と，情報を統合し，処理をする思考や記憶など一般的な認知機能に含まれる高次脳機能がある。よって，加齢に伴う脳・神経の変化により，記憶，見当識，判断，思考，計算，理解，遂行機能，言語などの認知機能が影響を受けやすくなる。中でも記憶は加齢による影響を受けやすく，いわゆるもの忘れの状況が目立つようになり，特に日常の出来事に関する記憶であるエピソード記憶や近時記憶が低下するとされている。感覚・運動機能と高次脳機能を含む行為，例えば自動車運転中の信号変化に即座に対応するような状況での反応時間は，加齢に伴い

2. 高齢者の特徴　217

遅れることが示されている。また，物事の計画をたて，実行し，状況に応じて修正しながら完結する遂行機能も，加齢に伴い低下しやすい。

　一方，ホーンとキャッテル（Horn & Cattell, 1967）によれば，問題解決など新しい場面や変化に対応する能力である流動性知能は加齢に伴い低下するが，学習や経験により蓄積された知識や判断力につながる結晶性知能はむしろ上昇することが指摘されている。

　認知症は後天的な障害により一度発達した認知機能が持続的に低下し，自立した日常生活や社会生活が困難になる状態である。一般に記憶障害が認知症の主たる症状と認識されているが，認知症は原因疾患から大きく4つに分類され，それぞれに特徴的な症状がある（表15-3）。一方，認知症の症状は，記

表 15-3　認知症の原因疾患

| | アルツハイマー型認知症（Alzheimer's Disease: AD） | レビー小体型認知症（Dementia With Lewy Bodies: DLB） | 前頭側頭型認知症（Fronto-Temporal Dementia: FTD） | 脳血管性認知症（Vacular Dementia: VAD） |
|---|---|---|---|---|
| 病理所見 | 老人斑 アミロイドβ蛋白 タウ蛋白 | Lewy小体 αシヌクレイン蛋白 | （Pick球） タウ蛋白 | 梗塞巣 |
| CT/MRI所見 | 海馬の萎縮 大脳の全般的萎縮 | （海馬の萎縮） | 前頭葉・側頭葉の萎縮 | 脳実質内に梗塞巣 |
| 特徴と症状 | ・記憶障害　約束を忘れる　同じものを何度も買う ・失語・失認・失行　ハサミの使い方がわからない　人の話がわからない　方向感覚の低下 ・遂行機能障害　ネクタイを結べない　料理の手順を忘れる　金銭管理ができない ・精神症状　うつ状態　アパシー（意欲低下・無関心など） ・病識がない ・女性に多い | ・幻視　錯視　具体的で詳細な内容 ・認知機能の変動　日単位から月単位で変動 ・パーキンソン症状　寡動（動作緩慢）　筋強剛（ガクガクした動き） ・妄想　被害，嫉妬，物とられなど ・うつ状態 ・睡眠障害 ・自律神経障害　便秘，頻尿，尿失禁，起立性低血圧 | ・性格変化　社会的行動の障害　（行儀や礼儀の欠如　社会ルールの無視）　わが道をゆく行動　自己行動の調節障害　（衛生や身なりの障害） ・情意鈍麻　周囲への関心の減弱　多幸性，共感性の欠如 ・常同行動　まとまったあるいは系統だった行動を繰り返す ・食行動異常　同じ物しか食べない　手に取るものをすべて口に入れる | ・まだら認知症 ・段階的悪化 ・感情失禁 ・運動障害 ・病識はある ・人格は維持される |

憶障害をはじめ複数の認知機能障害を示す中核症状と，精神，感情，行動障害を表す周辺症状に分けて考えられることが多い。周辺症状は，行動心理症状（Behavioral and Psychological Symptoms of Dementia: BPSD）とほぼ同義で用いられ，時に介護する側から問題行動ととらえられることがある。ただし，周辺症状には，環境変化，拘束，不適切な対応，身体状態（発熱，脱水，脳神経障害など），不適切な向精神薬の投与などその症状を引き起こす何らかの要因がある。問題行動と一概にとらえることなく，周辺症状を引き起こす要因を解明したうえで，適切な対策を講じる必要がある。

認知症は，脳卒中とともに，要介護状態の主要な原因であり，健康心理学の立場からのアプローチも求められることが予測される。一方，出現する症状のレベルや内容は個人により異なるため，個人へ関わる際には，認知症に関する知識を養うと同時に，個人をアセスメントする力を養い，個人の状態や何を望んでいるかを把握して関わる必要がある。

### (3) 老年症候群

高齢者には，疾患の完治をゴールにできない場合や，疾病として診断が難し

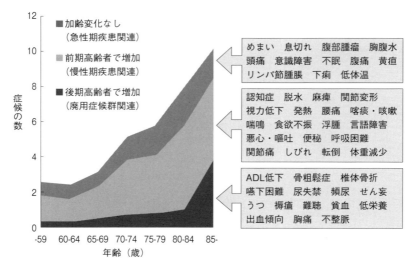

**図15-4　老年症候群の症候の分類と加齢変化**（鳥羽，1997を改変）

い症候を示す場合がある。高齢者に比較的特有なこれらの症候は，しばしば高齢者の自立を妨げる要因となるため，これらの症候を考慮し，対応すべきと認識されてきている。老年症候群の代表的な症状・徴候としては，摂食・嚥下障害，体重減少，関節・体の痛み，圧迫骨折，歩行障害・転倒，易感染性，認知機能障害，うつ，せん妄，頻尿・失禁，難聴，視力障害など多岐にわたる。65歳頃から徐々に増加するもの，80歳以降で急激に増加するものがあり，図15-4のように分類されている。

## (4) 心理・精神的側面の変化

　人生の最終段階へと向かう高齢者には，ライフイベントの中でも，退職，親族や配偶者，友人との死別などいくつかの喪失を伴う出来事が生じる。これらの出来事や長い年月を経て変化する身体機能，社会的な関係性や役割，環境などを受け入れ，適応しているか，幸福感や満足感を得ているかが，心理的健康状態を評価する指標とされている。

　ロウとカーン（Rowe & Kahn, 1997）は，よりよい老いの生き方について，サクセスフル・エイジングという理論をまとめている。日本では「幸福な老い」と訳され，特に欧米の人々に受け入れられており，これをとらえる指標として，主観的幸福感の尺度が用いられている。また，バルテス（Baltes, 1997）は，成長と喪失の相互作用という生涯発達の視点から，高齢期はより限られた領域を探り（選択），その領域の中で適応の機会を増やし（最適化），機能低下を補う新たな方法や手段を獲得するという選択的最適化（Selective Optimization with Compensation: SOC）理論を提唱した。

　高齢者の心理的健康状態に影響を及ぼす要因は，個人が生きてきた環境，身体機能や認知機能の変化，ライフイベントなど様々であり，個人差も大きい。そして，高齢者自身が，人生の終末期へと向かうプロセスにあり，これまでの人生が自身の終末期のとらえ方にも影響を及ぼす。高齢者の心理・精神状態には，上記のことや，高齢者が生きてきた時代，大切にしてきた物事，生きがいなど多様な背景があることを考慮する必要がある。

## 3. 高齢者総合的機能評価

　高齢者総合的機能評価（Comprehensive Geriatric Assessment: CGA）とは，疾患の評価に加え，日常生活機能評価として，日常生活活動度（ADL），手段的日常生活活動度（Instrumental ADL: IADL），認知機能，気分・情動・幸福度，社会的要素・家庭環境などを，確立した一定の評価手段に則って測定，評価することを指す。日本においては1990年代に導入され2003年に高齢者総合的機能評価ガイドランが策定された。標準版は，表15-4の内容を含み，医療機関等での使用にとどまらず，研究の評価としても活用されている。しかし，標準版は項目が多岐にわたり，評価に時間がかかることから，短時間で実施でき

表15-4　**高齢者総合的機能評価　標準版**（鳥羽，2003）

| 共通項目 | | 基本的日常生活機能検査（Basic ADL）：Barthel Index<br>認知機能：改訂長谷川式またはMMSE<br>ムード・気分：Geriatric Depression Scale 5項目短縮版（GDS5） |
|---|---|---|
| 状態によって追加すべき項目 | 虚弱または認知機能が疑われる場合 | 手段的日常生活機能検査（IADL）：Lawton & Brodyまたは老研式活動能力指標<br>問題行動：痴呆行動障害尺度<br>意欲：Vitality Index<br>QOL：5項目 Visual Analogue Scale |
| | 寝たきりまたは高度の認知機能低下が疑われる場合 | 認知機能：柄澤式老人知能の判定基準<br>問題行動：痴呆行動障害尺度（DBD）<br>意欲：Vitality Index |
| | 基本的日常生活が保たれ，会話が十分保たれていると判断される場合 | 手段的日常生活機能検査（IADL）：Lawton & Brodyまたは老研式活動能力指標<br>QOL：5項目 Visual Analogue Scale |
| 場合によって加える検査 | 在宅介護の場合 | 介護負担：Zarit Burden Interview<br>介護時間と社会サービス利用調査票<br>社会的靭帯の評価 |
| | 栄養障害が疑われる場合 | 簡易栄養調査票またはMini-Nutritional Index<br>必須血液検査（Albmin, Total Cholesterole, ChE）<br>老年症候群ごとの機能検査 |
| | リハビリテーションなどでADL機能の改善を詳細に検討したい場合 | Functional Independence Measure（FIM） |

表 15-5　高齢者総合的機能評価　簡易版（鳥羽，2003）

| ①意欲<br>（Vitality Index） | 外来または診察時や訪問時に，被験者の挨拶を待つ | 自分からすすんで挨拶をする＝○<br>返事はするまたは反応なし＝× |
|---|---|---|
| ②認知機能<br>　復唱 | これから言う言葉を繰り返してください。あとでまた聞きますから覚えておいてください。<br>　　　桜，猫，電車 | 可能＝○<br>不能＝×<br>（できなければ④認知機能は省略） |
| ③手段的 ADL<br>（交通機関の利用） | 外来：ここへどうやって来ましたか？<br>それ以外：普段一駅離れた町へどうやって行きますか？ | 自分でバス，電車，タクシー，自家用車を使って旅行＝○<br>付添が必要＝× |
| ④認知機能<br>　遅延再生 | 先程覚えていただいた言葉を言ってください。 | ヒントなしで全部可能＝○<br>上記以外＝× |
| ⑤基本的 ADL<br>（入浴） | お風呂は自分ひとりで入って，体を洗うのも手助けは要りませんか？ | 自立＝○<br>部分介助または全介助＝× |
| ⑥基本的 ADL<br>（排泄） | 漏らすことはありませんか？<br>トイレに行けないときは，尿瓶は自分で使えますか？ | 失禁なし，集尿器自立＝○<br>上記以外＝× |
| ⑦情緒（GDS1） | 自分が無力だと思いますか？ | いいえ＝○<br>はい＝× |

る簡易版が開発された。簡易版は，表 15-5 に示す内容で，医療機関や福祉施設などで，スクリーニングや状態把握のために活用されている。

## 4.　まとめ

　これまで述べてきたように，高齢者には加齢に伴う多様な変化があり，年齢を重ねるごとに個人差は大きくなる。本章で述べた加齢に伴う変化について理解を深め，高齢者個々の背景や特徴を踏まえて支援を考える必要がある。加えて，高齢期とされる年代に入ってからも数十年続く人生をどのように生きるか，高齢者自身が望む生活を明確にして生きられるような支援が必要ではないか。高齢者の強みを見出し，その人が意思と責任を持って自分自身の人生を生ききれるよう，その意思を尊重しながら支援する必要がある。

## 引用文献

Baltes, P. B. (1997). On the incomplete architecture of human ontogeny: Selection, optimization and compensation as foundation of developmental theory. *American Psychologist, 52*, 366–380.

Horn, J. L., & Cattell, R. B. (1967). Age differences in fruid and crystallized intelligence. *Acta Psychologia, 26*, 107–129.

内閣府 (2015). 平成 27 年版高齢社会白書 (全体版) Retrieved from http://www8.cao. go.jp/kourei/whitepaper/w-2015/html/zenbun/index.html (2017 年 4 月 7 日)

日本整形外科学会 (編) (2010). ロコモティブシンドローム診療ガイド 文光堂

Rowe, J. W., & Kahn, R. L. (1997). Successful aging. *The Gerontologist, 37*, 433–440.

Shock, N. W. (1972). Energy metabolism, caloric intake and physical activity of the aging. In L. A. Carlson (Ed.), *Nutrition in old age: X symposium Swedish nutrition foundation* (pp. 372–383). Uppsala: Almqvist & Wiksell.

鳥羽研二 (1997). 第 39 回日本老年医学会学術集会シンポジウム Ⅱ：老人医療と介護保険をめぐる諸問題 4. 施設介護の問題点 日本老年医学会雑誌, *34* (12), 981–986.

鳥羽研二 (監修) (2003). 高齢者総合的機能評価ガイドライン 厚生科学研究所

# 第16章

## 医療・保健領域における健康心理学の今後の方向性と課題

岸　太一

ここまで，医療保健領域における健康心理学について述べてきた。最後に今後の方向性と課題をいくつか挙げ，まとめのかわりとしたい。

## 1.「健康」概念の変化

第2章などで述べているように，世界保健機関（WHO）はその憲章で，健康を「単に病気でない虚弱でないというのみならず，肉体的，精神的そして社会的に完全に良好な状態を指す（原文：Health is a state of complete physical, mental and social well-being and not merely the absence of disease or infirmity.)」と定義している。この定義は1948年に公表されてから現在に至るまで，変わっていない。しかし，修正に向けた提言などがなされていなかったわけではない。

1998年，WHO執行理事会において，健康の定義を「Health is a **dynamic** state of complete physical, mental, **spiritual** and social well-being and not merely the absence of disease or infirmity.（太字下線は筆者による）」と，従来の定義に「dynamic」と「spiritual」の2語を追加したものが提案された。この理由として，「dynamic」に関しては，①健康は「固定した」状態ではない（動的な状態である），②健康と疾病はそれぞれ別個に存在するのではなく，連続したものである，といった意味づけのためであり，「spiritual」については，人間の尊厳の確保やQOL（生活の質）を考えるうえで，必要であるとされたため，と言われている。だが，新たな健康の定義については，まだWHO総会では審議されていないため，公式には従来の定義（dynamicとspiritualがないもの）が今でも使われている。

第 16 章　医療・保健領域における健康心理学の今後の方向性と課題

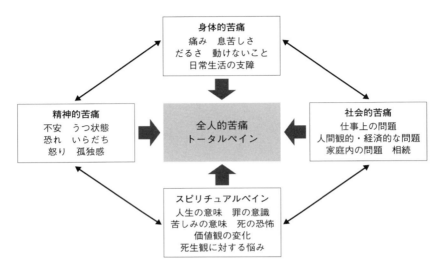

図 15-1　トータルペインの概念（関根，2008）

　しかし，近年の疾病と健康の関係やそのとらえ方は「健康 vs 疾病」という，両者を対立した個別の概念として扱うのではなく，1つの連続体としてとらえる方向へと変化している。その一例が，DSM-5 における「自閉症スペクトラム障害」である。「スペクトラム（spectrum）」とは「連続体」あるいは「分布」と訳される。この言葉から分かるように，現在では自閉症あるいはアスペルガー障害といった，自閉症スペクトラム障害に含まれる障害は障害の「有無」として二分できるものでなく，障害がない状態から障害がある状態までの連続体としてとらえられるようになってきている。
　Spiritual についても，近年の緩和ケアでは，患者が経験する苦痛（全人的痛み：total pain）を身体的苦痛（physical pain），精神的苦痛（mental pain），社会的苦痛（social pain），スピリチュアルペイン（霊性的苦痛：spiritual pain）の4つの観点からとらえるようになっている（嶺岸・千﨑，2008）。これらのうち，身体的苦痛や精神的苦痛，社会的苦痛はイメージしやすいだろうが，スピリチュアルペインについては分かりにくいと思われるので，少し説明しておく。
　末期がん患者などのような，死に直面せざるを得ない患者は，生きる意味や

目的を失ったり，死後の不安や罪悪感などを体験することがある。このような，まさに「生きること・（この世界に）存在すること」そのものに対する悩みや苦しみによって生じる苦痛をスピリチュアルペインと呼んでいる。

このように，公式な健康の定義にはspiritualはまだ含まれていないものの，実際の医療保健領域ではこの観点を取り入れたケア（スピリチュアルケア）が行われるようになっている。よって，今後の健康心理学においても，対象者を心理的観点からとらえるのではなく，様々な観点からとらえる姿勢が求められるであろう。

## 2. 生物心理社会モデル（biopsychosocial model）に基づいた疾患理解のさらなる推進

日本整形外科学会と日本腰痛学会が監修した「腰痛治療ガイドライン2012」では，腰痛の原因として心理社会的要因が含まれることが示されている。そして，腰痛の治療に心理療法である認知行動療法が効果的であることも同時に示されている（日本整形外科学会・日本腰痛学会，2012）。

また，海外では，児童虐待を受けた黒人女性は喘息（Coogan et al., 2012）や乳がん（Wise et al., 2011）の発症リスクが高いことが明らかにされている。さらに，敵意性や他者との関わりを避ける性格傾向が心血管系疾患のリスク要因となっていることは以前から知られている。これらのことから分かるように，多くの身体疾患に心理的な要因が関係している。

現代の医学は，「生物医学モデル」を基盤として発展してきた。人間も生物である以上，疾患を「生物」の観点からとらえることは重要である。しかし，人間は一人ひとり，異なる個性（心理）を持った独自の存在であり，かつ，他者との関わり（社会）の中で生きている。そして，これらの要素は疾患の発症や治療・予後に影響を与えている。エンゲル（Engel, 1977）は，疾患はウィルスといった，単一の外的要因によって発症するのではなく，生物的要因の他，行動的要因（生活習慣など），心理的要因（性格特性など），社会的要因（ソーシャルサポートの多寡など）を含む，様々な要因が相互に関連した結果として生じるとする「生物心理社会モデル」を提唱した。前述したように，「（慢性疼痛

としての）腰痛」や「がん」といった疾患や身体の不調に心理社会的要因が関与していることが明らかとなっている（Albus, 2010; Rozanski, 1999）。これらの事実は，疾患や不調の予防や治療において，単に「生物医学モデル」に基づいた医療の提供では不十分であり，個人の心理社会的要因に注目し，その要因を組み込んだ医療を提供することが必要であることを示している。よって，今後はさらに，この「生物心理社会モデル」を基盤とした医療が求められると推測されている。

しかし，その重要性が医療・保健領域の従事者に十分に理解されているとは言いがたいのが現状である。中野（2016）は自身の体験を踏まえながら生物心理社会モデルの重要性を述べているが，これは裏を返せば，まだ多くの従事者に生物心理社会モデルの重要性が理解されていない，あるいは，理解はされていたとしても，まだ生物心理社会モデルに立脚した医療の提供が十分ではない，ということの証左であると思われる。この問題の解決には卒前段階からの継続的な教育の充実が望まれるが，そこに健康心理学が果たす役割は大きいように思われる。


## 3. ポジティブヘルスの推進

健康心理学は疾患の予防や治療に関わる心理学である。よって，どのような生活習慣や性格特性，人間関係が疾患の発症や治療成績と関連があるのかが健康心理学の主な関心であった。研究が進んだことにより，疾患と関連した心理特性に関する多くの知見が得られている。このことは健康心理学の1つの成果であると言ってよいだろう。

しかし，その一方で，研究から明らかとなったことの多くは，健康に対してネガティブな影響を及ぼす（発症のリスクを高める，治療成績の悪化を招くなど）心理的要因であった。もちろん，これらの成果は評価されるべきである。しかし，いわゆる「こういう行動・モノの見方は病気につながる」という「ネガティブな結果を引き起こすリスクのある行動・思考・生活習慣」にばかり注目することは，「より健康的な生活を送る」という健康増進の考えから見た場合，十分だろうか。

やや話を変えて説明したい。ここでは自死予防を例にとって話を進めることとする。

自死予防はその段階に応じた予防として，1次予防（いつか生じるかもしれない自死を防ぐ），2次予防（自死の危険性が非常に高い個人に対する介入），3次予防（自死行為の繰り返しを防ぐ・他者の自死を防ぐ）の3つの予防がある。この時，1次予防では自死リスクを高める心理的要因について教育を行う。このような教育が自死予防につながることが知られているが，このような自死予防教育を進めるうえで，考えておくべき点がある。それは，「自死のリスク要因としての心理特性の把握」という視点と「自死のリスクを下げる（行動の選択肢から自死を除外する）要因としての心理特性の把握」という視点の両方を併せ持つことである。

疾患などにより健康を損なうことはネガティブな出来事であり，人間はどうしても「いやなことにつながるものは何か」に意識が向きがちである。例えば，不登校の児童・生徒を見て，「なぜあの子は学校に行かないのだろう」と考えることはあっても，学校に通う児童・生徒を見て，「この子たちが学校に通い続けられるのはどのような要因からであろうか」と考える人は少ないだろう。また，ネガティブな出来事のリスクとなる心理的特性はネガティブなものになりがちである（敵意，生活習慣の乱れ，孤立，など）。このことにより，私たちはよりいっそう「ネガティブ」な要素に注意を向けるようになる。

ところで，近年になり，人間の肯定的側面に焦点を当てる「ポジティブ心理学」が提唱されるようになった（Seligman, 1998 など）。そして，ポジティブ心理学の考えを基盤とした「ポジティブヘルス」が提唱されるようになった（このあたりの詳細は堀毛（2016）を参照されたい）。

ポジティブヘルスに関しては従来の「ネガティブヘルス（健康を阻害する心理特性）」に比べるとまだ十分に研究がなされていないのが現状である。しかし，学習理論の観点から考えると，ポジティブヘルス研究の充実は非常に大きな意味を持つ。

例えば，「病気になりたくないから○○する，△△をやめる」という行動は「負の強化」に該当する。行動の源泉が「不快の回避」だからである。その一方，「健康でいたい（なりたい）から○○をする，△△をやめる」という行動は「正

228 第 16 章 医療・保健領域における健康心理学の今後の方向性と課題

の強化」に基づいた行動になる。行動の源泉が「快の獲得」であるので，負の
強化に比べると行動を続けることへのモチベーションが維持しやすい。このこ
とから考えると，たとえ同じ禁煙であっても「肺がんにならないために禁煙す
る」という考えに基づくよりも，「健康で楽しい日々を送り続けるために禁煙す
る」という考えに基づいたほうが成功しやすいことが予想される。この，「ネガ
ティブな結果を避ける」という発想ではなく，「ポジティブな結果を得る」とい
う発想に基づいた予防・介入活動が健康心理学における 1 つの大きなテーマに
なると思われる。

## 4. さいごに

　以上，本章では今後の医療・保健領域における健康心理学の方向性・課題に
ついて述べてきた。本章では 3 つのテーマについて述べたが，これだけが今後
の方向性・課題というわけではない。今回は種々の事情で取り上げなかったが，

- 医療チームにおけるチームビルディング（チームの維持，信念対立の問題
  など）
- グローバル化による医療の国際化（医療ツーリズム，医療通訳の問題など）
- IT 技術の導入に伴う諸問題（情報弱者，人間と機械の役割分担の問題など）
- 医療従事者の健康（燃え尽き症候群，医療従事者不足，ワークライフバラ
  ンスなど）
- 心理職国家資格化に伴う心理職種の教育
- より実践的な健康心理学研究の推進（患者を対象とした研究の増加，医療
  保健領域の研究者との共同研究の推進など）

　以上のようなことも今後の課題として挙げることができるだろう。興味・関
心があれば，自分自身で調べることをお勧めする。

## 引用文献

Albus, C. (2010). Psychological and social factors in coronary heart disease. *Annals of Medicine, 42*, 487–494.

Coogan, P. F., Wise, L. A., O'Connor, G. T., Brown, T. A, Palmer, J. R., & Rosenberg, L. (2012). Abuse during childhood and adolescence and risk of adult-onset asthma in African American women. *The Journal of Allergy and Clinical Immunology, 131*, 1058–1063.

Engel, G. L. (1977). The need for a new medical model: A challenge for biomedical. *Science, 196*, 129–136.

堀毛一也（2016）. 健康心理学の応用とその可能性：ポジティブ心理学　大竹恵子（編）保健と健康の心理学：ポジティブヘルスの実現（pp. 214–234）　ナカニシヤ出版

嶺岸秀子・千﨑美登子（編著）（2008）. ナーシングプロフェッションシリーズ　がん看護の実践―1　エンドオブライフのがん緩和ケアと看取り―　医歯薬出版

中野重行（2016）. 心と身体の関係をどのように考えるか？　そして, どのように対応するか？―生物心理社会モデル（biopsychosocial model）が誕生した意義―　薬局, *67*, 2426–2430.

日本整形外科学会・日本腰痛学会（監修）（2012）. 腰痛診療ガイドライン 2012　南江堂

Rozanski, A., Blumenthal, J. A., & Kaplan, J. (1999). Impact of psychological factors on the pathogenesis of cardiovascular disease and implications for therapy. *Circulation, 99*, 2192–2217.

関根龍一（2008）. "痛み" ってなに？―トータルペイン（全人的痛み）の考え方―　亀田グループポータル　医療ポータルサイト　Retrieved from http://www.kameda.com/patient/topic/palliativecare/04/index.html（2016 年 7 月 20 日）

Seligman, M. E. P. (1998). Building human strength: Psychology's forgotten mission. *APA Monitor, 29*, 2.

Wise, L. A., Palmer, J. R., Boggs, D. A., Adams-Campbell, L. L., & Rosenberg, L. (2011). Abuse victimization and risk of breast cancer in the Black Women's Health Study. *Cancer Causes Control, 22*, 659–669.

# 人名索引

## A
Abul, K.　98
Ajzen, I.　36, 37, 62
Albus, C.　226
尼崎光洋　162
荒木登茂子　147
明日　徹　138

## B
馬場　実　175
Baltes, P. B.　219
Bandura, A.　36, 37, 109
Barre-Sinoussi, F.　159
Basch, P. E.　7
Becker, M. H.　36, 62
Belloc, N. B.　36
Breiding, M. J.　157
Breslow, L.　36, 37
Brown, P.　129
Burt, M. R.　158

## C
Cattell, R. B.　217
千葉伸太郎　169, 172
Clark, E. G.　34
Cobb, S.　62
Cohn, N.　77, 78, 80
Coogan, P. E.　225

## D
Dembo, T.　76-78
DiClemente, C. C.　110
土肥伊都子　154
Driver, B. L.　37

## E
Egvert, I. D.　121
Emanuel, E. J.　122
Emanuel, L. L.　122
Engel, G. L.　225
Enstrom, J. E.　36
Erikson, E. H.　193
Evans, B. J.　121

## F
Fedem, B.　120
Fink, S. L.　77, 78, 81
Fishbein, M.　36, 37
Fishman, S.　80, 81
Forshaw, M.　63
Freud, S.　77
深田直己　125, 128
深澤優子　157
福井次矢　123
古島大資　155
古田太郎　95

## G
Grayson, M.　76, 78
Green, L. W.　37

## H
博田節夫　81
長谷川有紀　24, 25, 41, 42
畑　栄一　63
日高庸晴　164
Hidaka, K.　158
樋口匡貴　162
土方伸子　164

引田郁美　164
Hollender, M. H.　121
本田哲三　76, 80, 81
堀毛一也　227
Horn, J. L.　217

## I
茨木俊夫　154
飯田敏晴　160, 163, 165
井上真弓　177

## J
Judd, F. K.　78

## K
Kahn, R. L.　219
梶原敏夫　82, 83
上岡陽江　192
神庭直子　178
金子典代　160
Kasl, S. V.　62
片瀬一男　155
片山富美代　63, 70, 72
Katzenbach, J. R.　145
川渕孝一　104, 105
川口鎮司　173
川崎　隆　145
栢森良二　83, 84
岸田直裕　92
北原　佶　83, 85
北風菜穂子　163
Koegl, C.　193
小泉　明　2
近藤千春　188, 193
小谷野淳子　164

Kreuter, M. W.　37
Kübler-Ross, E.　79
久保千春　176-178
熊倉伸宏　17

**L**
Lalonde, M.　34
Leavell, H. R.　34
Leventhal, H.　62, 63, 65
Levinson, S.　129
Lezak, M. D.　84

**M**
MacKeith, R.　85, 86
前田　泉　123
Maslow, A. H.　17, 18
Matarazzo, J. D.　152
松本千明　63, 66
松本俊彦　200, 201, 206
Miller, W. R.　113
嶺岸秀子　224
三沢義一　81
三谷真優　135, 142-144
茂木輝順　161
Montagnier, L.　159
Moss-Morris, R.　65, 66
Mueller, A. D.　82
村上友一　188

**N**
長井直子　144
永田雅子　135, 142-144
南雲直二　76, 78, 79, 81, 82
中島由恵　193
中村奈々子　162
中根允文　5
中野重行　226
中山周一　158
Nightingale, F.　136

西平　直　193
西川京子　193
西村直之　192
西尾　治　95
西崎　統　55
信田さよ子　182
野口裕二　66
野坂祐子　158
額賀淑朗　122

**O**
大渕憲一　158
越智啓太　157
小川真由子　164
岡部信彦　96
岡田尊司　183
大倉朱美子　147
大森豊緑　3
大西　誠　158
Operario, D.　158
Orth, J. E.　120
長田久雄　154
大嶋栄子　192
太田まり子　59
大矢幸弘　169
Ozar, D. T.　123

**P**
Persons, T.　71, 72
Prochaska, J. O.　110

**R**
Reason, J.　137
Risser, D. T.　139
Rollnick, S.　113
Rozanski, A.　226
Rowe, J. W.　219
Rush, B. J.　193

**S**
斎藤　学　182, 183
斎藤真緒　159
斎藤清二　121
Salas, E.　146
Sanson-Fisher, R.　129
佐々木掌子　153, 154
Sasou, K.　137
佐柳信男　160, 165
Schaef, A. W.　183
清野純子　177
関根龍一　224
Seligman, M. E. P.　227
千田要一　176-178
千﨑美登子　224
柴田　博　5
島田康弘　138, 139
嶋根卓也　160
新ヶ江章友　159
白石昌久　175
Shoji, M.　92
Siguvinsdottir, R.　157
辛　昭静　129-130
Smith, D. K.　145
Smith, E. E.　18
Snow, J.　35
宋　昇勲　155
Stults, C. D.　157
菅谷憲夫　95
杉本なおみ　126
Sussman, A. N.　183
Sussman, S.　183
Szasz, T. S.　121

**T**
高口慎一郎　81
高瀬安貞　78
Tamblyn, R.　120
田中みのり　59
種部恭子　157

Temoshok, L.　55
Terris, M.　35
鳥羽研二　218, 220, 221
徳田茂二　123
冨田道子　164

**U**
上田　敏　76, 80, 82
Ulmas, S. E.　157
梅内拓生　7

**V**
Veatch, R. M.　121
Vincent, C.　137

**W**
渡辺俊之　80, 81, 83
Wise, L. A.　225
Wright, R. A.　76, 78

**Y**
山元恵子　175
山野尚美　193
山蔦圭輔　152
横越英彦　99
Yoneyama, T.　107
吉田　桃　169
吉岡泰夫　129-132

# 事項索引

## あ

アウトリーチ　208
アトピー性皮膚炎　169
アドヒアランス　71, 124
アナフィラキシーショック
　171
アノニマス（匿名）　189
　——ネーム　189
アルコール問題　200
アルコホーリクス・アノニ
　マス（A・A）　188
アルマ・アタ宣言　35
アレルギー疾患　169
　——対策基本法　170
アレルギー症状　173
アレルギー性鼻炎　169
アレルギー反応　176
アレルギーマーチ　175
安全基地の体験　193
医師−患者関係　120
　——のモデル　121
依存　181
1 次予防　34
イネーブリング　184
医療安全　136
医療チーム　145
医療保険　26
飲酒　57
インフォームド・コンセン
　ト　69
インフルエンザ　95
well-being　16
NK 細胞　100
エラー　136
オーラルフレイル　107

## か

オタワ憲章　35

解釈モデル　122
価値の転換論　76
学校保健　41
加齢黄斑変性症　214
がん　53
感染経路　91
感染症　89
　——予防　89
気管支喘息　169
喫煙　56
基本的本能　193
QOL　5
共依存　182, 184
虚弱　215
苦痛　224
計画的行動理論　63
結核　97
権威勾配　138
健康　223
　——格差　68
　——教育　35
　——行動　98
　——指標　2
　——寿命　4
　——信念モデル　63
　——増進法　40, 51
　——日本 21　39, 40, 53
口腔ケア　107
口腔の健康　104
公衆衛生革命　35
公的扶助　22
行動変容の変化ステージモ

デル　110
高齢者総合的機能評価
　220
高齢者保健　42
国民健康づくり対策　39
コミュニケーション不全
　126
コンコーダンス　71
コンドーム使用交渉意図
　162
コンプライアンス　71,
　124

## さ

サクセスフル・エイジング
　219
サルコペニア　215
産業保健　42
3 次予防　34
歯科医療の特異性　104
自己効力感　109
自己対象　183
自己調整モデル　63
自殺死亡率　197
自殺総合対策大綱　199
自殺対策基本法　198
自殺予防　197
自助グループ　189
疾病コントロール　16
「死」の受容段階　79
嗜癖　182
　——システム　183
社会保険　22
社会保障　20
主観的健康　2

受診行動の遅れ　67
障害受容　76
消極的健康（ネガティブヘルス）　16, 33
情報提供モデル　122
食物アレルギー　169
自律神経　100
審議モデル　122
人工妊娠中絶　156
健やか親子21　41
ストレス　169
　——チェック　204
spiritual　223
スピリチュアルペイン　224
スペクトラム　224
性感染症　158
性教育　161
政策　30
精神障害　200
成人保健　42
性的暴力　157
性のカテゴリ　153
性の健康　152
性の構成要素　154
生物医学モデル　226
生物心理社会モデル　225
セクシュアリティ　152
積極的健康（ポジティブヘルス）　16, 33, 227
セルフトーク　164
選択的最適化　219
相談の求めやすいヘルスケアシステム　164

**た**
対人コミュニケーション　125
WHO憲章　16, 30, 33

DARC　190
段階理論（ステージ理論）　77
地域保健　48
　——法　49
チーム医療　141-143, 146, 147
チームエラー　137
腸管感染症　93
腸管出血性大腸菌感染症　93
動機づけ面接法　113
ドライマウス　215

**な**
ナルコティクスアノニマス（NA）　189
難聴　214
2次予防　34
日常生活動作　5
認知症　217
ネガティブフェイス　130
ネガティブヘルス→消極的健康
ネガティブポライトネスストラテジー　130
ノロウイルス感染症　94

**は**
梅毒　158
白内障　214
パターナリズム　69
　——（父権的）モデル　122
8020運動　105
ヒト免疫不全ウイルス（HIV）　159
否認　185
　第二の——　185
病気行動　62, 66

病気認知　63, 65
病者役割　71
　——行動　62
服薬行動　71
ヘルシーピープル　34
Health for all　35
ヘルスプロモーション　4, 17, 33
報酬系　187
ポジティブフェイス　130
ポジティブヘルス→積極的健康
ポジティブポライトネスストラテジー　130
母子保健　41
ポライトネス理論　129

**ま**
免疫　98
　——力　99

**や**
欲求階層説　17, 18
4つのケア　202

**ら**
ラロンド報告　34
離脱症状　187
リプロダクティブ・ヘルス／ライツ（性と生殖に関する健康・権利）　156
緑内障　214
レイプ神話　158
レザックの障害受容過程　84
労働安全衛生法　201
老年症候群　219
ロコモティブシンドローム　216

**【著者一覧】**（五十音順，*は編著者，**は監修者）

**飯田敏晴**（いいだ　としはる）
山梨英和大学人間文化学部助教
担当：第 11 章

**伊藤孝訓**（いとう　たかのり）
日本大学松戸歯学部教授
担当：第 8 章（共著）

**井上真弓**（いのうえ　まゆみ）
松蔭大学看護学部准教授
担当：第 4 章

**片山富美代**（かたやま　ふみよ）
桐蔭横浜大学スポーツ健康政策学部教授
担当：第 5 章

**岸　太一**（きし　たいち）*
東邦大学医学部講師
担当：第 9 章，第 16 章

**河村章史**（こうむら　あきふみ）
平成医療短期大学リハビリテーション学
　科教授
担当：第 6 章

**島井哲志**（しまい　さとし）**
関西福祉科学大学心理科学部教授

**清野純子**（せいの　じゅんこ）
帝京科学大学医療科学部准教授
担当：第 12 章

**高橋有子**（たかはし　ゆうこ）
心理支援オフィスさくらてーぶる
担当：第 1 章

**中原るり子**（なかはら　るりこ）
共立女子大学看護学部教授
担当：第 10 章

**坂東美知代**（ばんどう　みちよ）
神奈川工科大学看護学部助教
担当：第 7 章

**平部正樹**（ひらべ　まさき）
東京未来大学こども心理学部講師
担当：第 2 章

**藤城有美子**（ふじしろ　ゆみこ）
駒沢女子大学人文学部教授
担当：第 3 章

**藤野秀美**（ふじの　ひでみ）*
東邦大学看護学部准教授
担当：第 15 章

**宮城真樹**（みやぎ　まき）
東邦大学看護学部助教
担当：第 14 章

**吉田登志子**（よしだ　としこ）
岡山大学大学院医歯薬学総合研究科附属
　医療教育統合開発センター助教
担当：第 8 章（共著）

**渡邊敦子**（わたなべ　あつこ）
共立女子大学看護学部准教授
担当：第 13 章

保健と健康の心理学 標準テキスト　第6巻

健康・医療心理学

2017 年 10 月 1 日　初版第 1 刷発行　（定価はカヴァーに表示してあります）

|  | 企　画 | 一般社団法人日本健康心理学会 |
|---|---|---|
|  | 監修者 | 島井哲志 |
|  | 編著者 | 岸　太一 |
|  |  | 藤野秀美 |
|  | 発行者 | 中西　良 |
|  | 発行所 | 株式会社ナカニシヤ出版 |

☎ 606-8161　京都市左京区一乗寺木ノ本町 15 番地

| | |
|---|---|
| Telephone | 075-723-0111 |
| Facsimile | 075-723-0095 |
| Website | http://www.nakanishiya.co.jp/ |
| E-mail | iihon-ippai@nakanishiya.co.jp |
| 郵便振替 | 01030-0-13128 |

装幀＝白沢　正／印刷・製本＝亜細亜印刷
Printed in Japan.
Copyright © 2017 by T. Kishi & H. Fujino
ISBN978-4-7795-1207-0

◎タミフル，リレンザ，イナビル，ラピアクタ，シンメトレルなど，本文中に記載されている社名，商品名は，各社が商標または登録商標として使用している場合があります。なお，本文中では，基本的に TM および R マークは省略しました。
◎本書のコピー，スキャン，デジタル化等の無断複製は著作権法上での例外を除き禁じられています。本書を代行業者等の第三者に依頼してスキャンやデジタル化することはたとえ個人や家庭内の利用であっても著作権法上認められておりません。